筑摩選書

大塚英志
Otsuka Eiji

# 「暮《くら》し」のファシズム

戦争は「新しい生活様式」の顔をしてやってきた

# 「暮《くら》し」のファシズム　目次

# 「暮《くら》し」のファシズム　目次

# 「暮《くら》し」のファシズム

# 序章

# 戦争は「新しい生活様式」の顔をしてやってくる

# 1 「新しい生活様式」と「新生活体制」

## 国策としての「新しい生活」

コロナ禍の中、滔々と説かれる「新しい生活様式」なる語の響きにどうにも不快な既視感があった。「新しい日常」という言い方もあった。それは当然だが、政治が人々の「生活」や「日常」という私権に介入することの不快さとして何より、ある。その不快さは、かつての「戦時下」を想起させるからでもある。むろん、戦後生まれのぼくは満州事変から日中戦争、太平洋戦争と拡大した十五年戦争（この期間を本書では戦時下と呼ぶ）を生きてはいない。歴史の中の時間に過ぎない。しかし、その現実の戦争を当事者として経験し得なかった者の目から戦時資料を読んでいくと、それはそれでいくつかの発見がある。

その一つが、今のネトウヨ的なＳＮＳで弄ばれる勇ましい戦時下の語彙とは違う戦時下のことばがある、ということだ。

ぼくは以前から「日常」とか「生活」という全く政治的に見えないことばが一番、政治的に厄介だよという話をよくしてきた。何故なら、それらの語は近衛新体制の時代、「戦時下」用語として機能した歴史があるからだ。

それだけではない。「新しい生活様式」や「新しい日常」などと、日々の暮らしのあり方について為政者が「新しさ」を求め、社会全体がそれに積極的に従う様が、かつての戦時下を彷彿とさせるのだ。

その様はより具体的に言えば、近衛新体制で提唱された「新生活体制」を想起させる。

つまり「新しい日常」や「新しい生活」はかつてこの国が戦争に向かい、行う中で推進された国策だったということだ。

その過程を少し、具体的に確認しておこう。

戦時下の日本で、近衛《このえ》文麿《ふみまろ》が第二次世界大戦への日本の参画を睨みその準備のため、大政翼賛会を発足させたのが一九四〇(昭和一五)年である。それを「新体制運動」ともいい、その実現のために発足した大政翼賛会が主導したので「翼賛体制」ともいう。

そして、第二次近衛内閣が「新体制運動」を開始した際、その「新体制」は経済、産業のみならず、教育、文化、そして何より「日常」「生活」に及んだのである。その事実は大政翼賛会の理論的基礎を作った昭和研究会の示した新体制建設綱領には「新生活体制」の項があり、こう説かれることでも明らかだ。

内外の非常時局を突破し、日本の歴史的使命たる東亜自立体制建設のため、全体的協同的原理の上に国民生活を一新し、国民に犠牲と忍耐と共に新たなる希望と向上とを齎すべき新生活体制の確立を期すること。

（下中彌三郎編『翼賛国民運動史』一九五四年、翼賛運動史刊行会）

何故、「国民生活」を一新しなくてはいけないのかといえば、それは大政翼賛運動の「実践場」が「日常生活」（「大政翼賛会会報」第二号）であるからだ。つまり国を挙げて「国民」たちに「日常生活」を「一新せよ」と迫ったのがかつての戦時下における翼賛体制だったのである。

## 近衛新体制と「生活」

第二次近衛内閣は、一九四〇年七月二二日、大東亜新秩序建設を掲げ、発足した。前内閣を率いた海軍出身の米内光政《よないみつまさ》の総辞職を受けてである。米内は、ナチス・ドイツのポーランド侵攻によりヨーロッパで第二次世界大戦が勃発したことに高揚した国内世論が、ドイツやイタリアとの同盟を求める中で、それを危惧した昭和天皇の異例の指名で組閣したともされる。それ故、親英米的な外交姿勢を維持し、ナチス・ドイツやイタリアのファシスト党の一党独裁による挙国一致体制（これが近衛新体制の目指すものである）に呼応しようとする国内の動きには距離を置こうとした。しかし、陸軍やそれを支持する世論によって、ナチス・ドイツのフランス侵攻を機に総辞職に追い込まれる。

そうして誕生したのが、第二次近衛内閣である。

発足直後、まず閣議決定された「基本国策要綱」は、「日満支の強固なる結合を根幹とする大東亜の新秩序建設」、いわゆる大東亜共栄圏として、東アジア世界の社会システムの書き換えを目論むものとしてあった。「新」という語は、まず東アジア全体の作りかえを意味する語であったことは忘れてはいけない。

この時点では「生活」の位置付けは小さかった。「要綱」に示された、五項目からなる「国家態勢の刷新」を確認すると、一つめの国民道徳の確立と科学的精神の振興（「科学」も戦時下国策用語であることに注意を促しておく）という精神面、二つめの国政の統合的統一という大政翼賛会発足を想定した政治システム更新の次に来る、三つめの、経済の統制、自給・合理化を説く国防経済の確立の項で「生活」に言及される。この項は、さらに小項目九つからなり、その五番めにようやく「国民生活必需物特に主要食糧の自給方策の確立」とある。「生活」はこの時点では、食糧自給の文脈で言及されるに過ぎなかった。

しかしそれが近衛首相の声明では大きく変わる。

声明の内容について『朝日新聞』（八月二八日）は、「時期克服のためには強力なる国家組織の樹立による翼賛体制確立の急務な所以を力強く論述」（『東京朝日新聞』夕刊一九四〇年八月二九日）するものだと、自らリードとして書いたその部分を記事中の活字ポイントを上げて強調した。大政翼賛会の名はないが、その発足とそのあり方を公にしたのがこの声明であることが、このリードからもわかる。

そしてこの近衛声明の中で「国民生活」が「新体制」の拠り所として二度言及され、かつ、強調されるのである。強調とは先に引用したリードの記事と同様に、記事中で二つともそのくだりだけフォントが大きく表記されていることで明らかである。

「国民生活」を含む第一のくだりは、世界情勢を鑑みて「高度国防国家」構築のあり方について説く声明の最初の段落に、以下のようにある。

高度國防國家の體制を整へねばならぬ、而して高度國防國家の基礎は強力なる國内體制にあるのであつて、こゝに政治、經濟、教育、文化等あらゆる國家國民生活の領域に於ける新體制確立の要請があるのである
（『東京朝日新聞』夕刊一九四〇年八月二九日）

改めて「新体制」という文脈で「生活」という語が位置付けられたのである。

ここから「新体制」とは「高度国防国家」、つまり全面戦争に対応しうる国家体制構築のための「国民生活」の全面的な更新を目論むものだとわかる。文字通り「新体制」は、「国家国民生活の領域」全てに及ぶのである。また、「政治、経済、教育、文化」も全て「国民生活の領域」に包摂されていることに注意したい。これらが生活の上位にあるのではなく生活に包摂される、という構図である。つまり、近衛新体制とは「生活の更新」という具体的手段による「国家体制

の更新」なのだと説明されるのだ。

第二の「国民生活」への言及は、大政翼賛会を意味する「国民組織」とは「国民が日常生活に於いて国家に奉公する」もので、その組織は文化・経済などの「各領域」に広く樹立されるべきだと説くくだりでなされる。それは具体的には、別の章で検証する住民組織「隣組」に加え、この先推進される文化芸術などの分野ごとの統一団体や産業報国会など、「職域」ごとの組織化を想定している。その各領域の組織と「国民生活」の関わりをこう説く。

國民をして國家の經濟及文化政策の樹立に内面より參與せしむるものであり、同時にその樹立されたる政策をあらゆる國民生活の末梢に至るまで行亙らせるものなのである、かゝる組織の下に於て初めて、下意上達、上意下達、國民の總力が政治の上に集結される（同）

つまり①「職域」ごとの組織を通じて「国家の経済及び文化政策樹立」に国民を「内面より参与」させ、②そのために同時に「国民生活の末梢」に至らしめる双方向的なシステムがイメージされていることがわかる。「内面の参与」というのは、つまり「新体制」の究極の目的が、国民の「内面」の動員にある、ということだ。ここは重要である。そして職場・職業ごと・地域ごとの組織化が必要を介してなされるのが、「上意下達」と併記される「下意上達」という、下からの参与である。この「下意上達」という反転した造語もまた新体制用語としてよく用いられるものだ。ここから、近衛新体制が制度上は「参加型ファシズム」を目論むものであることがうかがえる。

## 参加型の新生活体制

これを受けて、新体制準備会が作成した新体制綱領では「国内新体制」として「新経済体制」「新産業労働体制」「新共時体制」「新文化体制」「新生活体制」「婦人並に青少年問題に於ける新体制」が改めて項目立てられる。一見「新生活体制」の位置付けは後退したかに見えるが、「声明」で「国民生活」と国家運営の双方向性が唱われたように、新体制の肝は「新生活体制」にある。

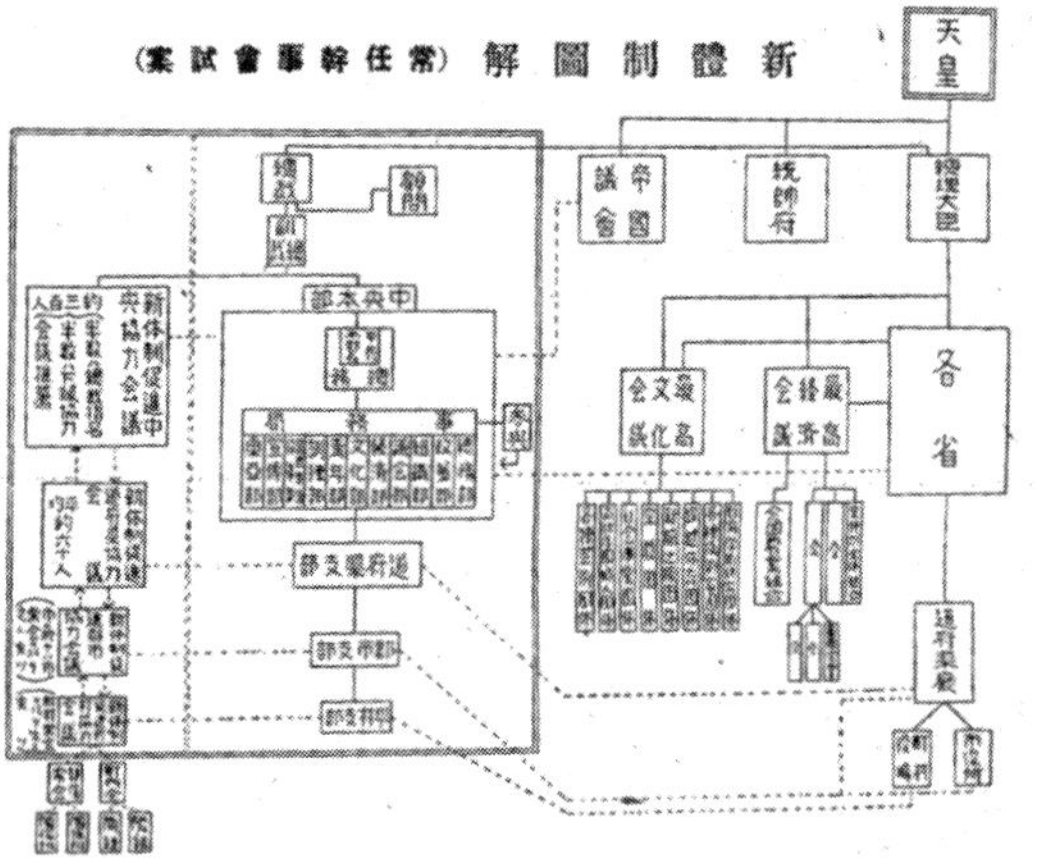

図1　「新體制圖解（常任幹事會試案）」『東京朝日新聞』朝刊（1940年9月4日）

その関係は記事に付された「新体制図解」（図1）に示されている。天皇の下に行政、立法と統帥、つまり軍という「三権」があり、「新体制」組織、つまり、翼賛会は軍以外の行政・議会にパラレルに存在することがわかる。必ずしも目論見通りにはならなかったとはいえ、「新体制」は国家機構の各階層を二重に統治する構想であった。しかも「国民」は「新体制」組織の最末端に配置された「隣組」と、これと同義の「隣保班」によって統治される仕組みである。「隣組」は、当時の文献では「細胞」とも表現される翼賛会という政治組織の最小単位で、決して牧歌的な隣近所ではないのである。

このように、新体制下では、国民は「国家」だけではなく、ナチスやファシスト党に模した一党独裁組織・翼賛会の下に位置付けられているのが特徴だ。しかも、それはすでに見たように、「下」つまり「国民」は「末梢」として「上」にただ従うのでなく、フィードバック可能な参加型の組織であり、翼賛会は目論み通りに必ずしも機能しなかったとはいえ、この組織形態は、「国民生活」を更新するために、相応に機能していくのである。

このような双方向的組織作りの前史として、「国民精神総動員運動」にも少し触れておく必要があるだろう。一九三七年七月、日中戦争の勃発を機に、当時の第一次近衛文麿内閣は、国民精神総動員運動を推進する。一九三七年八月二四日、国民精神総動員実施要綱を閣議決定、官民双方に推進機関が設けられた。「パーマネントはやめましょう!」などの戦時スローガンや、料亭、映画鑑賞などの興行の「時短」などが記された。私たちが「戦時下」から連想するスローガンやイメージの多くはこの時期に既に始まる。

料亭を利用する人々や銀座のカフェに集まる学生など、イメージとしての「知識階級」「上流階級」を標的として相応の影響力はあったが、それはプロパガンダが先行する、いわば「上意下達」の運動であった。だからこそ四〇年に始まる近衛新体制は「下意上達」という参加型を強調し、「生活」の現場と国家の意志が双方向的に循環する社会システムをイメージした。それはある意味、大正デモクラシーから社会主義・共産主義に至る流れの剥奪と言ってもいいだろう。

## 2　待ち望まれた、みんなでつくる新生活体制

### 吉川英治らによる空気の醸成

それでは当時の人々は近衛新体制をどう受け止めたのか。

近衛新体制発足を機に、『読売新聞』は一九四〇年八月七日から学芸欄に、文学者を中心に「私の新生活体制」というコラムをリレー形式で連載する。「生活」を扱う家庭欄ではなく「学芸欄」であるところから、「新生活体制」が及ぶ領域の広さをとりあえずは新聞も受けとめていることがわかる。

一方では「学芸欄」とはいえ、その「新生活体制」の語り手として作家、しかも男性中心の人選は「生活」の「新体制」の担い手が具体的にはまだイメージされていないことを物語っている。

しかし、作家・吉川英治《よしかわえいじ》がこう語っているのは注意していい。

一夜のうちに諸相諸色みな灰燼となつてしまつた大震災のやうな急變だつたら、或は半日位は茫然とするか知れないが、今日此頃のやうな微溫微變な新體制下の生活改革の程度なら、正直僕などの感じでは、痒いところそつと掻かれた程度の快さで、まだ〳〵こんな生溫さでは、愉快とするには足らないし、將來のほども心もとない。なぜ政府はもつと、先を見通して、僕らがすでに心で準備し待ちかまへてゐる艱苦を命じてくれないか、高度國防國家を口にしながら寔に齒がゆいことと思ふ。

（吉川英治「私の新生活體制」①『讀賣新聞』夕刊一九四〇年八月一七日）

吉川は、自分たちは既に「心で準備し」ていた、これではまだまだ物足りぬ、という。内面の下意上達的参与という新体制の近衛声明を、巧みに自説のように語ることが戦時下の国民作家たるスキルである。という皮肉はさておき、連日登場する文学者は、概ねこの調子なのである。中河与一《なかがわよいち》は、自分たち日本浪漫派は「新体制」について「早くより唱導し」「出発はむしろこちらにあった」（『讀賣新聞』夕刊一九四〇年八月二三日）と書く。火野葦平《ひのあしへい》は「既に遅すぎた感の強い」（同一九四〇年八月一二日）と言い、作家たちは口を揃え、もう、とうに我々は準備ができていると唱和することに注意したい。

「上」からの命令でなく「国民が望んでいた」という空気の醸成が今回のリレーコラムの主旨とわきまえている作家がいかに多いことか。これが「バスに乗り遅れるな」と当時言われた、知識人らに蔓延する空気である。

むろん、小山《こやま》いと子《こ》のように、近頃の赤ん坊は、生まれてから首がしっかりしているという声を聞くが、これは新体制発足が人類の進化の節目と重なっているという、科学的奇説を述べる人物もいる。神武天皇の染色体をいう類と同じような珍説は、この頃もあったのだと苦笑いはするが、それでさえ、新生児も新体制に向けた準備ができていると主張する点で他の作家と変わらない。

そうやって待望の、みんなでつくる「新生活体制」が始まるという筋書きなのである。

## 日常に組み込まれる新体制

しかし、その「新生活体制」の現場は、当然だが現実の「生活」の具体的な諸相である。抽象的な「新生活」でなく、国策の徹底した具体化が重要である。近衛新体制にある意味感心するのは、その統制が掛け声に終わらず、「生活」や「内面」の細部に入り込み、書き換えていく仕組みである。それは「下意上達」というキーワードを示すだけでなく、本書で扱う様々な国民参加の仕掛けや、プロパガンダに見えるプロパガンダと、プロパガンダには見えないプロパガンダによって生活の隅々にまで及ぶ。

それでは、「新体制」下で人々がいかなる生活を求められるか。

例えば、最初の新年、つまり、一九四一年一月一日発行の『アサヒグラフ』は「翼賛横丁の新

図2　「翼賛横丁の新春」『アサヒグラフ』（1941年1月1日号、朝日新聞社）

春」と題するパノラマまんがを見開きで掲載する（図2）。いささかカリカチュアされているとはいえ、このような「日常」「生活」の細部に入り込んだ新体制化が求められるのだという一例である。このパノラマは、別の章で扱う「翼賛一家」のキャラクターと舞台となる「隣組」を描いたものである。しかし、セリフの一つひとつが「新体制」下に求められる「生活」「日常」をどれも正確に示している。これらの細部の総体として「新体制」はあるのである。

その「新生活体制」を把握するため、少し、細かくこのまんがを読み込んでみよう。

例えば、お屋敷の主人に「うちの庭へ模型飛行機を飛ばしにおいで」というセリフがある。これは、住民内での階級がフラットであるという「隣組」の理念の表明である。軒先で渡される「回覧板」は、「上意」を末端に行き届かせ情報をシェアする重要なツールである。双六をする子供らに「子供の常会かと思ったわ」と声をかける女性のセリフは、隣組住民の参加する最末端の近隣集会である「常会」の存在を踏まえている。「常会」という公的な会議があるのだから、私的な「井戸端会議」は「やめ」たというセリフになる。このようにまず、隣組という住民組織の存在と細部で動く様が描かれる。

壁のポスターに「スパイ用心　火の用心」、空に昇る凧に「防空」の文字とガスマスクがあるのも「隣組」が防諜・防空組織としての側面があるからである。

それとともに言及されるのは、生活の細部の「新生活体制」への作り変えである。例えば、歩いて「初詣」をする老人に薬局の主人は「皆さん丈夫」になったので薬屋でなく石鹸雑貨屋になりそうだと言う。徒歩によるガソリンなどの燃料節約が健康にもいいという意味である。年賀状が少ないのも、「代用食」の蕎麦の出前に忙しいのも「節約」の推奨である。米の「配給」も描かれる。子供らはお年玉で「国債」を買う。つまり統制経済下の日常が同時に描かれている。「新体制下」のイデオロギーも説かれる。「隣組共同の大門松」があり、故障したバスを子供が「一致協力」して押し、皆で路上を箒で掃く。これらは家事を始め日常のあらゆる事象が近衛新体制では「共同」化を求められていく流れを示す。

ちなみに先の模型飛行機は「科学」教育の一環として戦時下、その製作が推奨されているからだ。「科学」も新体制下の重要なイデオロギーなのである。慰問袋をつくり、「兵隊さんを思う」ことも怠らない。当然だが、反戦思想はあり得ない。

このように近衛新体制では、大文字の号令が頭の上を素通りするのではなく、「日常」や「生活」の細部まで具体的に入り込むことが求められる。このパノラマは、そのお手本である。それはまんがだと楽しげだが、写真で表現されると図3のような光景ともなる。ああ、やはりファシズムの光景なのだなあ、とわかる。

図3 「街を埋める國策標語」『アサヒグラフ』（1941年2月26日号、朝日新聞社）

このパノラマや写真の光景は「自粛」という語も連想させるが、「自粛」なる馴染みの語も「新体制下」に躍る言葉の一つだ。

例えば、新体制発足後の刊行である、婦人雑誌『主婦之友』一九四〇年一〇月号は「生活新体制の実行号」と銘打たれる。「実行」とは、国策やスローガンを自ら実際に行うことを意味する。新体制が掛け声だけでなく実践が必ず要求されることまで忖度しているわけだ。この号に「家庭自粛まんが」を近藤日出造が寄せるの

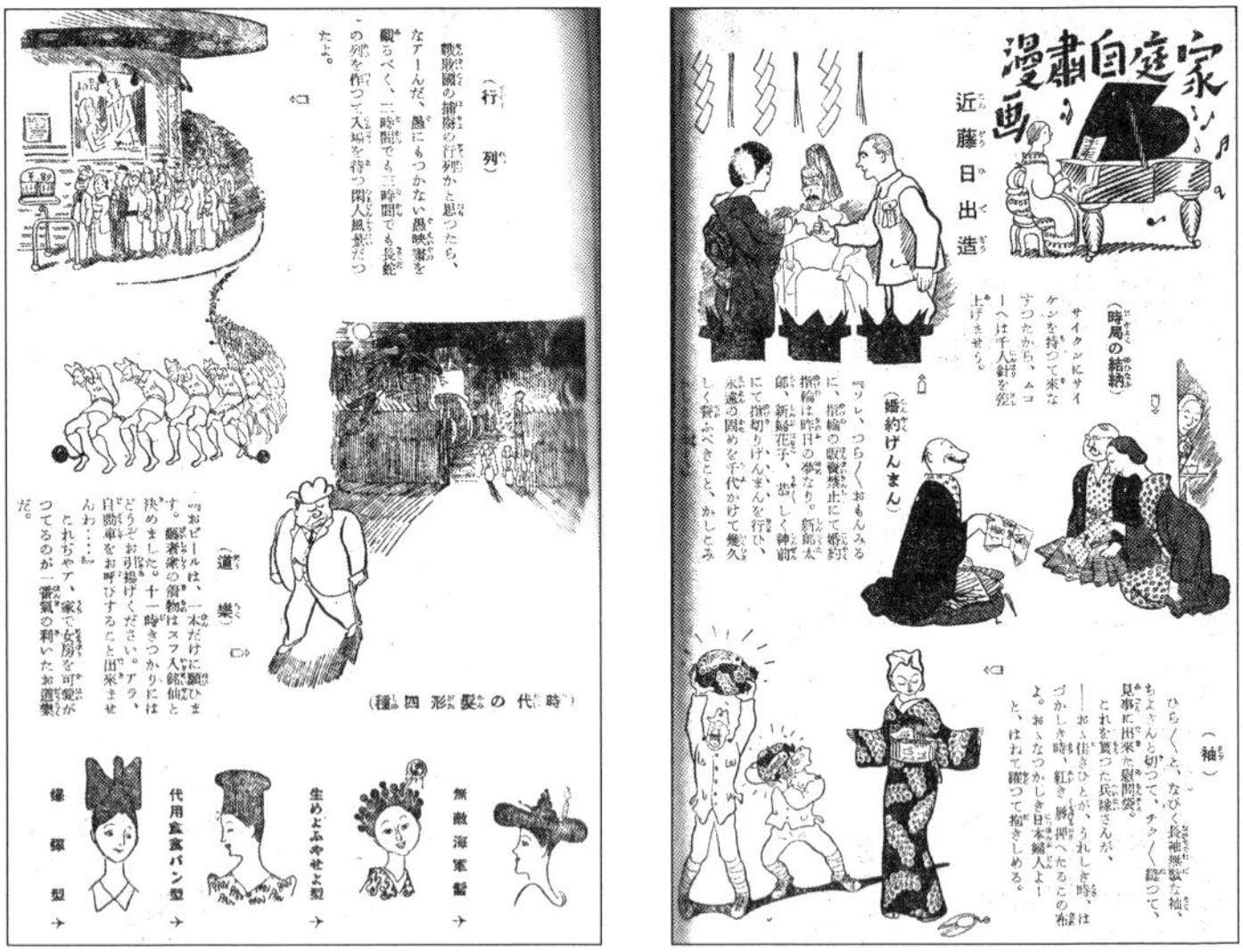


図4　近藤日出造「家庭自粛漫画」『主婦之友』（1940年10月号、主婦之友社）

だ（図4）。そこでは、節米や代用食、飲食店の深夜営業、映画鑑賞などの「行列」は「自粛」の対象なのである。それは先のパノラマまんがに描かれた新体制下の生活と重複する。つまり、「新生活体制」の基調には「自粛」がある。

## 自粛の始まり

これらの「自粛」は、日中戦争を境に一九三七年九月に制定された戦時統制三法や翌三八年四月の国家総動員法であらゆる経営資源が国家の統制下に置かれ、軍需生産が優先される中で「節約」が「自粛」という形で自発的になされることで始まる。

さらに、近衛内閣の「新体制」に先立つ形で出されたのが「七・七禁令」と呼ばれる、商工省、農村省の政令書「奢移品等製造販売制限規則」である。日中戦争の進行が一方では一部では軍需成金を生み、それを鑑み、贅沢品を対象とした。一九三九年一〇月一八日公布の価格統制令は、同年九月一八日現在の価値を上限とする公定価格制を実施した。これを「九・一八物価」という。「七・七禁令」を報じる記事は「九・一八物価と並んで「七・七禁令」の名は国民生活の一頁に残るだろう」とあり、それらが生活の刷新を求めるものであることを強調する。

しかしそれは、もっぱら精神面の引き締めであった。七・七禁令施行の当日から『東京朝日新聞』は「新しき国民生活」と題するコラムを連載、「贅沢の時代は過ぎた」とその終わりを強調する。

戦地から歸つてきた人は都會の一角に立つて「これが戰爭してゐる國の姿か?」と驚き且つ憤りを感じるのが常であつた、國を擧げての支那事變で、さぞ銃後の人々は、不自由を忍び臥薪嘗膽をしてゐるであらうと、戰地から銃後を拜む程の思ひだつたからであるし《ママ》かしそれにはいつも「これが大國民の余裕さ」といふ説明がつくのを常とした、そして事變が三年にもなるのに、國民の生活はちつとも戰時にふさはしい態勢を整へてはゐないのである

(『東京朝日新聞』朝刊一九四〇年七月七日)

日中戦争から戻った兵士らが内地の生活の弛みに驚いている、と指摘し、「戦時にふさわしい

立派な国民生活に改めねばならないのは誰しもの本心」だと説く。そして一〇回にわたるコラムの連載では不要不急の自動車利用の自制、農村の共同炊事、自ら娯楽を創造する厚生運動、空地の菜園化など、国民精神総動員運動が挙げられてきたルーティンとして繰り返される「新しい生活」の具体例が並ぶ。「翼賛一家」隣組パノラマで描かれるものと変わらない。

だが、対象はもっぱら「贅沢品」やわかりやすい無駄遣いへと向けられ、記事が目論むほどに「七・七禁令」も「新しい生活」への更新ができていない。それ故、近衛新体制という仕切り直しが必要だった。

## 3　断捨離が愛国心を育む

### 戦時下のミニマリズム

このような新体制下の新しい「生活」「日常」が細部において設計されていく中で、スローガンに止まらない参加型・循環型の仕組みとともに注意したいのが、あるべき「日常」や「生活」の細部を語ることばである。先に示したのは、町内の日常を描く形式の「まんが」で、実はこれも近衛新体制がもたらした新しい表現だということは第四章で改めて触れるが、他にも様々な

「日常」「生活」を語ることばや表現が成立する。

例えば、ここ何年か「断捨離」やミニマリズムと言った生活の簡素化がブームである。それをテーマにした書籍がベストセラーになり、Ｎｅｔｆｌｉｘで動画が配信されている。しかし、この新しい流行に見える現象も、新体制下の婦人雑誌を見ると、服や不用品の整理というミニマリストめいた記事が躍ることに気がつく。「断捨離」やミニマリズムもまた、戦時下に出自がある、という印象だ。

例えば『婦人之友』一九四〇年一〇月号では、「〝最少限の普段着で暮す研究〟を始めます」と題して一〇名の女性のレポートを載せている。そのリードにはこうある。

秋から冬へかけての衣服計畫をする時が來ました。

今年こそ今までにもないほどに少い持物で暮して見ようではありませんか。

今までも隨分少い數で暮すやうに努めて來ましたけれど、この時局に立つて考へればまだまだ工夫がありさうに思ひます。羽仁先生の家事家計篇に「賢いくり廻しから出て來た一張羅、新時代の理想ある一張羅主義」といふ言葉がありますが、出來るだけ少い物資で上手に暮さなくてはならないこの秋、思ひ切つてこの「一張羅主義」に最も近い服裝で暮してみようではありませんか。

（「〝最少限の普段着で暮す研究〟を始めます」『婦人之友』一九四〇年一〇月号）

この戦時下の衣服におけるミニマリストの提唱者は婦人之友社を創業した羽仁《はに》もと子のようだ。彼女が唱える、戦時下のミニマリズムは「一張羅主義」というものらしいともわかる。そして、その実践のためにその「科学的観方」に基づく「生活的実験」を「十人の実行選手」が行った、とある。「生活」を科学的に語るというのも、新体制下の特徴だ。例えば、ある人は、「ワンピース中心で外着三着五点、家着一着二点」、「紺と白のさっぱりした服」で「外着二着八点家着一着三点」の着回しを計画したなどと、イラスト入りで説明される（図5）。

記事はその研究の打ち合わせが、「戦時下持物くらべ」になって「本当に面白うございました」と記す。そこから何か戦時下の女性たちが楽しんでいたように思えてくるが、その戦時下にも拘わらず「楽しい」というメッセージを発することも、「生活」に限らず、戦時下プロパガンダの特徴だとは留意したい。

少し脱線してしまうが、戦時下、「愉快」「楽しい」「笑い」といった表現が推奨されたことは注意しておいていい。喜劇映画やまんがなどで楽しく時局を説くだけでなく、経済統制やそのための精神的引き締めとしての生活上の問題も「楽しく」克服されるべきだとメッセージされる。この「楽しさ」は、戦時下の国策に常にまとわりつく。例えば、一九四一年四月に「笑和運動」なる国民一同が日常生活で笑顔を絶やさないことを推奨する運動が提唱される。笑顔で慰問袋をつくり、笑顔で国債購入のため郵便局に並び、笑顔で隣組で不用品の交換をする「国民」の日常

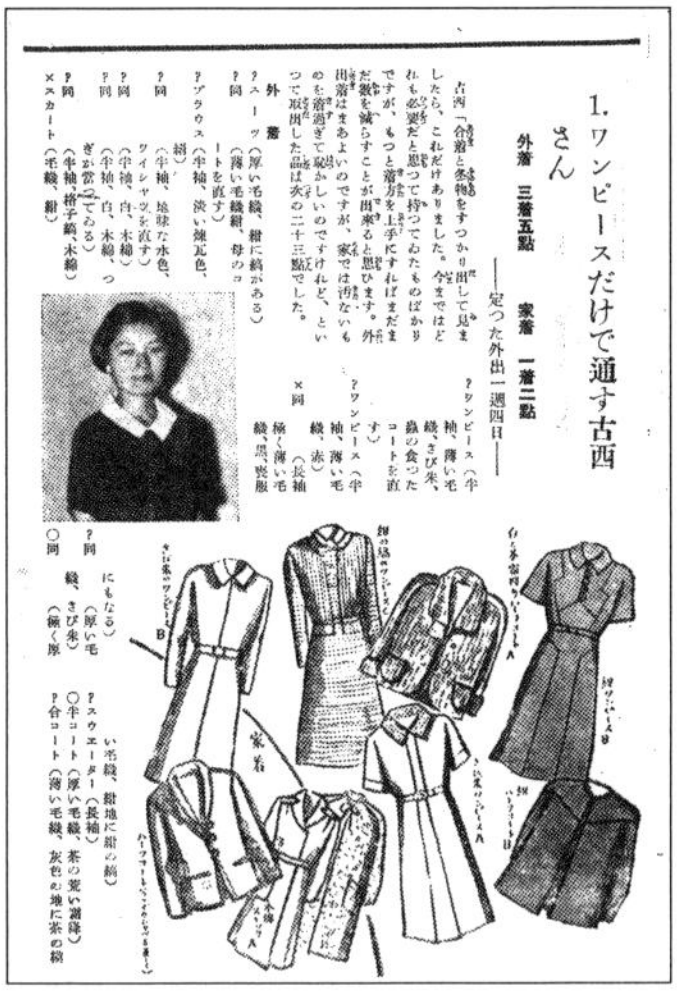

# 1. ワンピースだけで通す古西さん

外着　三着五點　家着　一着二點

――定つた外出一週四日――

古西「合着と冬物をすつかり出して見ましたら、これだけありました。今まではどれも必要だと思つて持つてゐたものばかりですが、もつと着方を上手にすればまだまだ數を減らすことが出來ると思ひます。外出着はまあよいのですが、家では汚ないものを着過ぎて恥かしいのですけれど、といつて取出した品は次の二十三點でした。

外着

?スーツ（厚い毛織、紺に縞がある）
?同（薄い毛織紺、母のコートを直す）
?ブラウス（半袖、淡い煉瓦色、絹）
?同（半袖、地味な水色、ワイシャツを直す）
?同（半袖、白、木綿）
?同（半袖、白、木綿、つぎが當つてゐる）
?同（半袖、格子縞、木綿）
×スカート（毛織、紺）
?ワンピース（半袖、薄い毛織、さび朱、蟲の食つたコートを直す）
?ワンピース（半袖、薄い毛織、赤）
×同（長袖極く薄い毛織、黒、喪服にもなる）
?同（厚い毛織、さび朱）
○同（極く厚い毛織、紺地に紺の縞）
?スウエーター（長袖）
○半コート（厚い毛織、茶の荒い霜降）
?合コート（薄い毛織、灰色の地に茶の縞



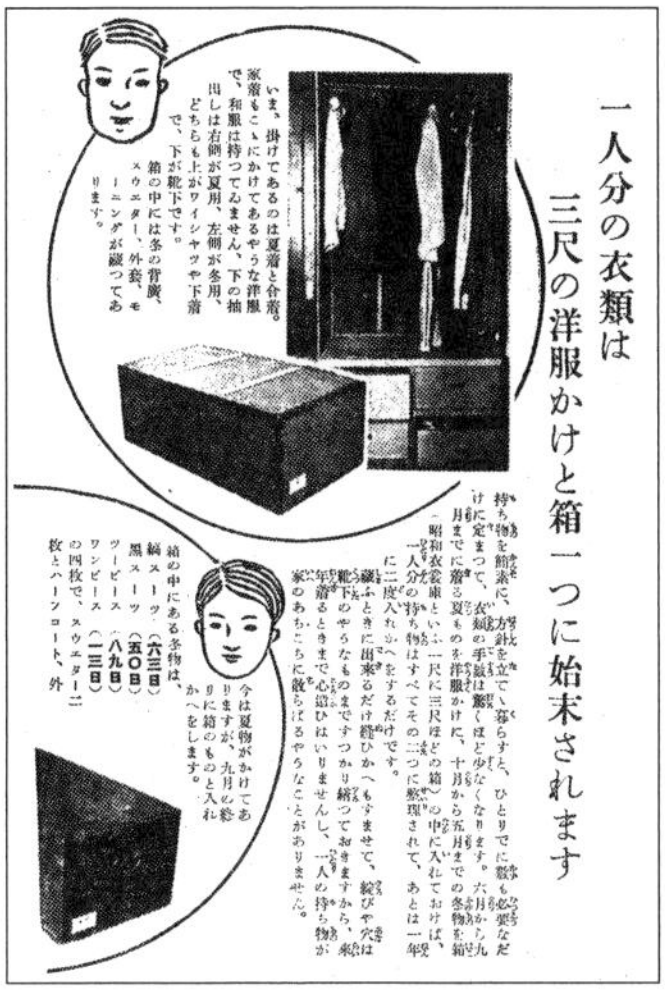

# 一人分の衣類は三尺の洋服かけと箱一つに始末されます

いま、掛けてあるのは夏着と合着。家着もこゝにかけてあるやうな洋服で、和服は持つてゐません。下の抽出しは右側が夏用、左側が冬用、どちらも上がワイシャツや下着で、下が靴下です。箱の中には冬の背廣、スウエター、外套、モーニングが藏つてあります。

持ち物を簡素に、方針を立てゝ暮らすと、ひとりでに數も必要なだけに定まつて、衣類の手數は驚くほど少なくなります。六月から九月までに着る夏ものを洋服かけに、十月から五月までの冬物を箱――昭和衣裳庫といふ一尺に三尺ほどの箱――の中に入れておけば、一人分の持ち物はすべてその二つに整理されて、あとは一年に二度入れかへをするだけです。

藏ふときに出來るだけ縫ひかへもすませて、綻びや穴は靴下のやうなものまですつかり繕つておきますから、來年着るときまで心遣ひはいりませんし、一人の持ち物が家のあちこちに散らばるやうなことがありません。

今は夏物がかけてありますが、九月の終りに箱のものと入れかへをします。

箱の中にある冬物は、縞スーツ（六三圓）黒スーツ（五〇圓）ツーピース（八九圓）ワンピース（一三圓）の四枚で、スウエター二枚とハーフコート、外

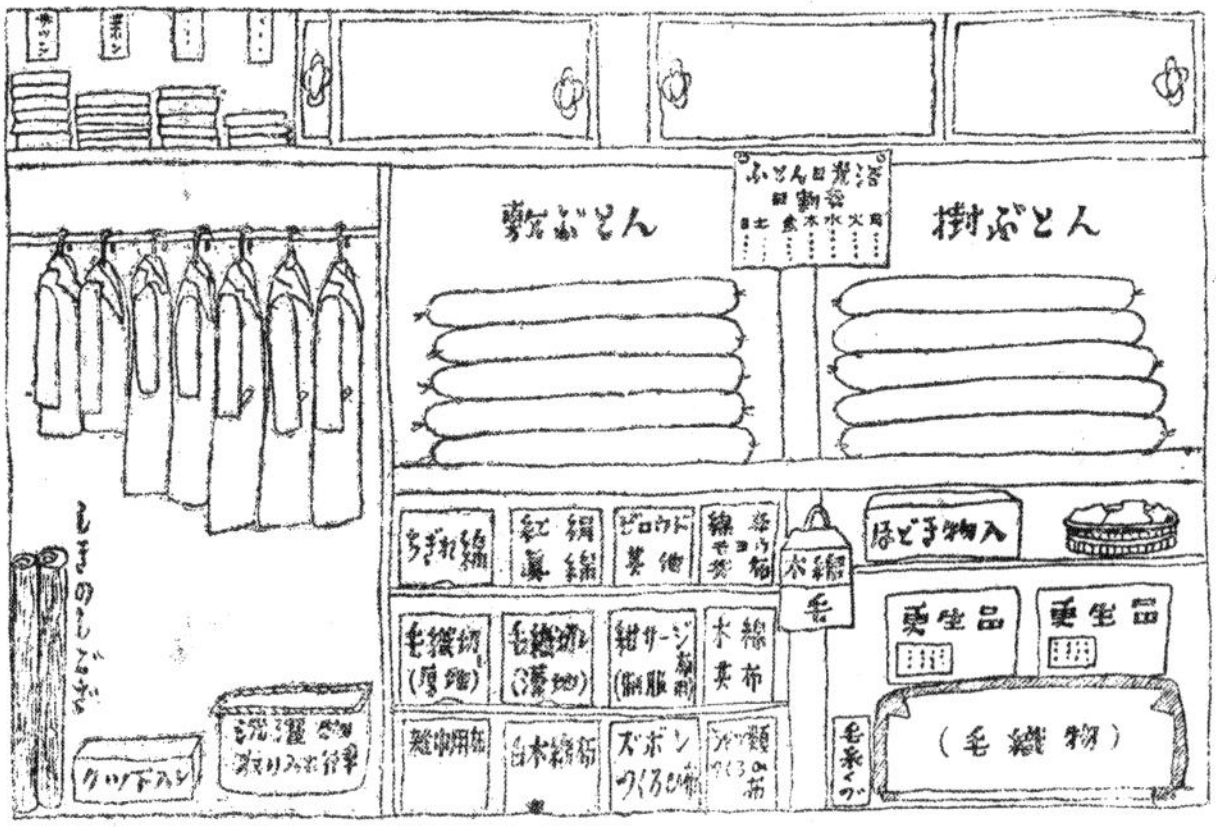


図5（右上）「1.　ワンピースだけで通す古西さん」（『婦人之友』1940年10月号）
図6（左上）「一人分の衣類は三尺の洋服かけと箱一つに始末されます」（同）
図7（下）大阪市奨励の収納法『市民生活新体制運動　家庭生活新体制叢書　第9輯　不用品の整理（夏物の整理・冬物の用意）』（1941年、大阪市役所）

生活の様が写真雑誌のグラビアを飾る。

この記事でも、そういった「楽しさ」のコーティングと重なりつつ、「愉快」「笑い」とはまた違うニュアンスで生活を楽しむ、とでもいうべき文脈をつくっていくことばや表現がある。本章が問題とするのはそちらのほうの表現だ。

同じ号には「一人分の衣類は三尺の洋服かけと箱一つに始末されます」(図6)と「収納」も説かれる。コンパクトな収納も新体制下の国策である。

## 整理・収納は内面の問題

こういった戦時下ミニマリズムが官製であることは、戦時下の大阪市が「家庭生活新体制叢書」という生活全般にわたる提案をまとめた冊子シリーズを製作、その第5集は『衣服の整理(少ない数で上手に暮らす工夫)』、第9集は『不用品の整理(夏物の整理・冬物の用意)』と、「断捨離」がテーマであることからもうかがえる。その『不用品の整理』では、戦時下のミニマリズムを冒頭でこう説く。

交際も生活も簡素になつたし、第一に貯蓄の義務が果せることによつて第二に無駄な心の重荷から解き放されることによつて、どんなに皆の心がすがすがしくなるでせう、さうして更にそのすがすがしい心持の中から、自ら人と人との親しみが湧き出して來るものです。

國を愛する心から、友を愛する心から、自分自身の生活を正しくしたい心から、この與へられた大いなる機會において、私たちはまづ自身の身邊から、斷然以上の如きすぐれた簡素生活をつくり出してゆく決心をいたしませう。（『市民生活新体制運動 家庭生活新体制叢書 第9輯 不用品の整理（夏物の整理・冬物の用意）』一九四一年、大阪市役所）

これも実は羽仁もと子の講演の引用である。戦時下のミニマリズムは「国を愛する心」と直結するのだ。

「断捨離」が愛国心を育むという「内面の参与」の手段となっているとわかる。

しかし、その冊子の中身は収納法の記事である（図7）。

あるいは、同じシリーズの別の巻ではこう説く。

先づ手近かの肌着、ふだん着、寝具からでも、日常の生活に都合のよい數をきめて暮して見ませう。必要以外の品は、一先づ別の引出しか行李に片付けておいて、少ない數で暮す決心をし、その實驗中は決してそれに手をつけないやうにします。（『市民生活新体制運動 家庭生活新体制叢書 第5輯 衣服の整理』一九四一年、大阪市役所）

「実験」とあるところが先の『婦人之友』と重なる。これも戦時下の科学主義である。さすがに何でも捨ててスッキリとまではいかないが、「簡易な生活から味わえるさっぱりしたゆとりのある心地よさ」を強調する。やはり「内面」に行き着く。

「整理」「収納」は婦人の関心事とはいえ、それに留まらずそれらの細かな提案を精神の問題に拡大する「ことば」のあり方は、戦時下に多出する。

## プロパガンダに見えない戦時下のことば

本書では、このようなかつての戦時下において、「新しい」という形容詞つきで国策として提唱された「日常」や「生活」の具体的な語られ方を細かく見ていく。「日常」や「生活」だけでなく「科学」や「整理」「収納」といった戦時下らしからぬ普通の言葉が、近衛新体制下、国策用語として躍った例をすでにいくつか見た。そういうことばや具体的な表現（服の整理の仕方についての婦人雑誌の記事も当然「表現」だ）を介して、戦争のための国家体制は、まさに「日常」「生活」の細部に入り込み、近衛新体制はそれを「新しい」と形容したのである。

このように、戦時体制は、「生活」や「日常」の顔をして語られる。今の感覚からすると、戦時用語、プロパガンダ用語に思えないものが、実は「戦時下のことば」であったことが、これまで挙げた例以外にいくらでもある。婦人雑誌の記事がそうであったように、語り手や形式も同じだ。

その時、コロナ禍を境とする新旧の区別なく、私たちが「生活」「日常」と信じるものの出自がこの時期の「新生活体制」の中でつくられたことに改めて気づくはずである。

本書ではそれらの戦争の顔をしていないことばや表現や、その担い手について細かに見ていきたい。細かに、というのは著者のおたく的気質の問題ではなく、呆れるほど生活の細部に「新生活体制」は入り込んでいるからである。

# 第一章

# 花森安治と「女文字」のプロパガンダ

## 1　戦時下の婦人雑誌『婦人の生活』

### 「ていねいなくらし」という国策

近年、戦時下の女性たちは案外とおしゃれを楽しんでいた、あるいは確かな日常生活があったといった主張が一部でなされている。アニメーション映画『この世界の片隅に』で描写される生活や日常もこれに近い。確かにそういう「生活」なり日々の「日常」なりの輪廓を描く表現が戦時下、積極的になされていったことは事実だ。

しかし、序で確認したように、戦時下の「生活」や「日常」の輪廓づくりは、それ自体が重要な国策である。この時、注意しなくてはいけないのが、戦時下のことばや表現を見ていく上で、まさに「生活」や「日常」がそうであるように、戦時色の少ない、あるいは全く見られないように思える言説ほど、しばしば政治的なのだ、という原則である。その非政治的に記述された戦時下を鵜呑みにし、あるいは、無邪気に再現すると、そこに豊かなものや確かなものがあるような錯覚が生じないとは限らない。だから本書は非政治的に見える／聞こえることや表現をこそ政治的に疑うことにする。

当然だが、戦時下には戦争という国策推進をわかりやすく直球で語る表現がある。しかし、一見そう見えない表現も語られるのである。そして、後者のうち、非政治的な表現、特に「生活」や「日常」にまつわるものの表現者の多くは女性である。何故なら、あらためて詳細に説明するが、近衛新体制下、「日常」や「生活」の担い手は、「職域」として公認された「主婦」たちの領域であったからだ。

そこでは「断捨離」だけでなく様々な生活上の「工夫」がなされる。「工夫」もまた、ありふれた言葉としか思えないが、新体制下に多出する、戦時用語の一つである。

たとえば、家庭菜園で計画的に一年間、野菜を育て月替わりで様々な漬物をつくる工夫が提唱される。物資の統制が求める献立の節約の「工夫」が、レシピ自慢として婦人雑誌や新聞の婦人欄・家庭欄を飾るのだ。ただ節約するだけでなく味覚も「工夫」されるし、「栄養」にも充分配慮がなされる。その「工夫」を戦時下において、根拠づけるのは、「科学」や「合理性」である。何か、日本人らしさやその種の美学に準拠する情緒的なものではない。これら、「工夫」も「栄養」も国策によって推奨されるところの台所の科学なのである。

衣類も不用品をただ捨ててスッキリするほどに単純ではない。いかに再利用するかの「工夫」が求められる。「工夫」の部分だけ切りとると、簡素だが心を豊かにする生活の工夫のように読める。悪いことではない、と思う人もいるだろう。だが、そういった精神的な豊かさ＝楽しさを求める「工夫」が必要なのは、近衛新体制が生活を介した「内面の参与」を国策実現の方法とするからである。

こういった戦時下の「工夫」を凝らされた「生活」は、なんとなく現在でも既視感がある。『暮しの手帖』の二代目編集長となった松浦弥太郎が一時期、盛んに唱えた「ていねいなくらし」や、マガジンハウスの雑誌であるリニューアル前の『ｋｕ：ｎｅｌ』や、イラストレーター大橋歩の個人雑誌『Ａｒｎｅ』などが描き出す、手仕事によってつくられるミニマムな生活に重なるように僕には思える。現代美術用語でなく、おしゃれでシンプルな生活、ぐらいの意味で使われるミニマリズムや「断捨離」も同様だ。無印良品が演出するブランドイメージも近い。もちろん、それぞれの信奉者には全然違うものなのだろうが、そういう種類の「おしゃれ」な生活が今も提唱される。そして、戦時下の婦人雑誌から戦争という時局の部分をとり除いた時、浮かび上がるのがそのような戦時下の「ていねいなくらし」なのである。

しかし、言うまでもなく、かつての「ていねいなくらし」は、国策である。この章では戦時下の「ていねいなくらし」を誰がどのように語ったか、を見ていこう。

## 手練の編集

今、手許に『婦人の生活』という雑誌がある。

第一冊は一九四〇（昭和一五）年一二月五日発行である。これは別の章で担う大政翼賛会主導の「翼賛一家」メディアミックスが公表される日付である。「翼賛一家」は翼賛会の宣伝として

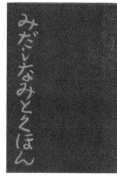

『みだしなみとくほん』のカバー

『婦人の生活　第二冊　みだしなみとくほん』（1941年、生活社）

『婦人の生活　第一冊』（1940年、生活社）

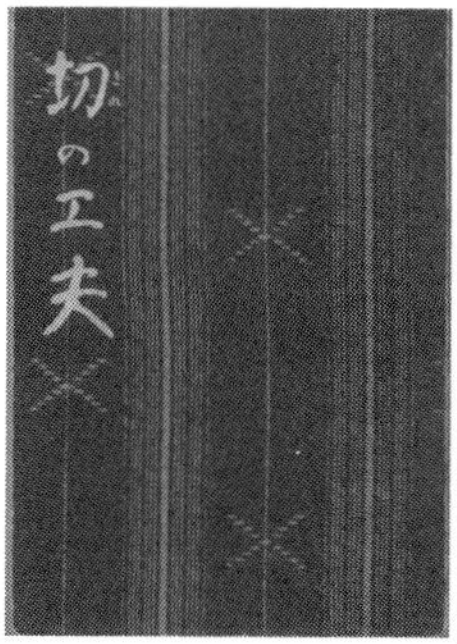


小山勝太郎編『切の工夫』（1944年、築地書店）

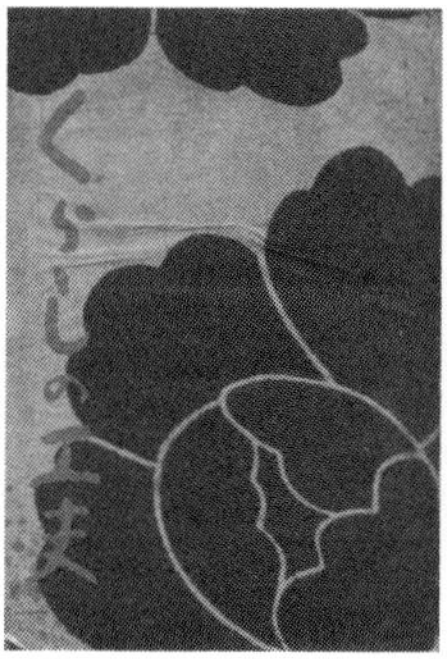


『くらしの工夫』（1942年、生活社）

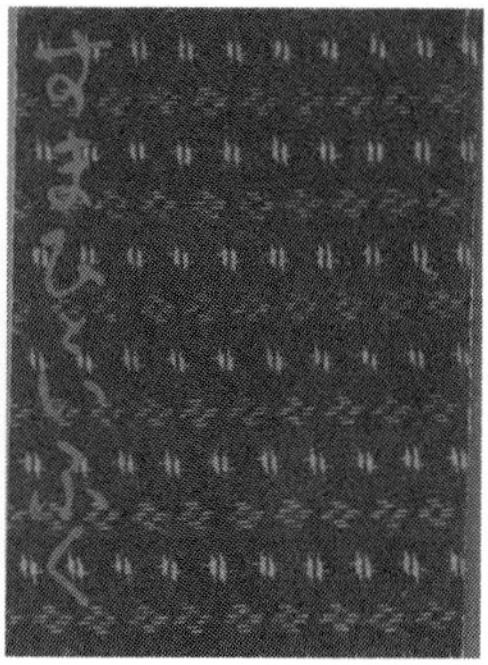


『すまひといふく』（1942年、生活社）

図1　花森安治のつくった翼賛体制下の婦人雑誌

はもっとも早いものの一つである。つまり、大政翼賛会のメディア対策が動き出した矢先である。そういうタイミングで、この雑誌が出されたことにまず注意を促したい。

続けて『みだしなみとくほん』とカバーがかけられて刊行された第二冊が一九四一年四月一〇日に刊行される。年四回で一〇冊を予定していたようだが、『すまひといふく』（一九四二年一月一五日）、『くらしの工夫』（一九四二年六月二〇日）、そして、間を置いて『切《きれ》の工夫』（一九四四年三月一〇日）が同じシリーズとして刊行される（図1）。実際には全五冊の刊行だった。最後の『切の工夫』を除き生活社の刊行とある。

「くらし」「みだしなみ」「すまひ」「いふく」と平仮名でタイトルや見出しを手書きする。柔らかい印象を醸し出すが、「工夫」がそうであるように、これらもまたどれも意識されない戦時用語である。

表紙はといえば、シリーズを通して藍染の着物柄である。しかも古布である。例えば「第二冊」には、その説明としてこうある。

　表紙・・藍ひと色で染まる柄。染代、凡そ四圓
　木綿、人絹、縮緬スフにも染まる。これも、約百年位まへの柄だが、今みても新鮮である。
（『婦人の生活　第二冊　みだしなみとくほん』一九四一年、生活社）

図2（上）「ひと色染めの柄」『婦人の生活　第二册　みだしなみとくほん』（1941年、生活社）
図3-1（右下）「襖にゆかたを張る。」『婦人の生活　第二册　みだしなみとくほん』（同）
図3-2（左下）『婦人の生活　第二册　みだしなみとくほん』（同）

わざわざ、百年もの（?）の古着の藍染めを使う凝りようである。

第一冊、第二冊とも、巻頭にはまず「きもの」の写真が並ぶ。グラビアはモノクロである。だが、それが、狙いでもある。そこで主張されるのは、着物は、「柄」であることだ。「そめ縞」、つまり染め替えの時は「縞」が「よく出来て安い」という。着物の生地でありながら一色の写真というのは当然、印刷コストの問題だが、「柄」に価値を見出し雑誌の主張をむしろ強調する（図2）。

そして、誌面を通じて主張されるのが「工夫」である。例えば、第二冊で「襖にゆかたを張る。」と題し、浴衣で襖を貼り換える「工夫」が紹介される。新しい布は糊付けする際、藍が滲むので「着古して、はげたのが」適していると説く。単なる廃品利用でなく、そこに、合理性があるのが「工夫」なのである（図3）。

写真ページは、「工夫」の手順や完成形を正確につたえる。キャプションは削ぎ落とされ、シンプルである。同時に、手描きの見出し文字と、例えば「初めて長じばんを着る人。」と、見出し文字に句読点を入れる趣向も古着の再利用などの記事とあわさり素朴で柔らかい印象を与える。

一色の写真ページの特徴をよく理解した編集である。

むろん、洋装の記事もある。「若い人、働く人の服。」という、これも句読点入りの手描きの見出しに続く、写真ページのリードである。

かういふ服を見ると「洋装」といふ言葉から来る、他人行儀ないやな感じは吹き飛んでしまふ。

全體が、親しみやすい、溫かい調子を出してゐる、つまり、洋服とか和服とかの差別でなく、着心地のいゝ「着るもの」といふ感じ。

「型のための型」といふ凝り方は少しもしてないが、ひろい袖といひ、襟といひ、前が、みんなボタンがけになつてゐる點など、「着るもの」といふことを、よく心得たデザイン。ねらひは、ゆつたりした襞。生地さへ考へれば、一年中着られる。

（『婦人の生活　第二冊　みだしなみとくほん』一九四一年、生活社）


和装、洋装関係なく、衣服を「着心地」という着る側の身体感覚に第一に準拠する定義をする。デザインは、「型のための型」でなく、「着るもの」であることを「よく心得」てあるか否かが大切と説く。つまり、服は「生活」「日常」の中にある。それは、巻頭の「きもの」記事でも一貫した主張である。

それらを柔らかく、誰にでもわかる口語で語る。そして、これらのグラビアページの写真と見出し、短いキャプションは、雑誌本文の仕立てや工夫についての実用記事や寄稿された随筆と呼応し、その内容を正確に視覚化したものだ。写真、見出し、キャプション、本文、記事・随筆と、階層化され、理解が及ぶように設計されている。

手練《てだれ》、というにふさわしい編集である。

これらの記事は、見出し、写真、レイアウト、そして文章に至るまでいわゆる「ていねいなくらし」の雑誌記事として今も通用するものだ。実際、「手描きの句読点入りの見出し」に妙な既視感のある人も少なくないだろう。

**新体制下の女性「インテリ」像**

では、この戦時下の婦人雑誌の「意図」するものは何か。

つまり、政治的意図である。僕はこの雑誌のキャプションが衣服や生活をめぐる一貫した主張に基づいて書かれている、と書いた。そういう主張の先にある政治性をきちんと勘ぐっておくべきだと、近衛新体制のタイミングで出された雑誌であることに、政治的に拘泥しつつ僕は考える。

このシリーズには「序」と「あと書」が添えられている。いわゆる編集後記のような短文ではない。

そして、第一冊の「あと書」には近衛新体制への呼応がこう語られてもいることにやはり目が行く。

こんど度の文化部長、岸田さんも

「先づ、インテリ層から呼びかけて、立ち上らさなければ！」

といつて居られます。また
「これまでの政治に缺けてゐた、文化的要素を入れたい」ともいつておられます。
お友達の小説家や繪描きさんの仲間には、すでに「岸田をみごろしにするな」といつた運動が起つてゐます。
（「あと書」『婦人の生活　第一册』一九四〇年、生活社）

「岸田」とは、翼賛会文化部部長に就任した文学座出身の戯曲家・岸田國士《きしだくにお》である。岸田の就任には、期待の一方で反発があり、「あと書」はその岸田の文化政策にエールを送っているのだ。それは同調圧力の中で翼賛会というバスに乗り遅れたと奔走する人々とは違う、「新体制」への高揚した期待である。そういう「期待」が事実としてあったことをこの一文は証言している。

文化政策は新生活体制の一部であることは「序」で確認済みだ。つまり、この「ていねいなくらし」を説く婦人雑誌は新体制に呼応する雑誌として明らかに目論まれているのだ。

しかもこれに以下の一行が続く。

この本の目標も、お分り下さいます様に、女の中でも、一番、インテリな方々であります。
（同）

読者を「女の中」の「一番、インテリな方々」とし、岸田の文化政策への賛同を呼びかけているのだ。

おそらくこれは、いわゆる知識人や男性並みの政治的議論に参加する女性たちのことを指していない。むしろ、それに少なからず反発を覚える女性たちを想定している。近衛新体制には、知識人の教養に対する大衆の反発を利用する「反教養主義」的な側面が実はある。だから、この雑誌は、新体制下の新しい女性「インテリ」のあり方の提示が目的だと理解するのが適切だ。その「インテリ」は着物の古い藍染めや単色の柄の良さや「工夫」を理解する知性である。それを新しい知性と再定義しているのである。

だから、同じ「第一冊」の「序」では時局を踏まえ、こうも切り出す。


なんといつても、大正の末から昭和にかけて、例へば、きもの丶柄にしても、「女らしさ」とや丶かけ離れたものが、出てきたといふことは否めない。

めちやな髪かたちや、大柄に大柄に、もつと強い色に強い色に、となつたのは、みなこのところである。

今、考へれば、こんなことはみな「女らしさ」からいへば、可成りはづかしい出來事だつた。

むしろ、こんな時にこそ、世界的に稱へられてる、日本の女の最も大きな特長「女らしさ」の本當の姿をみせるべきである。

（「序」『婦人の生活　第一冊』一九四〇年、生活社）

ここで腐しているのはいわゆる上流階級の着物趣味の下世話さである。それを「可成りはづかしい」という。その対極にあるのが、藍染の単色の柄であるのは言うまでもない。「こんな時」とは言うまでもなく近衛新体制である。だから今こそ、日本女性の「女らしさ」のあり方を提示することが必要だと説く。しかし、その「女らしさ」は極めて具体的だ。「序」は「非常時」の「節約」についてこう説く。

こゝ七、八年、本格的ない丶柄、い丶形は寧ろ、安いもの丶方に、行つてしまつてゐたのだつた。

非常時で節約だから、金糸銀糸の「代用品と思つて、縞や絣を」といふ考へでは、まるきり話がわかつてゐない。

ほんとにいつて、金糸銀糸は、何の傳統も、深さも味もない。「絣や縞のやうな、おちついた、上等な柄と比べると、やつぱり、問題にはならなかつたんだ」と、眼がさめて、絣や縞や小紋を、わかつて着ねば、嘘である。（同）

「節約」「代用品」に時局に乗って飛びつくのではなく「本格的ないい柄」「いい形」を求めた結果としてかすりや縞に行き着いてしかるべきだ、と説くのである。つまり、それが、新体制下の女性「インテリ」の教養なのである。

だから「日本の女」の「女らしさ」は、いわゆる伝統回帰には全くならない。

それから、東京式仕立といふのは、その點するどい都會生活から生れたもので、實は、經濟的である。

又、東京式着附といふのは、最も便利である。

都會的風潮といふものは、決して、一部に傳へられるやうな、浮薄なものではない。

それは主として、歡樂街の特殊な人が目立つからなのである。

ほんとの都會の、數百万人の堅實な生活によつて、生れる「女の身だしなみ」は、實にすべてが實用的である。

「便利」と「經濟」といふ事が、一番發達してゐるのは、ほんとは東京であるといつていい。

（同）

この雑誌は、都市の合理的な生活から導き出された合理性をこそ賛美するのである。

おそらく、この雑誌が想定している主婦は、いわゆるモダンガールの最後尾の世代やそれに遅れてきた世代である。一九二〇年代の都市空間の消費文化やファッションが日常や生活となった時代があり、この雑誌は「百年ものの藍染めの古布」もまた、同じように都市的なオシャレだと囁く。「都会生活」「経済的」というロジックで、都市的な生活の次の局面は、藍染の柄や古布の手触りを発見するもので、それと「インテリ」という語が重なる。

そして最後に「あと書」では改めて「女性」をこう定義する。


一番自然な、一ばん眞實な女の生活を見附けたい、研究したいと思ひます。

女の生活から、眞實な日本の力が新しく生れてくることは疑ひません。

女は日本の半分です。

男と同じ數です。

そして、女には――男にはまた、難しい（男に分らないとは言へませんが、實際男には難しいことが多いのが事實です）ことが、あります。

女は、女の側から考へて、眞實なこれからの「女の生活」を研究しませう。

そして、日本の力になりませう。

（「あと書」『婦人の生活　第一册』一九四〇年、生活社）


女性たちに、あなたたちは消費文化の享受者などでなく、「女の側」から「女の生活」を「研究」する者だと囁く。都市の経済性がもたらした生活の合理からなる美の単なる理解者にとどまらず、より積極的な「研究」者たれと鼓舞する。すでに見たように、藍染や柄を着こなすことも、襖の張替えも「工夫」すなわち、「研究」なのである。つまり生活の「合理」からなる「美」の理解者を「インテリ」と呼び、「研究者」とも呼ぶのである。女性の持ち上げ方としても、極めて、巧妙である。

「研究」というのは「日常」や「生活」の科学化・合理化という国策とさらに深く呼応している。だから「第二冊」では書名は「婦人の生活研究」と「研究」が新たに付されることにもなる。

それが、このようにじわりじわりと伝わってくるのが、この雑誌の細部に至る合理的な編集である。

その「研究」の一つとして編集側が示すのが、この冊子の約四分の一を占める「きもの読本」である。

着物を生活の中でどう着こなすか、巻頭の写真ページと呼応しつつ、挿画と簡潔な文章で「時局」と一切、関係なく説かれる。

安並半太郎と署名がある。

しかし、「きもの記事」はその最後にこう説くことを忘れない。

新體制は、今より窮窟になるのではない。又、今までの様に、勝手が出來るのでも、そのどつちでもない。

新體制は、日本人にとつて、むしろ、ほんとの、氣持の落ちつく、いゝことになるのだと思ふ。

（安並半太郎「きもの読本」『婦人の生活　第一冊』一九四〇年、生活社）

「新体制」とは窮屈な生活でなく「気持ちの落ちつく」生活だというのだ。近衛新体制とは本来ナチス・ドイツ型の一党独裁によるファシズム的な統治を目論むものだ。それを、気持ちが落ち着くもの、と表現する。

つまり、この婦人雑誌の最終的な落とし所は「新体制」下の生活を「落ちつく」「いいこと」として提示するものだ。「落ちつく」とは、一方では「新体制」が否定した過美や贅沢からなる生活との対比だが、この雑誌は戦時体制を「落ちつ」いた、静かな生活としてデザインしようとする明確な意図でつくられているとわかる。このように、現在の「ていねいなくらし」なり「ミニマリズム」の雑誌記事と重なる一つひとつの記事や見出しコピーは、このような戦時下の日常生活と女性のあり方へ誘導するため、明確な編集意図の下に設計されていたことがうかがえる。

この点で、この婦人雑誌『婦人の生活』シリーズは精密に設計されたプロパガンダ雑誌であることがよくわかる。

## 2　二つのジェンダーの「総動員」

### 『暮しの手帖』の前身

その時、ようやく問題となるのは、このような誌面をいったい、誰がつくったか、である。それが、佐野繁次郎《さのしげじろう》と花森安治《はなもりやすじ》であることは知られている。

花森安治は言うまでもなく、戦後、『暮しの手帖』の編集長となる人物である。『婦人の生活』四冊目となる冊子は『くらしの工夫』である。「くらし」は新体制用語としての「日常生活」の花森式の言い換えである。漢語でなく和語、そして平仮名の多用は、新体制用語を柔らかくする花森式の「工夫」である。

表紙のデザインは佐野が手がけ、その許で花森が編集の実務・デザインの実務を行った。くせ字の見出しの手描き文字は佐野の好んだものだが、花森も得意とした。記事「きもの読本」は、挿画を含めて文章も花森が書いている。安並半太郎という筆名は、安治の「安」、花森の「森」の半分が並木である、というひねりからなる。

「あと書」は無署名だが確実に著者は花森安治である。そう推察するのは、先に引用した「あと書」の文中にある「女は日本の半分です」という言い回しである。花森は「女は日本の半分」というエッセーを一九四一年に発表しているのだ。そこにはこうある。


日本の生活は何といつても家が中心で、それが、また日本の美しさであり、强さだと思ふのです。

その家を、實際にやつてゐるのは、女ではないでせうか。男は毎日外に出て働くから、家ハ寢ル場所ナリ、ぐらゐの考へしか持つてゐないのが多い。たとへ持つてゐても、そこまでは手が屆かない、それが現状なのでせう　毎日まいにちのお菜の心配、家中の着るものの洗濯、掃除から子供の世話、みんな女の仕事です。

（中略）

女は日本の半分です。いまほど、それをはつきり考へ、女の「かしこさ」を、必要に思ふ時代は無いと言へるでせう。（花森安治「女は日本の半分」『漁村』一九四一年七月、全國漁業組合連合会）

キーワードをひらがなで書き、鉤括弧で閉じる書き方も共通である。花森は宝塚歌劇団関連の雑誌などで、匿名でいくつかの女性についてのエッセイも戦時下、執筆している形跡がある。『婦人の生活』を花森は、ほとんど一人で作ったとも回想するが、「装幀」の表示は一貫して佐

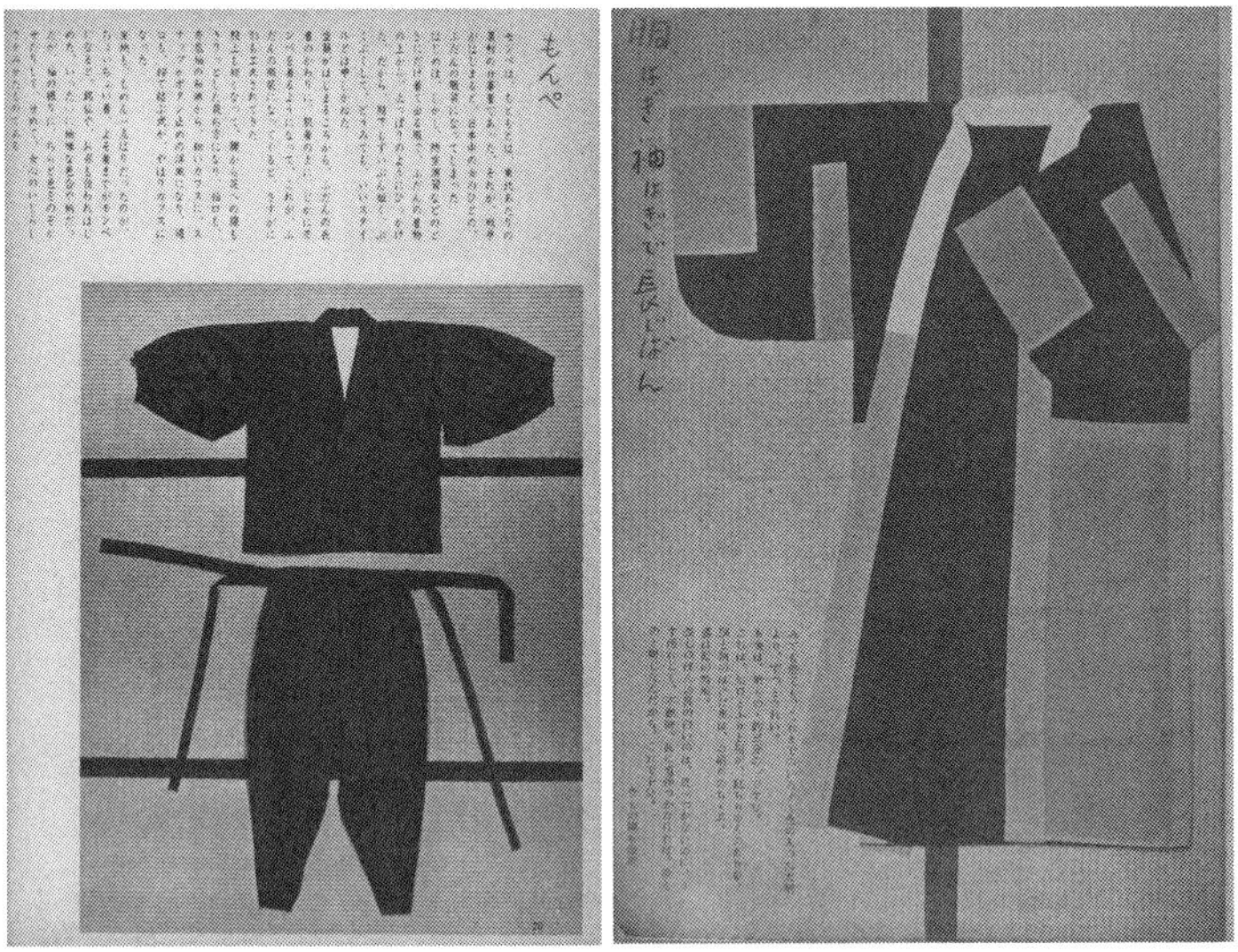


図4　戦時下・戦後の花森安治の雑誌グラビア
（左）「もんぺ」『暮しの手帖　第96号』（1968年、暮しの手帖社）
（右）「胴はぎ袖はぎで長じばん」『婦人の生活　第一冊』（1940年、生活社）

野である。そのあたりの役割は判然としない。

『婦人の生活』シリーズが事実として『暮しの手帖』に直結する前史であるのは、二つの雑誌のグラビアを比べれば歴然としている。「戦争中の暮し」を特集した戦後の写真ページと戦時下の『婦人の生活』のグラビアは並べてみると全く変わらない（図４）。戦後の『暮しの手帖』というと日用品から家電製品に至る耐用実験記事である商品テストのイメージが強いが、それが登場するのは一九五四年以降で、それ以前は『婦人の生活』の延長に近い誌面である。

刊行元の生活社は、雑誌『東亜問題』『中国文学』の刊行、中国語小説の翻訳などを行う一方、「生活叢書」と銘打ち、中国、ロシア、インド、東南アジアなどの民族・文化を扱うシリーズを刊行もした。経営者は鐵村大二という人物だが、中国関連出版物、また「生活叢書」が網羅した大東亜共栄圏と重なる地域のしかも民族・文化を紹介する出版物を扱うというのは、戦時下の文化政策と一致する。「生活」というキーワードも同様である。何より同社は大政翼賛会の理論的支柱である昭和研究会の名義の著作を、一九四一年に集中的に刊行している。「協同主義」についての理論書である「新日本の思想原理」「協同主義の哲学的基礎」「協同主義の経済倫理」の合本として一九四一年四月に刊行。その時点で合本に含まれる三著を含め、当初は昭和研究会を発行元とした報告書等一二冊の昭和研究会関連の著作が同社を発行元に変えている。

しかし、『婦人の生活』の編集は外部に発注されている。それがどうやら、パピリオ化粧品（伊東胡蝶園）の宣伝部であったようだ。佐野繁次郎も花森安治もその一員だった。

花森側の証言では『婦人の生活』は、当初はパピリオのPR誌としての計画だったが、統制経済の影響で宣伝予算が削られ、生活社に出版が引き継がれたとされる。第一冊には皮膚を卵黄やうどん粉、オリーブ油などで手入れすることを勧める記事があるのはその名残なのか。このあたりの事実関係は花森らの証言からは判然としない。

## 花森が手掛けた二種類の広告様式

話は前後するが、この時期、花森は伊東胡蝶園で国民精神総動員運動関連の仕事として「ぜいたくは敵だ！」のポスター作りなどをしていたとも言われる。

第一冊の刊行時、花森は佐野繁次郎の許にいたことは確かである。佐野は、横光利一《よこみつりいち》「機械」などの挿画で知られる画家である一方、化粧品メーカー伊東胡蝶園の白粉「パピリオ白粉」のロゴなどをデザインした広告デザイナーだった。手描きの、金釘が折れたような独特な書体が特徴である。これが花森の手描き見出しの出自である。戦前、戦後を通じて、装幀家としても知られる。

花森は大学在学中、東京帝国大学の学生新聞で活動する。学生結婚し、生活が苦しく、志願して佐野の許で働くようになったとされる。「宣伝のアルバイト」だったと回想する。卒業直後に徴兵を挟み、病気で除隊、伊東胡蝶園に復職する。時系列で考えると、「ぜいたくは敵だ！」という国民精神総動員運動関連の標語やポスターはこの時期、佐野の許でつくったとも言われる。『婦人の生活』に着手するのも同時期で、このあたりの詳細は花森のいくつかある評伝でも曖昧な部分ではあるが、復職後の花森は化粧品の広告から国家の広告へと仕事のあり方を大きくシフトしている。

しかしそれは花森に限らず、師である佐野や、この後、本書にも登場する国家広告の担い手たちの多くは一九二〇年代のモダンな都市空間における女性たちの消費生活を広告の側から演出したデザイナーや写真家たちであり、花森もその運命に抗わなかった。というよりは、そこに一つの機会を見出していたことは、『婦人の生活』のあとがきでの岸田の文化政策への高揚ぶりからうかがえる。

だから重要なのは、新体制下、一方では婦人の生活雑誌をつくる花森と「ぜいたくは敵だ！」と戦時コピーを考案する花森がいたことである。そういう、二種類の「国家広告」の様式があったという証左になる。

## 二つのジェンダーの総動員

花森はこの雑誌の刊行後、東京帝国大学新聞部の先輩で大政翼賛会宣伝部長に就任した東京日日新聞の政治部長・久富達夫《ひさとみたつお》に発足したばかりの翼賛会入りを誘われる。『婦人の生活』シリーズの編集を続けることを条件に花森がこれを承諾したのは、一九四一年の一月頃とされる。翼賛会はそれまでの花森の給与の四倍近い金額を示したというから「副業」として『婦人の生活』シリーズを手元に残したとは思えない。

これらの経緯は、馬場マコト『花森安治の青春』が最も詳しいが、しかし細部となると確認が難しい。

例えば、『婦人の生活』第一冊を作った時点では花森と翼賛会の関係はなかったととれる。しかし、前年一二月五日発行『婦人の生活』あとがきで翼賛会文化政策へのエールを送っていることはすでに見た。「ぜいたくは敵だ！」ポスターの制作を含め、翼賛会宣伝部への合流は、たまたま先輩から声がかかった、という「偶然」のみに帰結させるのはいささか疑問ではある。

このように翼賛会でも花森は、一方では国策をあからさまに表現する戦時プロパガンダ、他方では『婦人の生活』シリーズを作り続ける二重性を生きる。しかし、この戦時下の婦人雑誌づくりを『暮しの手帖』前史として、肯定的に描くことを本書は選択しない。婦人雑誌編集は女性の「くらし」、つまり「生活」を新体制下に描き出すツールとしてあるからだ。

花森はすでに引用したように「日本の半分は女」と繰り返し説く。『くらしの工夫』の帯にも「女は日本の半分です。男と同じ数です。」と綴る。つまり、花森は、その半分ずつそれぞれに向けた戦時宣伝を行おうとし、そのために二つの様式を用いた。何故なら、主婦を「職域」として認知し、新体制の担い手としようとする翼賛会にとって婦人雑誌は重要なツールだからだ。「くらし」、すなわち、新生活体制を「研究」すると宣言する婦人雑誌は、その具体的な形なのである。

その時、『婦人の生活』がもとは化粧品会社のPR誌の企画だったというのは案外重要である。『婦人の生活』は生活社の刊行だが、広告は一切なく、寄稿者も横光利一はじめ一流である。印刷にも凝っている。そう考えた時、雑誌として採算がとれるものではないと想像される。恐らく、何らかの政治資金が支援している。つまり、この雑誌そのものがPR雑誌という広告媒体として考案され、そのクライアントが化粧品会社から国家及びその周辺へと変わったと考えると、雑誌の性格が理解しやすい。既存の雑誌が新体制下、右に倣えで翼賛会のプロパガンダに協力したのとは根本的に違う。

そういう、かつて若い女性たちを化粧品売り場に動員する宣伝を佐野の許で学んだ花森は、一方でそのノウハウで「その後」の彼女たちを「新しい生活」に動員する雑誌を作った。他方で、翼賛会宣伝部では花森は戦時プロパガンダの中核として人々に記憶される国家宣伝を日本の半分である男に向けたものとして試みる。つまり、手法を変えることで花森は二つのジェンダーの「総動員」に貢献したのだ。

## 政治と宣伝をつなぐ

その「二つの宣伝」のあり方を理解してもらうため、花森がつくった、男性向け、あるいは戦時下の男性性を訴えるプロパガンダの代表作を並べてみる。先の七・七禁令に呼応した標語「ぜいたくは敵だ！」は、翼賛会合流前だが、「進め一億火の玉だ」とそれと対となる「屠れ！米英我らの敵だ」、そして山名《やまな》文夫《あやお》、新井《あらい》静一郎《せいいちろう》らの「報道技術研究会」と合流してからは、本書でもこの後改めて触れる日米開戦一周年に向けた「十二月八日」の宣伝用統一フォント、「欲しがりません勝つまでは」の標語の選考、そして、壁新聞「おねがひです。隊長殿、あの旗を射たせて下さいッ！」と戦時プロパガンダの「傑作」（という言い方は不穏当だとしても）を次々とディ

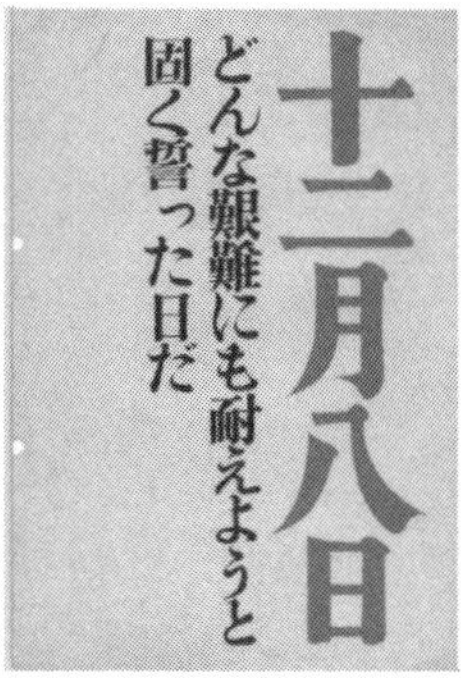

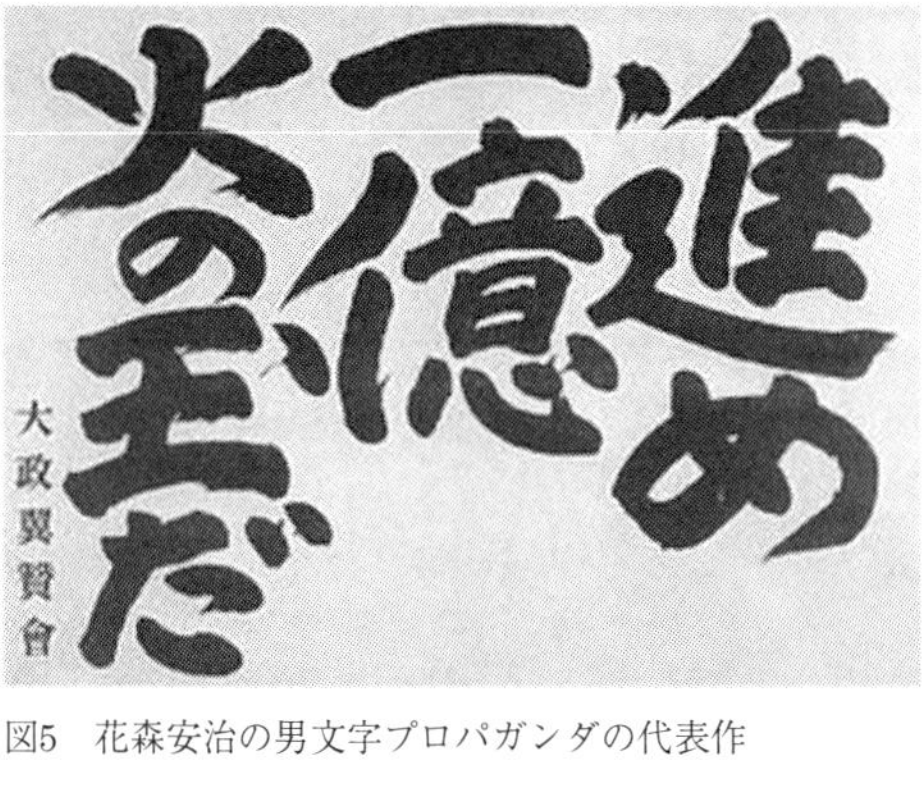


図5　花森安治の男文字プロパガンダの代表作

レクションしていくのだ（図5）。「ぜいたくは敵だ！」は「生活」に向けたものだが男性口調の断定で、「欲しがりません勝つまでは」はその戦時下の男性原理にあたかも子供が従うようだ。婦人雑誌の柔らかさとこれらの戦時宣伝を見比べた時、花森の二重性は歴然としている。

ちなみに、ディレクションと書くのは、標語やフォントを選び、コピーライティングの切り口を示すことで翼賛会の「政治」をグラフィックデザインに翻訳するのが花森の仕事だったと考えられるからだ。

花森の一方の顔である男性原理的な広告制作の協力者であった「報道技術研究会」と花森を結びつけたきっかけの一つが、花森の「政治と宣伝技術」（『宣伝』一九四二年五月号）だとされる。報研には花森から接近したとされるが、報研側もこの一文に一目置いていたという。

この小文は「政治をする人」「宣伝する人」とのディスコミュニケーションを問題とする点で、当時のプロパガンダ制作の欠点を突いている。それは「政治」と「宣伝」を繋ぐ存在が不在だからだと、花森は正確に問題点を指摘する。「宣伝」する側は「美術」の言語や手法しか持たず、政治のことばと対話できない。政治の側は、「美術」のことばやその方法を解さない。だから政治は自らの主張が宣伝に反映されないといらだつ。その結果、両者の関係は「犬猿の仲」になる、と皮肉る。その上で、花森は両者の異なる言語の仲介者、翻訳者としての「設計する人」の必要を説く。

家を建てる人が、政治をする人だとしたら、宣傳をする人は、設計する人でなければならない。建築のことを何も知らない人でも、どんなふうな家を建てたいか、といふ意見は持つてゐる。それを、うまく活かしてゆく人が設計する人である。それを抜きにして、大工まかせの仕事をしてゐると、とんでもない家が出來上るのである。

（花森安治「政治と宣傳技術」『宣傳』一九四二年五月号、日本電報通信社）

つまり、クライアントとしての政治の側の考えをいかに「宣伝」の形に具現化するか、両者を媒介し、広告の形に翻訳する設計者が必要だとする。政治のことばから広告を設計し、それを「宣伝美術」の職人に作らせるという職能である。先に示した花森の戦時プロパガンダにおける役割が、標語やフォントを「つくる」のではなく「選ぶ」であったのは、彼がまさにこのような設計者であったからだ。だから、花森が戦時標語を自ら「書いた」のではなく「選んだ」事実を以て、その戦時プロパガンダへの関与の軽微であった証とする向きもあるが、むしろ果たした役割は大きいのである。

## 3　国防服の「おしり」問題

### 衣服の政治への翻訳

それでは『婦人の生活』という翼賛会での業務と併行してつくられた雑誌における花森の役割は何であったのか。それもやはり「政治」の「翻訳」ではなかったか。ならば、花森は婦人雑誌作りにおいて「政治」を最終的に「何に」翻訳して読者に届けようとしたのか。

むろん、雑誌全体の細部に至るまで花森は政治的に設計したはずだが、既に見たようにこの雑誌はPR雑誌である。PR雑誌は企業イメージの向上などの大義名分はあるが、最終的には消費者を「モノ」へと向かわせる。つまり、「商品」に企業イメージは収斂する。結論から言えば、花森は、近衛新体制という「政治」を「服」という「モノ」に変換した。むろん、近衛内閣や翼賛会が「服」を売るわけではない。しかし「服」を花森はPR雑誌の技法で、「政治」化した。その詳細を少し見てみよう。

『みだしなみとくほん』のタイトルで刊行された『婦人の生活』第二冊は、「婦人の生活研究」

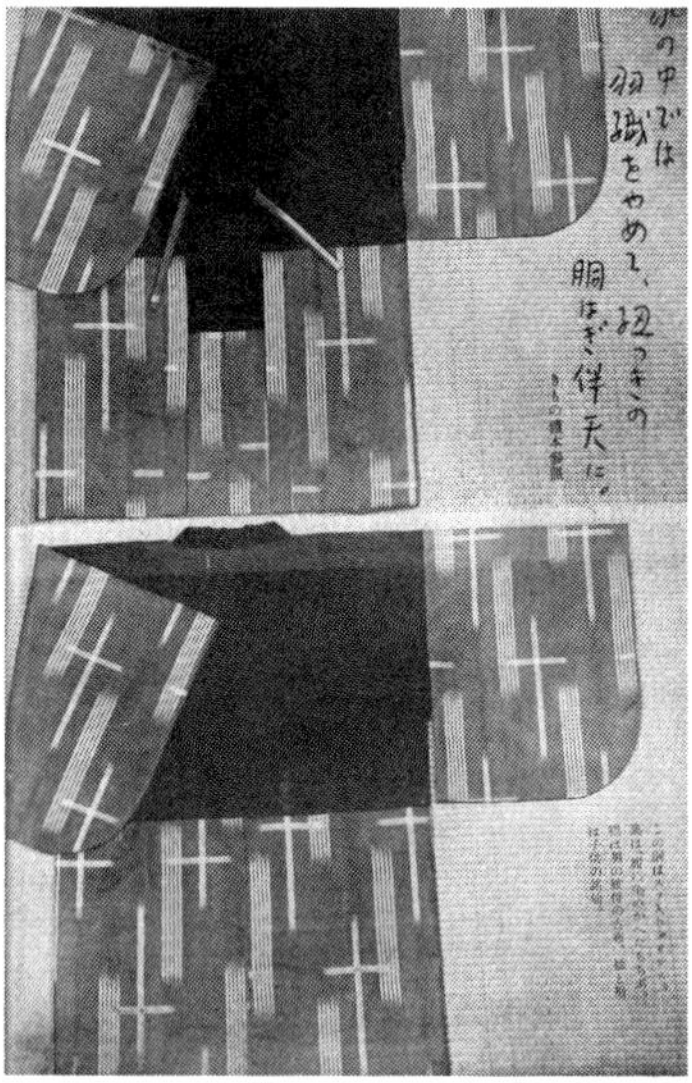

図6（右）和服は平面『婦人の生活　第一冊』（1940年、生活社）
図7（左）洋服は立体『婦人の生活　第一冊』（同）

とシリーズ名にも「研究」が加わるが、一部差し替えはあっても、グラビアの内容は基本的には第一冊のものが使い回されている。

このあたりの事情はわからない。グラビアにおける「着物」「衣服」に続き「女の国防服。」という構成も同じである。そこに、手製の化粧品や襖の張り替えなどの記事が一つか二つ載る。それが、ほぼ共通のグラビアのフォーマットだ。「服」が中心である。

しかしその「服」の見せ方に特徴がある。着物にせよ洋服にせよ、それをみせるためにモデルを使わないことだ。

着物は畳や茣蓙の上に平面的に広げられる（図6）。洋服はモデルに動きのあるポーズをとらせながら、手足や顔を切りとり立体的な服のフォルムのみを強調する趣向である（図7）。和装は平面、洋装は立体という見せ方を意図している。

モデルが使われる例外は、この号なら「外国雑誌を見誤るな。」という記事で、海外のファッション誌の写真をそのまま転載したと思えるファッション評である。その一つのキャプションにはこうある。

左のは、この様に反り身になつてゐれば、この裾でい丶が、これで歩くと、腰から下が言ひにくいが、なんともいへない、いやらしい形になる。

サンダル式になつてゐる足もとも同じ具合になる。

背景になつてゐる飾りものも、人間の日常生活の實際には、持ちこみにくい、非健康的な感覺である。

（「外国雑誌を見誤るな。」『婦人の生活　第一冊』一九四〇年、生活社）

この引用に見られるように女性性が男性への媚や科となることを批判する一方で、「日常生活の実際」との整合性を検証するというのがこの戦時下のファッションチェックの基本型である。「二号さん」「玄人」と腐すキャプションもある。こういう場合「顔」は必要な情報なのである。

## おしりを巡るデザインの問題

では、題名からすればあからさまに政治的な「女の国防服。」のグラビアにおいて「服」はどう語られるのか。その切り口は以下の通りだ。

スカートの後の折目についてる縫目はなくても、あつてもい〻。但し、餘りおしりの大きい方はない方がい〻、上衣の胴まわりは、これ位、すこし、ゆとりのある方がい〻。

(「女の國防服。」『婦人の生活　第一册』一九四〇年、生活社)

国防服問題が、いきなり「おしり」がどう見えるかという問題として論じられているのである。この写真は本文の「女の国防服の提唱」と題する裁ち方、縫い方の記事と対応する。記事の名義は東京婦人生活研究会とある。

その冒頭では「国防服」論が論じられる。「第二冊」の方を引用する。

この小文は、こう切り出す。

これは、今日の女の風俗としたい。

もし、日本に空襲があつたら、女の人は、今、男の青年團のしてゐる仕事、殊に、老幼の避難、交通整理など、みんな引受けてすると考へてい丶と思ふ。

女の國防服は、そんな時のことも考へてゐるべきだと思ふ。

女でもさうして、集團行動を取る時、並んだ形も考へておくべきだし、平素から、國防服を着たら、さういふ凛々しい氣持になることを習慣づけたいと思ふ。

しかし、この服は、女といふ精神も決してこわされてはゐない。

（東京婦人生活研究會「女の國防服の提唱」『婦人の生活　第二冊　みだしなみとくほん』一九四一年、生活社）


つまり、非常時を想定し、平素にこれを着る時における「気持」への作用が説かれる。近衛新体制の「内面の参与」のツールとして国民服を位置付ける「政治」である。しかし、一行目のこれを「今日の女の風俗」としたい、という強烈な一行が、「政治」と「風俗」、すなわち、一九二〇年代消費社会が女性たちに大衆化した流行やモードといったファッションの概念とアクロバティックに結びつける。

だからこそ、続いてこう説くことが可能なのだ。


ブラウスを外に出すと、後から見た姿は、おしりの丸味の上に、も一つ、ほうずきの皮をかぶつた様にも見える。（同）

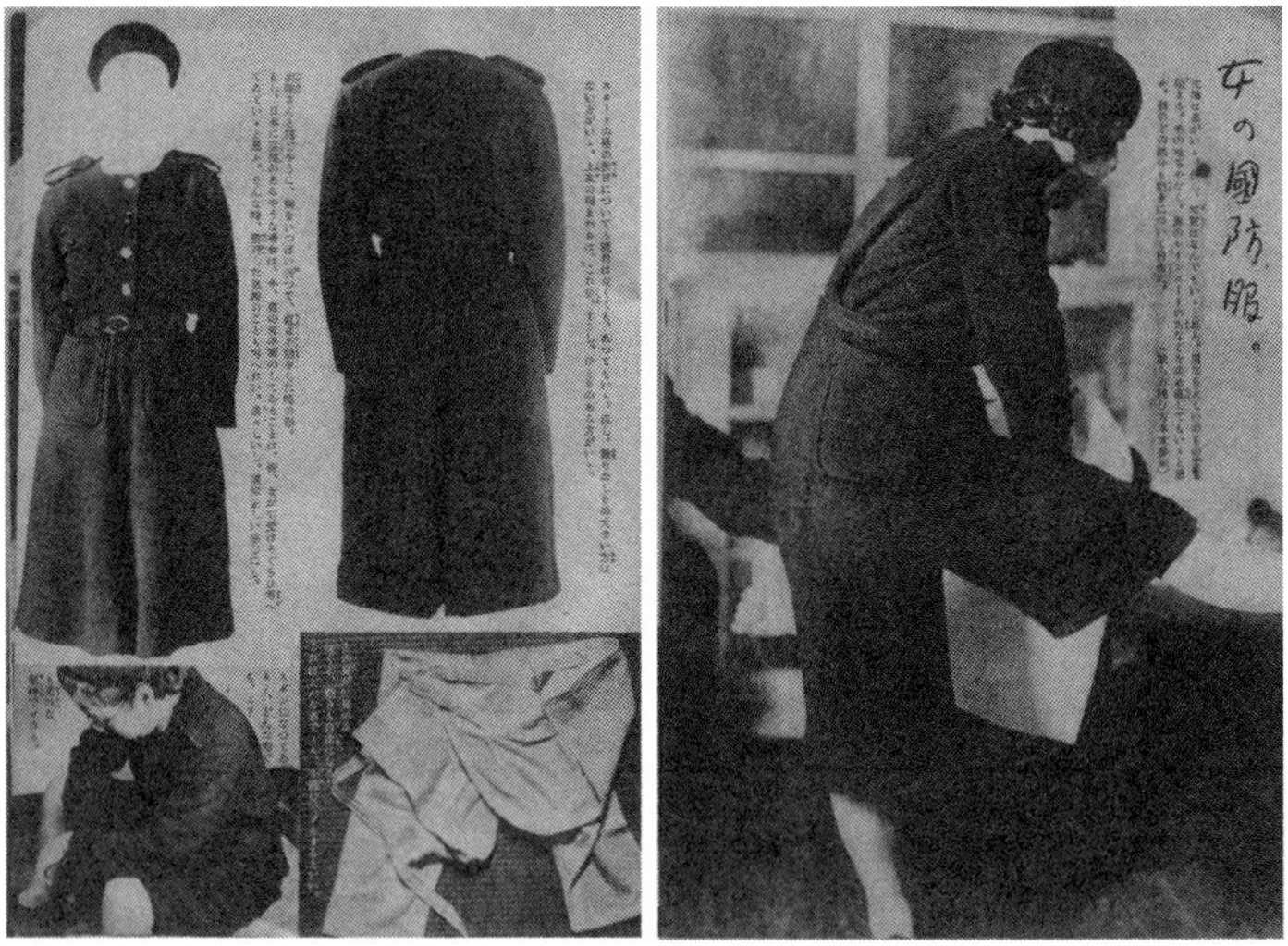


図8 「女の國防服。」『婦人の生活　第二冊　みだしなみとくほん』（1941年、生活社）

　再び、「おしり」問題である。「政治」と「おしり」をどう見せるかが乖離せず、接合する。その結果、国防服は「おしり」をめぐるデザインや着こなしの問題に転化する。それはグラビア、本文、一貫しているのだ。

　改めてグラビアに戻れば「おしり」問題が中心の構成なのがわかる（図8）。

　この雑誌がモデルの顔や手足を用いないのが原則にあると記した。それは見開きの左頁では守られるが、メインの写真は後ろ向きで「パーマ」と「メガネ」の頭部がそのまま残る。体型を含め、ありふれた日本の女性を喚起させるためと思われる。その上で、「おしり」のラインも強調される。手足や頭部をカットしたフォルムだけの後ろ姿の写真も掲載される。スカートの折り目はおしりの大きい人はやめたほうがいい、という先に引用したキャプションはこの写真に付されたものだ。そして、最終的に「おしり問題」をこう結論する。

どうせ、おしりを小さくすることは出來ないんだから、かへつて胴から下を、一枚の布でずつと下まで續けて一つの感じにした方がいゝ。（同）

一方では「着心地」の重要性を説きながら、「おしり問題」には拘泥する。このリアリティが「国防服」を女性に纏わせる肝なのだ、とこの雑誌は理解している。
だから、色についても「おしり」の一文に続けて、こう記すことができる。

生地は黒がいゝ。但し、地質はなんでもいゝと思ふ。黒なら大ていのものでも染まる。毛の地ぢやなく、男のレインコートの古などを染め直してもいゝと思ふ。體のどの部分も動きについて自由に。（同）

「黒」という色の選択も、「日本の女」の体型に似合うかが基準で推奨される。戦時下の服装統制の中で「国民服」は「国防色」と呼ばれるカーキ色だが「黒」というシンプルさに拘泥する。
「国防服」の記事の本文は第一冊、第二冊とも主題は同じだが、実は文章は少し異なる。第一冊の方では「この国防服の如く、だから形から受ける感じもはっきり、軍隊的が本当だと思う」とあり、その点への言及が中心だが、第二冊では「おしり」をどう見せるかに焦点が置かれる。新体制下に、より「おしり」問題に重きが置かれるのだ。

しかし、「おしり」問題がメインのグラビアは、よく見れば、左端に女性の直立の正面写真が掲載されている。一見、「おしり」の見え方を示す後ろ姿と対であるようにも見える。しかし、キャプションにはこうある。

兵隊さんと同じやうに、胸をいつぱい張つて、直立不動をした時の形。
もし、日本に空襲のあるやうな場合は、今、男の青年團のしてゐることは、皆、女が引受けるぐらひ考へてゐてい丶と思ふ。そんな時、整列した氣持のことも考へたい。凛々しいし、規律正しい感じにも。
（「女の國防服。」『婦人の生活　第二冊』一九四一年、生活社）

つまり、お尻がどう見えるかでなく着こなしのポイントは「直立不動」や「整列」の時の、しかもフォルムでなく「気持」であるとする。つまりは「内面の参与」であるが、花森の雑誌はかくも手の込んだ手続きで「服」を政治化する。そうやって初めて「国防服」はモードになる。一九二〇年代消費社会を後継する「風俗」になる。花森の「ていねいな」仕事はかくも圧巻である。

## 国防服をファッションに

ちなみに、このような『婦人の生活』の「国防服」記事は、戦時下の女性服装統制における通説とは二つの点で少し異なる。

一つはこのような「同じ衣服」を政治が求めることは、国民の均質化のツールとしてであり、個人間の身体的差異さえ均質化する。その結果、身体的劣勢は否定されるという通説に対してだ。『婦人の生活』は、「おしり」をいかに小さく見せるかに腐心する。しかし、それは均質化とは明らかに異なる。「おしり」を小さく見せるためには、その一方で細部のつくり変えや着こなしを推奨し、そもそも「国防色」を拒む。「国防服」をファッションとしていかに「工夫」するかに着眼点がある。むろん、最終的に同じ「国防服」で統一されるにしても、国防服に身体を合わせるのではなく、身体に国防服を合わせる主張をしている。少なくともそういうプロセスを経ている。「均質化」という断じ方からこぼれ落ちる部分にこそ、花森の「ていねいな」動員の技法がある。

二つめは、にも拘わらず、この紙型付きの「国防服」は、通説における女性の国民服制定の過程よりも早い提言だということだ。男性の国民服は一九四〇年一月に制定されたが、婦人服の領域では議論が先行し、「序」でも見たように少ない数での着回しや再利用が婦人雑誌の記事の中心であった。女性向け「国民服」は羽仁もと子を中心に、杉野芳子、吉屋信子ら一〇〇名余の

「権威」を並べ、その後一九四二年二月に制定されるが、洋装は和服ふうの襟であり、いわゆる和洋折衷であった。

そして、標準服とも呼ばれたこの「国民服」と『婦人の生活』の「国防服」の差は歴然としている。

一つは「国防服」という言い方そのものにある。この「国防服」の語はナチス・ドイツの制服を想起させる単語である。事実、『婦人の生活』には、ナチスの「国民服」への言及が寄稿者のエッセイに散見される。国民服の議論はナチスの踏襲に他ならないが、『婦人の生活』は先に見たように、その本質は「軍服」だと言い切る。

二つめは「日本化」の問題である。「標準服」は洋装タイプと和装タイプがあり、洋装タイプも着物ふうの襟である。別の章で見るが、これは女学校の制服統制でも採用され、当の女学生の反発を受ける。それに対し『婦人の生活』の「国防服」は、日本人女性の体型にいかに配慮するかが「日本化」である。考え方の根本が違うのだ。

こういった通説との乖離は、花森の雑誌が、ファッションやモードとして「国民服」を位置付けているからだ。これを「今日の女の風俗としたい」と書き始めていることは、花森の女性向けプロパガンダのそれこそマーケティング戦略を正確に示している。

だから花森にとって「国防服」は、唯一の服ではない。

## ナチスに学ぶ「めいめいの服」

「標準服」制定の背景には、羽仁もと子の「一張羅主義」があり、それが新体制下のミニマリズムの論拠となる一方で、均一化された服装論にも結びつく。どうやら、生活の新体制化に果たした、羽仁もと子の役割は思う以上に大きい。

しかし、ナチズムの「国防服」を日本人の身体に合わせ、風俗＝モードとして提示した花森の雑誌にとって、「国防服」は、女性たちの生活の中での着回しの一つに過ぎない。

このような雑誌としての立ち位置を代弁しているのが、共産党員として繰り返し検挙されてもいた作家・宮本百合子《みやもとゆりこ》であるところが興味深い。宮本は、ナチスの制服をめぐる随筆を花森の雑誌に寄稿している。

宮本は「標準服」などの服装問題において、「簡単であること、働きよいこと、金をかけないこと」という主張が繰り返されることに違和を表明する。何より人は「働く」とともに「くつろぐ」のだという。つまり「普段着」の必要性をこう説く。

近頃一方に制服ばやりがあると共に、他方では極端な服装の單一化が考へられてゐるけれども、先頃ナチスのヒットラー・ユーゲンド《ママ》が來たとき、割にその近くで接觸してゐた人の話では、ユーゲントたちは制服は一通りだけれども、服装としては六七通りは其々の必要にしたがつて持つてゐた。ユーゲンドの制服だけ見て、それだけ眞似て、一組の装で萬事すませようとするのだつたら可笑しい、といふことだつた。

衣類の本當の合理化は、その人々の働きの種類によつて、休安の目的によつて形も地質も考へられるのが當然である。

（宮本百合子「働くために」『婦人の生活　第二冊　みだしなみとくほん』一九四一年、生活社）


ナチスの「制服」を引き合いに、しかし、それを着る者に当然ある「日常」や「生活」が「制服」論議では抜け落ちている、とする。つまり、多様な「生活」の具体的局面に「服」は根差すべきだとする。その中での「おしり」問題なのである。ただ、「働く」ための「簡易」「節約」な「制服」というスローガンの水位に留まる議論よりもはるかに正確に「新生活体制」に宮本のほうが呼応している。

しかも宮本のこのような服装論を補強するのが、駐日ドイツ大使館の女性のエッセイなのである。当然、ナチス政権下のドイツである。


ドイツの女の子だつて、朝おきるときから、ねるまで制服ばかり着てるわけではないのです。ニユース映畫などによく出て來て、とても感じがいゝつて評判をよくきく、白のシヤツブラウスに紺のスカート、黒いネクタイといふ服装、あれはB・D・Mの制服なのですが、あれだつて、大てい一週二回、午後の集りに着て出るだけなので、その外のときは、めいめいの服を着てゐるわけなのです。

たゞ、私たちの服には、奇妙な襞飾りや、突飛な刳り方や、三角や五角のポケットはありません。冬は暖かいやうに、夏は涼しいやうに、生地は丈夫に、色は氣持よく、ポケットは、十分ものがは入るやうに、バンドは、きつちりしまるやうに、ボタンは、ちやんと掛けられるやうに。それを私たちは、とりもなほさず美しいと思ふのです。變り型のボタンや、ぴらぴらした飾りを見ると、何か馬鹿にされたやうな氣さへ致します。

働き着は働きやすいやうに、遊び着は遊びやすいやうに、ねまきは寝やすいやうに、これは、あたりまへのことです。私たちは、あたりまへのことをするのが、どんなに難しいことかを知つてをります。それを、やりとげて來ました。

（アン・マリー・キーフア「このごろドイツ婦人の服裝」『婦人の生活　第二冊　みだしなみとくほん』一九四一年、生活社）

自分たちは「制服」以外に、日常生活では「めいめい」の服を着ている。しかしそれは簡素で機能的で働きやすく寝やすくつくられている点で共通だという。その「あたりまえ」が美しく、そして、その困難を自分たちドイツ人はやり遂げてきた、とする。機能や合理性の先に美しさがあり、その達成がいかに難しいかを説く。それは、ただスローガンを唱えれば済むという簡単な問題ではないと、宮本と意見の一致を見るのだ。

花森の雑誌の考える「生活」(むろん、新体制下の)に確実に根ざす、ファッションやモードの考え方が、このナチス婦人の一文により明確に示されていると言える。「国民服」もまた「めいめいの服」の一つであり、徹底した「工夫」とその先にある「美」が追求されなくてはならない。藍や古布への拘泥もおしり問題も、そのための「工夫」に他ならない。それを花森がいかに「ていねい」に説いてきたかは既に見てきた通りだ。

ぼくはナチズムを少しも肯定しないが、そういう「美」のあり方として、花森の雑誌は「服」を捉える。

「風俗」や「みだしなみ」は、花森式の工夫を伴う、モードやファッションと同義であることが改めてわかる。その意味で「新しい」のだ。

このような「ていねい」な雑誌作り、プロパガンダを以てして、生活の細部に至る合理化、新体制下の達成は可能なのだ。

## 4　衣服で人の心を変える

### 「つくる」「工夫」で生活に入り込む

ここまでくれば、花森がこの雑誌で「政治」をいったい、何にどのように翻訳しようとしたのかは明瞭である。冒頭でそれは「服」である、と先に結論を示しておいたが、第二冊の「あとがき」には「服」と「政治」の関係がこう明確に語られる。

「衣はそれを着る人の心を支配する」ともいひます。

三冊四冊と、衣食住のこの本が出てゆくにつれて、もし少しでも、實際に、この本の内容が實行されたら、と想像しただけでも編輯する者は、これをやる苦勞も忘れます。

この本は、讀んですてられる本ぢやなしに、讀む本といふより、實行される時のノートの役目が果したいのです。

お國をよくして行く爲めに、すこしでも、役立つたといふ『事實』の結果を、作りたいのです。

（「あとがき」『婦人の生活　第二冊　みだしなみとくほん』一九四一年、生活社）

花森が「服」に拘泥するのは「心」をつくり変えることができるからである。しかもそれは均一のユニフォームの上からの強制ではない。通説としての国民服論が説く、権力による国民の強制的な均質化ではない。読者自身の生活の具体相の中で、この雑誌に示された「国防服」づくりや、和洋の裁縫や着こなしの「工夫」を手仕事として「実行」する。そのことで「衣」は初めて「心」を支配する政治のツールとなるのである。その「生活」の細部への手仕事、つまり「つくる」「くふう」によって入り込み、生活そのものを新しくしていくことが新生活体制の「実行」なのだと「あとがき」は十全に理解している。しかもこのような政治化は「衣」にとどまらず「衣食住」を包摂する。戦後の広告代理店的言い方をすれば、新体制下のライフスタイルの提案をこの雑誌は行っているのだ。

繰り返すが、それはスローガン化したフレーズが空回りする議論とは対極にある「深さ」である。花森は「新体制」を衣服とその「工夫」に翻訳し、それをつくり、着ることで人の「心」を変えようとしたのだ。変えうる、と考えていた。

## 服装と政治の主題化

この冊子シリーズの「あとがき」の筆者は既に見たように花森である可能性が高いが、こういった「衣服」と「政治」の関係は、この時期の花森の主題であった。『婦人の生活』は、花森が一九三八年に出征、一九四〇年に結核を患い除隊し、佐野の許に戻ってつくられた。その出征の前年、一九三七年、花森は東京帝国大学文学部美学美術史学科を卒業している。その卒論のテーマは「社会学的美学の立場から見た衣粧」だったと本人の述懐にある。

ところで、ボクの方は「社会学的美学の立場から見た衣粧」というテーマだった。〈衣粧〉というのは〈衣裳〉と〈化粧〉を合せたボクの造語である。この衣粧に興味を持ちはじめたのは、自分でおぼえている限りでは、高等学校へ入ったころからだとおもう。社会的現象として、人間が何かを着るということ、それを考えると面白くて仕方がなかった。考えるだけでなく、自分の生活も、考えたように組み変えて行こうとした。

友人の田宮虎彦が、こんなことを書いている。「昭和十年頃の、本郷を知っている人は、自分でぬった変なかっこうと紺のダブルの上衣を着て、茶碗帽ともいう妙な帽子をかぶって歩いていた花森のことを、知っているはずである」

自分でぬった、というのは彼の曲筆で、ボクでも今だに雑巾一枚させるわけはないが、変なかっこう、という点は、たとえば現在ボクが着ているものも、変な、といえるとしたら、その意味では当っている。

（花森安治「世界最初の衣裳美学」、東京大学学生新聞会編『私の卒業論文』同文館、一九五六年）

図9　木村伊兵衛撮影の手製の服をまとう花森安治『美しい暮しの手帖　第六号』（1949年、暮しの手帖社）

戦後になっての回想だが、人が何かを着ることについて考え、その「考え」に従って自分の生活を組み換えていく、ということが、もしその時の花森のテーマであり実践なら、それは『婦人の生活』の編集方針そのままである。花森の卒論は具体的には徳川幕府の統治機構と服装の関係を論じたものだともされる。やはり、服装と政治が主題化されていたように見える。

花森の評伝の一つは、彼が高校時代カーライルの『衣服哲学』と英語のテキストとして出会っている、と指摘する。この本は衣装についての架空の書物を語り手が編集していくという奇妙な構成で知られる。衣服についての書物を編集するという一致は偶然ではあるまい。

花森は自身では服はつくっていないとするが、バスタオル一枚を二つ折りにして首回りの穴を開けた服を着ているところを日本工房の木村伊兵衛が偶然目に止めて写真に撮った、と本人が戦後、述懐している。出来過ぎた話である。プロパガンダとの接点はこの頃からあった、と推察できる（図9）。

この挿話はともかく、翼賛時代の花森が自身の衣装をいわば、ブリコラージュしていたことは以下の回想でわかる。

彼の防空服姿は筆者の記憶にも鮮かである。彼は頭巾も、服も、肩掛けのカバンも、同じ木綿のきれで作っていた。黒に近い紺の、ゴワゴワした手織木綿に、白い縦縞が通っていて、これで作ったオーバーオール（むかし職工が着た菜ッ葉服という作業衣に似ていた）を着用したところは、トカゲか熱帯魚でも歩きだしたかのように見えた。それに、同じ布地の防空頭巾とカバンである。カバンの紐も同じ布で統一されていた。それに、あのギョロリと光る目と、グリグリに刈った坊主頭と来ているから、本人は個性味溢れる伊達姿のつもりだったかも知れないが、いささかグロテスクという印象をまぬがれなかった。風変りではあったが、粋とかスマートとかいうものではなかった。

もっとも、本人は大得意で、この手織り木綿は、祖母が押入の奥にしまってあったもので、おれが自分で裁断し、ミシンも自分でかけたのだと自慢していた。

（杉森久英「花森安治における青春と戦争（抄）」『中央公論』一九七八年六月号）

これは、戦時下の花森は政治的な人間ではなく職人に徹する一方で、一種の「演技」をしていた、という擁護論の文脈で言及された回想である。しかし、ここで花森がまとっていたのは、文章から察する限り、先の「国防服」の男性版ではないか。『婦人の生活』の表2には花森のカットとともに「女の国防服を着ませう」というコラムがあり、こうあるのだ。

●女は「なで肩」だから、肩止めは要る。
といふのは、荷物を、リユツクサツクのやうにするのは、勿論いいが、一寸した荷物でも、實際は風呂敷包が多いんだから、ひもをつけて、小學校のカバンのやうにして肩にかけるのが、一番らくである。肩止めに通して。
●ハンドバツグは、持つ必要はない。大きなポケツト四つだから。
上衣のは蓋があるから、大事な物も入れられる。下のポケツトは上衣につけるより、スカートの方が走つてもぶらつかない。
●スカートは、足を開けば、ズボンになつてゐるのが、なんといつても着て實際に、活動しいい。
●帽子はベレー、或は、大體ベレーの形を自分で作る。
●木綿の襟巻をもつこと。
衿をなしにしておいて、木綿の手拭位の布を、一本もつて、それを襟巻に、氣候の調節をはかる。

男の裾廻しの古、紺の金巾の古布等いい。

服の生地は、黑のウールか、紺のコツトン。黑いレインコート地。

(『婦人の生活 第一冊』一九四〇年、生活社)

「黒のウール」「紺のコットン」、手製のカバンをかけ被りものと肩は統一され、スカートでなくズボンをはく。そして全て手づくりである。つまり花森は「女の国防服」を翼賛会の現場で「工夫」し「着こなし」ていたのではないか。あるいは一種の「女装」だったのではないかとさえ思える。それは「衣装」が「心」をつくり変えるという彼の衣装論に従うなら、演技と擁護するよりは、自らによる自らの動員の作法の「実践」と考えた方が自然だ。花森は度を過ぎて新体制生活を自らも生きてしまったように僕には思える。

## 5　花森安治の「男文字」と「女文字」

### 話し方へのこだわり

いま少し花森の雑誌作りに拘泥する。表現の問題として最後にもう一つ考えておかなくてはならないのが「ことば」である。花森は「政治」を衣装の細部に翻訳し、それをデザインし、写真をディレクションし、服の挿画を描いた。しかしもう一つ、そこで強く機能したのは彼の「ことば」である。

『婦人の生活』のあとがきは花森のもので雑誌の主張が明瞭に述べられる。「きもの読本」も、戦後着物をめぐる工夫の細部が最後は数行の国策に収斂する。そのような動員のための文体が、戦後の花森の雑誌づくりを支えたことは言うまでもない。

その時、注意しておきたいのは花森が戦時下に書いた「話し方」論である。翼賛会時代の文章であるが、これは珍しく戦後になって復刻されている。それは恐らく以下のような導入があるからだろう。

いいえ、と言わなければならない時に、はいと言い、はい、と言わなければならない時に、いいえと言ったために、わずかその一言のために、それからさきの一生を、或は一生とまではなくても、しないですむ苦労をしなければならなくなったという例は、何も小説のたぐいを借りて来なくても、私たち身のまわりにいくらも見聞きすることなのである。

（花森安治「言葉は暮しのなかに生きている」『國語文化』一九四一年三月号、『花森安治——美しい「暮し」の創始者』二〇一一年、河出書房新社）

このくだりは、戦時体制に「いいえ」と言えず「はい」と言って「しないで済む苦労」を、当時の花森はしていたのだという、戦時下のリアルタイムの告白に読めなくはない。しかしこれは、戦時下の国策としての「話し方」教育を踏まえての一文である。翼賛体制は、常会などの末端の細胞での対話を重視する建て前だから「話し方」が重視される。事実、文中で翼賛壮年団の集会で、うまく話しことばで自分の意思を伝えられない青年の苦慮を紹介する。つまり「話す」スキルは国策遂行のために必要なのである。あくまでそれを説く一文であることは忘れるべきでない。だからこそ花森は「暮し」の技術としての「話す」ことに注意を促す。

私たちの大ていは、「話す」ということによって、自分の考えを現わし、仕事も続けてゆき、気持ちもわからせあっているのである。私たちの「話す」ことのなかに暮しがあり、私たちの暮しは「話す」ということによって、全部とまでは言わないにしても、少くともその大部分は動かされているとも言えるのである。（同）

「話す」ということによって「暮し」が動くという、一般論としては異論がはさみづらい正論も、翼賛会末端組織の「細胞」である「隣組」が常会などを中心に「話す」ことで国策を浸透させ推進する仕組みであることを考えた時、その印象は変わってくる。だから、花森は「暮し」と戦争の関係を以下のように記す。

暮し、というものを大切に考えなければならぬことは、もはやいうまでもない。生活戦といい、生活の科学化といい、今日ほど暮しというものの大切さを言われる時はないのである。

私たちがこの暮しというもの、暮し方というものを大切に考えるならば、それなら「話す」ということを、大切に考えなくてはならないのではなかろうか。（同）

「暮し」が「生活戦」「生活の科学化」と一体であることが強調される。では、何故、「生活戦」のために「話す」ことが重要性なのか。そのために、新体制の下での「話す」ことを花森はこう定義する。

短くいえば、「話し方」というものは、自分が言いたいと思うことを、その通りに言い、その通りに相手のひとに受けとらせる一つの技術である。（同）

つまり花森が主張しているのは、「言いたいと思うこと」を言う言論の自由でなく、ディスコミュニケーションの生じない正確な対話術である。合理的な話し方とも言える。二〇一九年に起きた国語の新指導要領をめぐる議論にたとえれば、花森のいう「話し方」は「理論国語」に近い。花森の、伝わらなさへの危惧は、政治と戦時宣伝との間にディスコミュニケーションが生じることへの危惧と同じものである。そのことは以下のくだりで明白だ。

私たちの暮しを、もっと強く、もっと豊かにするためにも、その一つの方法としても、もっともっと「話し方」を大切に考えたいと思う。みんなが、まいにち話している言葉をもっと大切に考えるようになったら、「売り手も買い手もありがとう」という標語も、恐らく要らなくなる、「さあざます」で武装することも必要ではなくなる、書いてもらうのでなければ、聞いただけでは何のことかわからない漢語を、ことに放送などで聞かなくてもすむ。

（同）

つまり花森は「標語」や、恐らく翼賛婦人らがとうとうと新体制の建て前を鸚鵡返しする類のことばと「話し言葉」を対置している。形式化し、声高に語られながら伝わらないプロパガンダ用のことばが「暮し」に入り込み、ディスコミュニケーションを起こしていることを問題にしている。それは政治を正確に翻訳できていないからだ。だから花森がイメージしているのは国民相互が暮らしの中でディスコミュニケーションを起こさない「言葉」を、自ら国民が「話す」という新体制のあり方だと言える。

その時、究極には、プロパガンダのことばは消える。そういう、プロパガンダのユートピア／ディストピアを語っている。

しかし、重要なのは、この一文はどう弁明しようと「大政翼賛会宣伝部」の肩書きとともに公表されていることである。だから、この一文は、自動化し形骸化したプロパガンダのことばではない「話し言葉」のプロパガンダ言語の必要性を同時に示唆している。

この時期、花森は翼賛会宣伝部の中枢で形式化した標語やプロパガンダ言語と対峙していることを思い出す必要がある。花森は、自身が大半をハンドリングできる婦人誌でなし得た「政治」と「宣伝」、更に「政治」を「宣伝」を介して人々の「暮し」に届ける方法を、翼賛会内部で実行することの困難さに直面していた。先に言及した、宣伝と政治を媒介する専門家の必要を説いた一文の背景にもなる。この政治と宣伝の犬猿の仲を皮肉る文章を書くのはもう少し後のことであり、「政治」と「宣伝」を繋ぐ技術者集団と自らを定義する「報道技術研究会」とも未だ出会っていない。

花森はこの時、形式化したプロパガンダのことばを操りつつ、自らの「暮し」の細部に届くプロパガンダのことばを婦人雑誌ではつくりつつあった。

そういう二重性を生きている花森の姿が先の一文からも読み取れる。

## 戯曲「明るい町　強い町」

このようなプロパガンダのことばの二重性を主題にしたのかと思える戯曲が残っている。花森が一九四二年一一月の宝塚歌劇団雪組公演のために書き下ろした戯曲「明るい町　強い町」である。「大政翼賛会宣伝部作」とあり、同じクレジットの宝塚歌劇は複数あるが、この作品は花森が自身の作と認めているものだ。他にも宝塚関連の媒体には、花森のものと思える大政翼賛会宣伝部名義の文章も散見する。

歌劇の内容は「長い戦争」の続く架空の町に住む人々と「こびとさん」の物語である。ストーリーの仕立てそのものは他愛ない。

こびとはこう唄いながら街を行進する。

僕らは元氣なこびとです
僕らは働く　みんなのために
僕らは歌ふ　みんなのために
雨でも風でも　たのしい顔で
恐れず進むこびとです

（大政翼賛會宣傳部「明るい町　強い町」一九四二年一一月雪組公演、『暮しの手帖　保存版Ⅲ「花森安治」』二〇〇四年、暮しの手帖社』）

こびとは、翼賛体制そのものを「擬人化」したものだと今ふうの言い方で言えばわかりやすいだろう。

彼らは町の人々が「大きい戦争」で「しかめつ面」「悲しい顔」をしていることに気づき、「もつと明るく元気を出」してもらおうと歌を歌いつつ、一軒一軒を訪ね、戦死した家の子供と近所の子供が遊ぶための広場を町長にかけ合って開放するなど、一人一人笑顔をとり戻させていく。

暗い顔の人々を無理やり「明るく」「楽しく」していく様は、今見るとブラックユーモアにしか見えないが、そのような批評性は当然、意図されていない。

しかし、最後にこびとたちは、「隊を組んで」やって来る「怠け者」たちに苦慮する。彼らは働きたくない楽しいことだけをしていたいと言う。戦時下の「暮し」が求めるのとは対極にある楽しさで、こびとは「あんたたちは自分のことばかし考えてるのね」と批判する。この「怠け者」は新体制が仮想敵とする「自由主義」「個人主義」のこれも他愛のない擬人化である。

彼らにはこびと、つまり、新体制のことばである「楽しい歌」は、通じない。

そこでこびとの一人が「詩」を読むと言い出す。

白いこびとさんの讀む詩——
歩兵前進　陸軍軍曹　吉田嘉七
歩く、歩く、ただ歩く
夜も歩く、晝も歩く
烈日のジヤングルを歩く
埃だらけの田舎道を歩く
どこまでも歩く
ドシドシ歩く

汗を流して歩く
齒を嚙みしめて歩く
田圃の泥を踏んで歩く
道路に倒れた大木を跨ぎ
破壞された橋梁では胸まで漬
つてただ歩く
軍靴の火と燃えるまで歩く
戰車のまだ來られぬ道を
戰車の如く足で歩く

（同）

恐らく実際に前線を経験したものによって書かれた「詩」である。こびとの歌う童話的町内に突然、現実の戦争を侵入させるのだ。それは童話的な歌とは対極にある戦場の現実のことばである。

そのことばに「怠け者」はたちまち態度を変える。

はじめは、いやいや聞いてゐた怠け者たちは、その中にだんだん引き入れられ、姿勢をますぐに、頭を垂れて肅然と聞き入る。朗讀が終ると突然怠け者のひとりが叫ぶ。

怠け者――さうだ、俺たちは働かう。
他の怠け者みんな――さうだ、俺たちは働かう。
怠け者――俺たちは働く。
他の怠け者みんな――俺たちは働く。
みんな――働かう。働かう。働かう。怠け者たちは力強く歸つてゆく。（同）

そして、最後に再び「楽しい歌」の合唱に戻る。

ここに示されたのは、ミニマムな世界の生活や日常の細部に入り込もうとするこびとのことばと、戦場から発せられることばである。こびとは「明るく楽しく」するために様々な工夫をするが、それが通用しない「怠け者」は、しかしこびとのことばとは違うコードの、戦場のことばに動員されてしまうのである。

## 戦時下の広告の文体

むろん、花森のことばはこびとの歌ほどには単純ではない。その細部から生活をつくり変える技術は既に見た。しかし、その一方には、勇ましい戦争を直截に語る前線のことばがある。

言うまでもなく翼賛会において、花森は、後者のコードからなる国家宣伝のことばを操作することが日々の仕事である。

婦人雑誌は四冊目でいったん、中止となる。

そして、「報道技術研究会」と合流した花森は、「暮しのことば」とは異なるプロパガンダのことば、言うなれば「日本の半分の男」に向けたことばづくりに本格的に着手する。そこで、戦時プロパガンダの「傑作」を次々作る。そこでは既に見たような国家広告の傑作（と言っていいかは躊躇われるが）を次々、作成する。

例えば、森永製菓の広告課出身で戦後は電通の幹部ともなる新井静一郎の書くコピーをディレクションした壁新聞はあまりに有名だ。上司からの命令でなく部下からの懇願という「下意上達」を戦場の場面に採用するという花森のアイデアの反映とされる。

「おねがひです。隊長殿、あの旗を射たせて下さいッ！」
次々と倒れてゆく散兵線で、たまりかねた兵隊が絶叫する。
「畜生！　あの旗が射てたら…」あの旗。上海戰でも南京攻略でもどこでも冷然と敵陣地の上に掲げられてゐた——米英の國旗。

このコピーを資生堂の広告を手がけた山名文夫がレイアウトする。

報研の仕事を時系列で追っていくと、明らかに花森が翼賛会側から参画したものはコピーライティングの力が強い。それらは宝塚の戯曲でこびとが突然朗読した戦場詩と同質の「ことば」である。そういう種類のプロパガンダのことばは溢れていたが、花森はそれを洗練させたのである。花森は、政治を宣伝に齟齬なく翻訳する媒介者として、婦人雑誌という「女」の領域だけでなく「男」の領域でもその才能を開花させてしまう。そこには、先に示した、ことばを正確に伝えることへの執着がある。だから、花森のことばは洗練される。この辺りは細かな検証が必要だが、恐らく、戦時広告の「文体」そのものに花森は影響を与えた。

その「ことば」における洗練は、「文字」、つまりフォントにさえ向かう。日米開戦の一周年に備えて「十二月八日」の統一書体を花森は報研に発注したのである。

それをレタリングしたのは山名である。いったい、プロパガンダにおいて、写真でも文でも絵でもなく、書体に注目する、その細部への拘泥は尋常ではない。クリームの商品イメージを特異なレタリングで決定づけた佐野繁次郎の弟子である花森の広告家としての思考である。

「十二月八日」という日付を、いかに特別な日として国民が再帰し続けるように記憶させるか、そのために太宰治《だざいおさむ》や尾《お》崎喜《ざきき》八《はち》や多くの文学者が実は動員された。そのことは、別の章で改めて語るが、フォントデザインの中心だった山名はその意図をこう記す。

> 統一された字體といふものは、その字體の持つ氣分といふか性格といふか、その字體の字格からくるものが、言葉ではないが一つの合言葉を語ることになる。殊に十二月八日といふ日附をして、特殊な固有名詞として、その内容から受ける感銘を視覚からも受けさせるよう

にするためには、そのような「見せ方」をするためには、不統一な恣意的な字體よりも統一した字體をもつてすることの妥當なことはいふまでもない。
（報道技術研究會「宣傳字體制作報告」『宣傳』一九四二年一〇月号、日本電報通信社）

ことばでなく書体のもたらす「感銘」をデザインするわけで、「内面の参与」の技術論がフォントという水準に及んでいることがわかる。この時、花森が山名に求めたのは「政治」のフォントへの翻訳であったことがわかる。山名らはそれを単なる可視化や視覚的な刺戟だけでなく「十二月八日」その日の個々の経験そのものを喚起せしめる書体でなくてはならないと「心」への参与に設計のポイントを置く。

デザインは一文字一文字活字を組むのではなく、「十二月八日」としての全体形成とすることでまとまった「意味」を伝えようとした。その詳細を山名は書き残しているのだ。

そこで行われたことは「国防服」のデザインと着こなしの誌面作りにおいてなされたものと同じ、細部への拘泥であり、その細部が全体のメッセージへと連なるデザインの思想である。

そういう水準に花森安治という人や、報研の人々は到達した。花森が『暮しの手帖』で、戦後民主主義のアイコンとさえなる一方、報研のメンバーが電通などの広告代理店や企業の宣伝部、ファッション誌の発行元の出版社などの中核となったのは、当然といえば当然である。戦後の広告の手法は戦時下につくられたものであることは広告の世界での常識である。

## 女文字のプロパガンダ

さて、整理してみよう。

このような戦時下プロパガンダは、花森が日本の「半分」の「男」と「女」それぞれのコードを用意したのに倣えば、「男文字」と「女文字」の二種類の「ことば」あるいは、表現があったように思う。「文字」と書くのはそれらがポスターの標語で、壁新聞のコピーライティング、そして詩や小説として「文字」で表現されたからだ。「男文字」の多くが戦争を鼓舞し、戦場へと人々を誘うことばであり、「女文字」は銃後の「日常」や「生活」の領域にいかに入り込むかが「工夫」された。花森はその二つのコードからなる「文字」の卓越した使い手だった。

「女文字」は原則としては女性たちに担われた。

しかし、女性たちのことばも婦人解放運動から翼賛体制に転じて、先に花森が「さあざます」ことばと揶揄した「男文字」に似た抑圧的なことばが婦人雑誌などに躍ることもあった。他方で、本書でこの先、幾度か引用する村岡花子《むらおかはなこ》のように、ミニマムな生活の中に入り込む「女文字」のことばの担い手もいた。

だが、重要なのは花森がそうであったように、この「女文字」と「男文字」は、発し手のジェンダーに規定されない、ということである。勇ましく戦争を歌う「男文字」の詩や国民歌謡がある一方で、日常や生活の機微を歌う「女文字」のことばが男性の詩人たちによってしばしば描かれる。次章で扱う尾崎喜八などがその代表である。同じく一章を使って検討する太宰治は、戦時下、小説集一冊分の「女文字」、文字通り、女性一人称の小説を残している。今も読まれる「女生徒」はその一つである。

「ことば」の担い手ではないが、花森の「政治」の宣伝化に同伴した者の多くは一九二〇年代の女性向けの広告の作り手、その流れを汲む人々だ。『婦人の生活』を花森とつくった佐野、報研で合流する資生堂出身の山名、森永製菓のコピーライターで母親の視線から子供に語りかけた新井、キャンペーンガールなど女性を前面に出す広告を同じ森永で展開した今泉武治《いまいずみたけじ》などがそうだ。報研の「男文字」の広告の担い手は、かつての「女文字」の語り手だった。これも別の章で「ガスマスク女学生」写真の撮影者として紹介する堀野正雄《ほりのまさお》も、翼賛報道写真を撮る一方で、モード写真へと接近している。

そして、花森安治という「女文字」の手練がいる。

そういう、女文字のプロパガンダが新体制下、あった。それが、戦時下の「日常」や「生活」を語る表現として作られ、使われたのである。

花森については、平塚《ひらつか》らいてうの雑誌『青鞜』の影響を指摘する説があり、確かに花森の戦時下の婦人雑誌にある種のフェミニズム性を見ることができないわけではない。少なくとも花森は、女性のディスコースを操ることのできた男だ。しかしそれは、男のディスコースと花森の中で共存している。報研は「男文字」のプロパガンダの担い手だった。彼らはフェミニズムというより大正モダニズムにおける広告文化が産み落とした「モガ」的な女性をデザインし、動員した人々である。女性を動員する技術に長けた人たちだった。

それが「女文字」の正体ではないのか。

だから注意せねばならないのは、戦時下に語られる「女文字」のことばや表象は、フェミニズムにさえ見え、日常や生活にあまりに繊細に入り込むので男文字の戦争から切断された領域があるかのように錯誤されることだ。ぼくは戦争プロパガンダに関わった人々を、ポリティカルに断罪して済ませることに少しも意味を見出さないが、しかし、戦争と一見遠く見える「女文字」の表現、特に「女文字の男たち」の表現について、戦争プロパガンダの様式として特に注意を喚起したい。それは「新体制」下の「生活」と「日常」をつくり変える国策のためにつくられた表現なのである。

そのことを見落とすと、戦後から「今」に至る「日常」や「生活」を語ることばが戦時下起源であることが見えなくなり、無自覚に戦時下の価値を生き、肯定することになる。

第二章

# 太宰治の女性一人称小説と戦争メディアミックス

## 1　書き換えられた女生徒の日記

### 「女生徒」から排除された戦争

太宰治の小説「女生徒」が戦時下の「日常」を描いた小説である、と書くと困惑する人が少なからずいるに違いない。女学生の意識の流れを独白で発露する、いささか地に足のつかない印象のこの小説は、およそ戦争のイメージからかけ離れているからだ。しかし「女生徒」の作中世界が戦時下であることは実は以下の形で作中に明示されている。

　こんな傘を持って、パリイの下町を歩きたい。きっと、いまの戦争が終ったころ、こんな、夢を持ったような古風のアンブレラが流行するだろう。この傘には、ボンネット風の帽子が、きっと似合う。ピンクの裾の長い、衿の大きく開いた着物に、黒い絹レエスで編んだ長い手袋をして、大きな鍔の広い帽子には、美しい紫のすみれをつける。そうして深緑のころにパリイのレストランに昼食をしに行く。
（太宰治「女生徒」）

よく読めば「いまの戦争」とあるのがわかる。

しかし「パリイ」「ピンク」「レエス」と、少女文化論の代表的表象とでもいうべき名彙の中に没して、およそ、その事実に気づかない。もう一箇所、「新聞を読む。近衛さんの写真が出ている。近衛さんて、いい男なのかしら。私は、こんな顔を好かない。額がいけない」と近衛文麿の顔への言及もやはり作中が戦時下であることを示唆している。しかし、これなども、為政者の顔の品評という今と変わらぬ女子高生トークの類であり、戦時下の印象はやはり希薄だ。

「女生徒」は一九三九（昭和一四）年四月一日発行の『文学界』第六巻四号に発表され、三カ月後には短編集『女生徒』（一九三九年七月二〇日、砂子屋書房）に表題作として収録されている。つまり一九三九年一月の第一次近衛内閣の総辞職の年、あるいは一九四〇年七月の第二次近衛内閣、いわゆる「近衛新体制」発足の前年に、「女生徒」は書かれ書籍化されているのだ。とすれば「パリイ」や「ピンク」といった少女名彙に飾られた「いまの戦争」が一九三七年に始まっていた日中戦争を指すのは明らかである。

このようなわずかな言及を除けば、自意識がテ、ン、ポ、良、く、迷走するこの小説は、周到に、戦時下という時代背景から切断されている。その結果、唐突かも知れないが、江藤淳ふうに言えば「歴史と地勢図」から剝離した「サブカルチュア」文学であるが故の普遍性を獲得している。「私」を肥大させ歴史の固有性を拒むことで成立する小説の普遍性というものが、是非は別として確かにあり、「女生徒」はその典型と言える。

しかし、序で記したように本書は一見、非政治的に見える戦時下の「日常」表現を懐疑するのが立ち位置である。だから、この章では「女生徒」など太宰の戦時下の小説を介し、彼がいかに「日常」や「生活」をつくったかを考えたい。

## 有明淑の日記

「つくった」というのは、例えば「女生徒」に関していえば、その下敷きとなった「日記」が存在するからだ。その改変、つまりは「編集」を以て太宰は「日記」の書き手の「日常」や「生活」を書き換えたのである。そうやって出来上がった「女生徒」の描く「日常」は、戦時下でありながらその気配の希薄な「日常」である。それは、あたかも一年後に到来する近衛新体制下の「日常」の先取りのようにさえ思えるのだ。

「女生徒」に下敷きとなる「日記」の存在したことは、太宰研究ではよく知られてきた。有明淑《ありあけしず》（一九一九―八一年）という洋裁専門学校に進学した女性が書いた、一九三八年四月三〇日から同八月八日までの日記がそれである。当時一九歳であり、「女生徒」のヒロイン同様、女学校（成女高等女学校）出身だった。有明は伊東屋の大判ノートブック一冊にこの間の日記を書き終えると、一九三八年九月に太宰の下宿先に送りつける。太宰は住居を転々としていたので、転送され、手にしたのは一九三九年二月とされるから、直後に小説「女生徒」を書いたと推定されている。「日記」と「女生徒」の比較研究は太宰研究で既に数多くなされていて、三カ月分の日記の記述を「私」が「朝起きてから夜寝るまで」の一日の出来事に再編集したのが太宰の「女生徒」で、日記に原型がないのは冒頭と文末のみで、途中、細部にわたる加筆や書き換えはあるが、全面的に「日記」の記述に依存しているというのが多くの研究者に共通の理解である（その細部の書き換えこそが実は問題であるのだが）。

こういった第三者の「日記」などが、文学作品の下敷きにあることを倫理的に非難する向きがあるが、日本の近代文学史に限っても自然主義文学の形成期、田山花袋《たやまかたい》の「蒲団」にはヒロインのモデルとなった岡田美知代《おかだみちよ》の手紙が引用されているし、水野葉舟《みずのようしゅう》「ある女の手紙」は三人の女性の手紙の引用のみからなる。太宰にも彼のもとに寄せられた手紙をひたすら引き写した、まるで小説とは引用の織物だとうそぶくロラン・バルトのテクスト論を先回りするかのごとき小説「虚構の春」（一九三六年）が先行してあり、珍しい手法ではない。もっとも「虚構の春」は無断引用された関係者の顰蹙を買ったようだが、有明は自ら進んで日記を提供している。「日記」の冒頭にも「安っぽい雑誌でもいゝ、出る様になればいゝ、なあ」とあるから、太宰のもとに送りつけるという行為は彼女にとって、一種の「投稿」であったとも考えられる。

それ以前に、そもそも、太宰は「女生徒」に下敷きがあることを隠していない。「俗天使」（一九四〇年）は小説を書きあぐねる作家の独白という体の小説だが、その最後で書く「種が無くなった」作家が、女学生ふうの手紙を「捏造」する奇妙な展開となる。

その捏造された手紙の中に、例えば以下のくだりがある。

きょう夕方、お母さんが『女生徒』を読みたいとおっしゃいました。私は、つい、『厭よ。』って断りました。そして、五分くらい経ってから、『お母さん意地悪ね。だけど、仕方がないわ。困ったわ。』なんて変なことばかり言って、あの本を書斎から持って来てあげましたの。今お母さん読んでいらっしゃるらしいのよ。かまわないわね。お母さんにわるいことなんか、ちっとも書かれてないんだし、それに、叔父さんだって、いつもお母さんを尊敬していらっしゃるのだから、大丈夫よ。お母さん、叔父さんをお叱りになること無いと思うわ。ただ、あたしが少し恥ずかしいの。どうしてだか、自分でもよくわかりませんわ。あたしは、このごろずっと、お母さんに変に恥ずかしがってばかりいるの。お母さんだけじゃない。みんなに。もっと、平気になりたいのですけれど。

（太宰治「俗天使」）

つまり「女生徒」のモデルとおぼしき人物の手紙の「捏造」を試みているという趣向である。文中に「ジャピイ」という女生徒ヒロインの愛犬の容態が言及されているところも、太宰の愛読者の琴線に触れるだろう。

そもそも「捏造」という言い方自体が逆にモデルの実在を匂わせているのだ。この手紙は『女生徒』刊行以降に太宰に出された有明の手紙の引用であるという証言もあり、文面を見る限り、彼女は小説の題材になったことを喜んでいる。

だから太宰の倫理が問われるとすれば、「日記」を下敷きにしたことでなく、その政治的書き換えにある。

## なぜ女性一人称の小説なのか

当然だが、小説「女生徒」はファンとの私信ではない。一九三九年という日中戦争後の戦時下に書かれ、更に日米開戦後の一九四二年に太宰の女性一人称小説のみを集めた短編集『女性』に収録されている、紛うことなき「戦時下」の小説なのである。そして戦時下に公刊された小説は文字通り「公」としての役割が期待される。

そこで改めて、疑問が生じる。

太宰は何故、そのような戦時下に女性一人称の小説集を刊行したのか。

有明の手紙を引用した「俗天使」で図らずも「捏造」と書いたように、その「女性一人称」つまり「女文字」によって太宰はいったい、何を「捏造」しようとしたのか、という問いともなってくる。

だとすれば、「戦時下の日常」がいかに表現として作られたかを考える本書は、まず「女生徒」と「日記」の間を対比していく作業から始めなくてはならない。

既に見たように太宰治は、作中での「私」に、「いまの戦争が終ったころ」傘の流行がどうなっているか、あるいは、それに似合う「ピンク」「レエス」の様相を夢想させたり、近衛文麿の顔を品定めする様を語らせている。そこで表現されるのは「私」と戦争という現実との乖離である。近衛の顔をとやかく言うのも、今でも繰り返される宰相を「かわいい」と言う類と五十歩百歩であり、間違っても政治批判とはとれない。つまり「私」の戦争へのリアリティの不在を演出するためにこのくだりは用意されている。

太宰は何故、そういう「女学生」としての「私」を必要としたのか。

そもそも太宰の作家活動は、一九三二年、長兄・文治に促されて青森警察署特高課に出頭、非合法活動からの絶縁を誓う誓約書を提出することで本格的に始まる。このように満州事変直後、つまり十五年戦争下の始まりの直後に「転向」することで太宰は戦時下に旺盛に作家活動を行っていることに改めて注意したい。文学研究においては、太宰を転向作家の一人と見る向きは少なからずあるが、一般にはデビュー前、そして戦後、自死を繰り返し試みたことによるパブリックイメージと「転向」は一致しにくい。しかしその作家としての中心的な活動期が、十五年戦争期間とぴたりと重なることは偶然ではない。やはり太宰は戦時下の転向作家なのである。

そのことは「女生徒」と「日記」を比べた時の「戦争」の描かれ方に如実に現われていると言える。

「戦争のあと」を「パリイ」など非日常的な少女語で飾ること、近衛の容姿いじりという二つの「戦時下」を示唆するくだりは実は「日記」にはない。数少ない太宰の創作部分である。それは限定的に考えれば、太宰という作家の戦時下への非政治的な立ち位置の表明という「処世」の類にも思える。しかし、太宰はただ、「戦争」と自身の文学を切り離しているのではない。何故なら戦争をめぐって「日記」の記述を平然と書き換えているのである。

## 「生きてゐる兵隊」を巡って

太宰が「日記」から「女生徒」を作る際に大きく作り変えたのは有明の読書歴である。「女生徒」でも「私」が読書するくだりが描かれるが、「日記」で言及される書名は多彩である。フランク・ヴェーデキント「春のめざめ」、志賀直哉《しがなおや》「暗夜行路」、阿部次郎《あべじろう》「三太郎の日記」、堀辰雄《ほりたつお》「風立ちぬ」など思春期を主題としたものや教養小説の類、あるいは国木田独歩《くにきだどっぽ》「牛肉と馬鈴薯」のように現実主義を牛肉、理想主義を馬鈴薯に喩え議論する思想小説めいたものなども含まれ、その書名を読めば一九歳の女性としての有明の輪郭がうかがえる。それこそ、花森式に言えば「インテリ」としての側面を持つ。

だが、太宰はこれらの書名の大半を日記から消去する。代わりに「日記」に登場しない、堀口《ほりぐち》大學《だいがく》訳のケッセルの「昼顔」（一九二九年）と「マダム・キュリイ」、つまりキュリー夫人の評伝を「女生徒」の「私」の読書リストとして差し換えている。一方ではパリの放蕩を描く小説、他方では「女性」の立身出世物語を「私」の読書の対象とすることに、太宰のどのような女性観が見てとれるかはジェンダー論の論者に譲るとして、ここでは、石川達三《いしかわたつぞう》「生きてゐる兵隊」を有明の読書歴からその長い感想とともに削除していることを何よりも問題としたい。

言うまでもなく、中央公論社特派員として陥落直後に南京入りした石川達三が、いわゆる南京大虐殺を題材に執筆したのが「生きてゐる兵隊」である。全体の約四分の一が伏せ字となって『中央公論』一九三八年三月号に掲載されるが、即日発売禁止となった。有明は一九三八年五月一一日にこの小説を読み、発禁についての憤りを綴っている。

少し長くなるが、そのくだりを線を引き消された訂正部分を含め、全文引用しておく。


お八ツを食べてから「生きてゐた〔る〕兵隊」を讀む。

この小説は、問題になつたさうだけれど、之を問題に取り上げた人達が、馬鹿みたいに思はれる。

~~こんな~~に何んでも無い事ではないか。普通一般の誰れでもが、思ひ、感じ、考へる事ではないのか。　こんな事を禁じて、どうする気なのだろう。此の様なものをうんと讀ませた方が、よい位ひに思つてるのに。

一度戰爭したら、どんな事があつても敗けてはならない、と云ふ気持を起させる小説が、排せきされる樣では、國民が、戰爭に對して批判を持つ力を失つてしまふ事と同じではないのか。　批判を失ふ事は、國民の気持が皆ちりぢりになつてしまふ樣事になるのではないのかしら。

これを禁じた人達は、國民なんかに、なまぢつかの批判なんて、あつては困る位ひに思つているのでせうけれど、困ると云つて國民達を馬鹿にしてしまふ事は出来ない事位ひ、わかりさうなものなのに。

やれ教育だ、やれ愛國心だ、やれ道徳だなんて云ふけれど、それこそ「やぶをつゝついて蛇を出した」と同じ事の様に思える。

~~國民を馬鹿にしてしまひたいのなら、始めから學校も無くし、赤ん坊の時から、男女とも兵舎に入れて、育て上げればよいのに。~~

無理な事、矛盾な事は、長續きするわけが無い。

すべてを明らかにし、本当の批判を生み、そして其処より如何に國が大切であるか、敗けてはならないかを、個人個人の気持に、本当に出てこなければ嘘なのだ。

どんな人だつて、自分の生れた所を愛す気持はあるのに、つまらない事に反抗心を燃やさせたり、こんな小さな私達でさえ悲しい様に思える程、わからない事をする独裁政治が厭になる。　戰爭は、厭なものだ。苦しいものだ。如何に、人達にとつて、戰爭が大きいか、不幸なものであるかと、國民達を愛する気持で書いた本が、瘵され、それを書いた人は、社會から追ひ出されてしまつたのだ事もある。眞相はいろ〳〵あるだろうけれど、私達の心に起きるものは、「何故、何故」と云ふ事だ。この何故、何故と云ふ事は、一生續く事だろう。　自然な國は、ないものかしらと思ふ。

（有明淑「日記」一九三八年五月一一日）

ここには太宰の「女生徒」からはおよそ想像がつかない、明瞭な政治意識を持った一人の女性がいることがわかるだろう。一方ではパリの放蕩に憧れつつ、他方では「夫人」限定の立身出世物語にお行儀良く収まる、太宰の捏造した「女学生」とは全く別人である。

後述するように有明は『婦人公論』を愛読していたが、同誌では一九三八年八月号で「南京陥落」について、後にB級戦犯として戦後処刑される松井《まつい》石根《いわね》らが「報告」している。むろん、南京大虐殺への言及はない。そういう、戦時下の言説に日々、有明は触れている。

その中にあって、引用でわかるように有明の主張は明快である。

何より「之を問題に取り上げた人達」が「国民が、戦争に対して批判を持つ力」を信頼せず「やれ教育だ、やれ愛国心だ、やれ道徳だ」と言うことを嫌悪する。そのような国民の批判を封じることを「独裁政治」とまで記す。

改めて論じるように、有明の日記は通して読むと、「道徳」や「社会」がいわゆる同調圧力として彼女の自意識をまったりと締めつけていく様を描く、「女生徒」とは全く異なる主題を持った一片の独立した小説としてあるとわかる。だからこそ、太宰は「日記」を自分の小説とするために、発禁となった本の書名だけでなく、戦争、つまり政治や社会への批判精神を削ごうとする。それ故、為政者への憤りが記されたこのくだりを、丸ごと消去せねばならなかったのである。

つまり有明の「内面」を消去したのである。

有明が嫌悪するのは、戦争を含む社会への批判精神の欠如である。

この記述のすぐ後に続けて、有明は彼女の家に遊びに来た「軍人の娘」に言及する。「国を治めていく絶体（ママ）の力を持つてゐる人たちの間に、汚たない人達の多い事だろう」「自分一家を愛する爲め、はつきりした隣組をつける爲めに、政治をとつてゐる」と軍人の特権意識への批判をかくも辛辣に書く。「ふんだんに太り、椅子に腰かけて笑つたり国家愛国論を一席のべたり」する人々への嫌悪を日記の中とはいえ隠そうとしないのである。

## 永井荷風「濹東綺譚」の評価

有明の読書をめぐる太宰の書き換えの姑息さとしては、以下の例についても注意を促しておく。「女生徒」に見られる永井荷風《ながいかふう》「濹東綺譚」への言及は、有明の日記にあるが、両者を比べてみる。前者が有明、後者が太宰である。

> お風呂の湧く間、「つゆのあとさき」を讀んでみる。
> 「濹東綺譯〔譚〕」をもさうだつたけれど、中味から受ける感じは、決して厭な汚たないものでは無いのだ。それを乗越《ノリコシ》した一つの徹底した境地静かな嘘の無い諦め、そんなものを思はせられる。
> 「濹東綺譯〔譚〕」は、どうしたものか、時々思ひ出す。

もつと裸にならなければと思つた時、何んと云ふ事はなしに、これを思ひ出したつてみた事がある。　寂しさのある動かない強さだ。

自分の厭だと思つてゐる所に、案外、眞実があるのかもしれない。

（有明淑「日記」一九三八年五月一二日）

まだお風呂がわかないので、濹東綺譚を読み返してみる。書かれてある事実は、決して厭な、汚いものではないのだ。けれども、ところどころ作者の気取りが目について、それがなんだか、やっぱり古い、たよりなさを感じさせるのだ。お年寄りのせいであろうか。でも、外国の作家は、いくらとしとっても、もっと大胆に甘く、対象を愛している。そうして、かえって厭味が無い。けれども、この作品は、日本では、いいほうの部類なのではあるまいか。わりに嘘のない、静かな諦めが、作品の底に感じられてすがすがしい。この作者のものの中でも、これが一ばん枯れていて、私は好きだ。この作者は、とっても責任感の強いひとのような気がする。日本の道徳に、とてもとても、こだわっているので、かえって反撥して、へんにどぎつくなっている作品が多かったような気がする。愛情の深すぎる人に有りがちな偽悪趣味。わざと、あくどい鬼の面をかぶって、それでかえって作品を弱くしている。けれども、この濹東綺譚には、寂しさのある動かない強さが在る。私は、好きだ。　（太宰治「女生徒」）

有明の文の冗長な部分を太宰が刈り込むので、太宰のほうが有明より短くなるのが常だが、ここでは太宰のほうが長い。「決して厭な、汚いものではない」「嘘のない、静かな諦め」といったフレーズは残しつつ、意味が一八〇度、書き換えられていることがわかる。

有明は自分が「もっと裸にならなければ」と考える時、彼女はこの小説の中の「動かない強さ」に思いを馳せる。それはいわば「個」になった時に残るもので、それを有明は荷風に感じとる。

しかし太宰は荷風を「日本の道徳」にこだわりつつ反発している作家として論じる。この部分が書き足されているので、太宰のほうが長文になっているのである。この文脈だと「動かない強さ」は「日本の道徳」と同義になる。

有明が「生きてゐる兵隊」に働く同調圧力を「愛国心」「道徳」などとも評したことを思い起こした時、太宰は、そういう彼女に「日本の道徳」が好きだと言わせているに等しい。つまりは「内面の参与」を日記の書き換えで最も手軽に行なっている。

## 有明淑の「内面」の書き換え

この二つほどの事例であからさまに見てとれるのは、太宰による有明日記の改変が、戦争についての不都合な言及の消去という自粛などでなく、彼女の「個」のあり方や思考そのものの書き換えであるということだ。彼女の「内面」という私的領域の検閲官のようでさえある。

近衛新体制、いわゆる翼賛体制の向かおうとした先を一言では言い難いが、その基調に「個人主義」の否定が確実にあったことは確かだ。近衛新体制が欧米型の自由主義・個人主義をソビエトの共産主義とともに抑止しようとして打ち出したのが「協同主義」であることについては改めて「共助」の問題と関連して論じるが、戦後民主主義が行き過ぎた個人主義をもたらした式の、俗流の「個人主義」批判や「個人」であることへの感情的な忌避がまるで「今」のごとく、この時代にも語られていたとイメージしてほしい。その気配の中で有明の政治性は悪しき「個」の表出として、太宰によって削除の対象となっているのだ。

この「個人主義」の否定は、創作の人物造形の問題としては、近衛新体制下、一貫しているものだ。つまり太宰個人の判断でなく、創作に求められた態度である。例えば戦時下、大政翼賛会が主導したメディアミックス作品「翼賛一家」の小説版のあとがきにこうあるのが目に留まる。

この顔を創造されるに到るまでの翼賛會並びに漫畫家の方々の眞劍な努力を私は想像した。それと併せて、大和一家附近の家々の見取圖を見ると、實に數學でいふあの組合のやうに、一方は一方へ他方は他方へ、又他方は他の一方へと市民生活の繫がりと大和一家の各々の人達との交渉が、微妙複雑に無数の話題と出來事を私に想像させた。戰時を背景に、個人主義より全體協力に變遷する市民生活から、人間味のある、楽しく頰笑ましい過程と成果を描きたい慾望を私はそこに抱いた。

(南達彦「著者より」『大和一家物語』一九四一年、東成社)

「個人主義より全体協力に変遷する市民生活」を描くのがこの作品に求められるものだと戦時下のノベライズ作家は平然と言う。「翼賛一家」のキャラクターの顔は、誰でも真似て描けるように、およそまんが家の個性の入りにくいステレオタイプのデザインがなされている。一方でキャラクター表とともに、町内会の「地図」及び、隣組の人々の設定も用意されている。固有性を剝奪されたキャラクターが作られ、それが「市民生活」の中で繫がりあうよう設計された翼賛会メディアミックスの意図を正確に忖度している。太宰が有明の「個」を消去したのは、やがて作家が求められるキャラクターの造形の論理であったとわかる。だから、個人主義の否定が「人間味」の回復であるとまでこの作家が言うことと、太宰が有明の日記に対して示した態度に違いなどはない。有明が生きたのはこういう時代の前夜であった。

## 2　「生活綴方」という方法論

### 舞台「綴方教室」を見て

それでは、こういう太宰の「方法」に対し、有明自身はどのような「方法」を以て戦時下を文章化しようとしたのか。

それは「生活綴方《せいかつつづりかた》」という方法である。

そのことは「日記」がこう書き出されていることでわかる。


今頃になつて「綴方教室」をゆつくり思ひ出してみる。

「浪花節」「はだしたび」の気持を上手にやつて見せてくれた安英に好感が持たれる。十七八五六頃の娘の動作が、細かい所まで出ているので、嬉しくなる。右手に結んだ赤リボン、それを最後まで、手から頭へと使つていたのがよい。「浪花節」の最後の所で、マー公ー《ママ》が、ぐつと弟をおぶふつて家の前を歩いている所、次の弟が「姉ちやん」と呼んだらマー公ー《ママ》が「なによ」と返事をするその声には、ぐつときてしまつた。そして水道の栓をひねつた所なんか、わざとらしいけれど、その態度の細やかさには、感心してしまつた。


（有明淑「日記」一九三八年四月三〇日）


これは「安英に好感が持たれる」とあるから、築地小劇場が山本安英《やまもとやすえ》主演で一九三八年に舞台化したものを指すと思われる。

原作となった「綴方教室」は『赤い鳥』に掲載された小学生・豊田《とよだ》正子《まさこ》の「綴方」をまとめたもので、出自を辿れば大正自由教育運動に行き着く。それは大正デモクラシーがもくろんだ個人や個性を子供たちの教育にもたらそうとするもので、例えば戦後、社会科・国語科の教科書づくりを柳田國男《やなぎたくにお》とともに行う成城小学校はこのような大正自由主義教育の実験校であった。同校では、国語科に「綴方」が設けられる一方で、低学年では「修身」の教科を設置していない。「綴方」と「修身」が必ずしも共存し得ない。このことは有明の「日記」をこの先、読む上で重要な文脈となる。

有明が築地小劇場の芝居で感銘を受けたくだりは、豊田正子の「綴方」では例えば以下の部分が相当する。

晩のごはんがすんでから、赤ん坊をおぶつて一とまはり歩いて、うす暗くなつて家へもどつて見ると、父ちやんがゐないので「母ちやん、自轉車あるのに父ちやんどこへいつたんだい?」と聞いたら、母ちやんは、お臺どころで茶わんをふきながら、「あのな、登録から歸つて來て、今湯へいつた」と言つた。「うん、さうかい」と言つて二疊へ上つて、赤ん坊を下してあそんでゐた。

（豊田正子「浪花節」、大木顯一郎・清水幸治『綴方教室』一九三七年、中央公論社）

尋常小学校五年生の時の作だが、これを舞台では一〇代半ばの少女の挿話に置き換えて俳優が演じ、その「気持ち」を上手に演じたことに有明は感銘を受けている。

## 観察の積み重ねで「個」としてのことばを得る

豊田の文章は「気持ち」そのものの直接的な表出ではなく、観察の積み重ねからなる「文」での描写を介して「生活」を表出することが特徴である。

それは、鈴木《すずき》三重《みえ》吉《きち》の「ありのままの綴り方」に忠実であり、一方では小砂《ささ》丘忠義《おかただよし》らの『綴方生活』（一九二九年創刊）の「生活綴方」に見られるように「生活」を自らのことばで記述する、いわば「個」としてのことばの獲得という大きな流れが背景にある。

そのことは、例えば豊田正子を小学校の時から指導した教員である大木《おおき》顕一郎《けんいちろう》の以下のような発言に明らかである。

> 赤裸々な生活記録のみが兒童文の最上位に置かるべきであると。——私は、決して左様に云はうとは思はない。が、何よりも先づ「自分で物を見、自分で判断し、自分の言葉で心から物を云ふ」ことの貴さが敎へられなくては、綴方を通しての人間敎養なぞは望まれないことになつてしまふ。
>
> （大木顕一郎「前篇に就いて」大木顕一郎・清水幸治『綴方教室』一九三七年、中央公論社）

「自分」というものに徹底してことばを根差す、つまりそれが可能な「自分」（つまりは「個」）

の人間修養が「綴方」であるとする。その豊田の文章を大木は「彼女は一人で七篇の傑作を「赤い鳥」に送つてゐる。彼女は自分で語らうとすることを「口で言ひ表はす」こと、略々同じ自由さを以つて、文字に移し植ゑてゐる。語る言葉と、書き綴る言葉との間に迂遠な距離がない。このことは先づ第一に尊重されなくてはならない。」（同）とも記す。先の引用と合わせて考えればそれは単なる言文一致ではなく、考えることば、話しことば、書きことばの「一致」であるとわかる。

山本安英が「気持を上手にやつて見せてくれた」ことに有明が感銘を受けるのも、心の内と表出されたものの「距離」がないことを求める「綴方」の理念の延長にある。

このあたりの「綴方」における「口で言い表す」ことをめぐる議論は、前の章で言及した花森の「話し方」論にも捻れて転用されている印象がある。

話を戻す。

舞台「綴方教室」が小学校時代から一〇代半ば以降までの「綴方」を「女生徒」に相当する世代のものとして表現したように、この「綴方教室」は本来の小学生児童向けの教育実践より広がりを持つ支持を当時の女学生世代に獲得していた。

実際、豊田の「綴方」は、一〇代半ばの「私」を以下のごとく描き得る文章技術としてある。

私は、今夜は中へはいるの止さうと決心して、どこか寝る所はないかとさがした。きよろきよろ見廻してゐる中に、鶏小屋のあるのに氣がついた。今は鶏は一羽もゐないけれど、去年まで二羽か三羽入れてあつた。その小屋は便所の前に作つてあつて、中には弟の古い三輪車や、トタンの丸い炭入や、太くて燃せないやうな薪などが入れてあつた。私は、「さうだ、こゝへ寝よう。」と心の中で言つて、そつと音のしないやうに戸を開けた。便所の窓の側には、弟のマントが烏賊みたいな形にぶら下げてあつた。何もかける物がないので、私はそれを外して中へはいり、三輪車に腰をかけて頭からかぶつた。濡れたマントの生地が鼻先へぶつかるのでじつとうつむいてゐた。腰をかけてゐる所が手の平位しかないので、少しするとお尻が痛くなつて來る。マントをかぶつたまゝ時々坐り直した。

七時半頃叱られて、千代ちやんの家で下駄を借りて、マキエちやんの家へ上つて、それから第二學校の方までぐるつと廻つて來たんだと思ふと、どうしても噓のやうな氣がした。

（豊田正子『續綴方敎室』一九三九年、中央公論社）

豊田は「女生徒」とはならず「工員」として働く。小学校時代は、酒飲みの父を描くくだりは微笑ましさもあったが、思春期の「私」にとって働かず借金を増やす父への態度は当然、厳しくなる。対立し、憤り、彼女は家出をして、鶏小屋に寝るくだりである。豊田の「自我」とでもいうべきものが「綴方」の写実的な文章によって記述されている。

豊田は「綴方なんて、学校にいる間だけ書けばいい」と発言していたという。実際、「綴方」

はあくまで「学校綴方」という学校限定のものだ、と大木も認める。しかし、『續綴方教室』には学校卒業後の文章が含まれる。

その意味を大木はこう記す。

今度の作品中に數篇の女工生活に取材したものを加へ得たことは、父ちゃん母ちゃんと兄弟だけに限定された「綴方教室」の上に遙かに深さと重みを加へたものと言へる。社會的生産面への全的參加が、それだけ、複雜な陰翳と社會的質量感をすら加へて來てゐるのは極めて自然である。

（同「あとがき」）

学校の外の「生活」に取材し、「社会」への参加の手段として「綴方」が位置付けられていることがわかる。当然だがその前提には「個」としての「ことば」がある。

## 「自分の気持ちの流れ」を書く

有明が「綴方教室」への共感から「日記」を書き始め、だからこそ、有明は「日記の他に、書く事は、女学校時代綴方の他には無い」と書く。つまり「綴方」が自身の唯一の方法論だと自覚している。何故なら、それが「個」としての彼女を描く手段であるからだ。

有明は自分が「安っぽい雑誌」でいいから文章を発表できるようになりたいと考えるが、その根本にこのことばを発露する「綴方」という方法が意識されていることに注意していい。

だから自身の文章術として、有明が「うんと素直になつて、どんな時でも、自分をしつかり摑んでいる」ようにしたいと言い聞かせるのは、彼女が「綴方」の「方法」に忠実たらんとしているからに他ならない。

一方で彼女は「自分の気持の流れ」を書きたいと思っている、とも記す。これなどは「女生徒」発表直後、川端康成《かわばたやすなり》が文芸時評で同作を「いわゆる「意識の流れ」風の手法を、程よい程度に用いている」と評していることを考え合わせると興味深い。有明の読書の対象を考えれば、伊《い》藤整《とうせい》や川端康成らの「意識の流れ」をめぐる小説的実験の片鱗ぐらいは教養にあり、それが「気持の流れ」を書きたいという言い方の背景にあっても不思議ではない。この点で太宰の文学的達成に有明は寄与していることになる。

有明が日記の冒頭で感想を述べたのはあくまで築地小劇場の山本安英の演技のことだが、「普通の芝居のかた苦しさ、歌舞伎の身ぶるいする厭さ」がそこにはないとしているところは、表現を縛る様式や形式から自由でありたいとする彼女の書くことへの態度がうかがえもする。

だが、彼女はただ奔放であろうとするわけではない。

「日記」は女学校在学中に病没した微生物学者であった父に語りかける形式をとる。

夜、一人でお父さんの部屋にいると、いろ〳〵の事をこれに書きたくなる。

自分一人のおしやべりです。　でも誰れか、此の自分の話を聴いている様な気がする。お父さん、いなくなつたけれど、前よりもずつと自分の心の中にいる様な気がする。自分が一人の時に、それがよくわかる。　　お父さんをぢつと思つている時の自分は、いゝ自分です、好きな自分です。
お父さんいなくなつたと口では云ふけれど、決してお父さん死んだとは思はない。
（有明淑「日記」一九三八年五月三日）

豊田の綴り方が大木という教師をメンターにして作られた限り、そこには「女たちの私語りの書式を男たちが与える」という田山花袋「蒲団」に見られる問題は当然、ある。有明の文章も男性に向けた発語という枠組でなされている点で、近代の女性たちによる一人称言文一致の限界を抱えている。それについては別の本で論じたのでここでは掘り下げない。

しかし、そういう限界を抱えつつ、有明の日記は、父への「告白」とでもいうべき様式に近づき、それが有明の書くことの倫理を担保する構造とはなっている。父に誠実であることで彼女は、文章に誠実であろうとしている。

だから「父」に対して有明は書くこと、表現することをめぐりこう書くことができる。

文學や、繪、音楽なんて、弱い弱いものぢやあないかしらなんて思つてしまいます。

表現が否応なく政治体制に搦めとられ、隷属させられていく時代の入口で、彼女は文学の弱さを知り、かつことばにしているのである。

（有明淑「日記」一九三八年四月三〇日）

## 3　強い力を待望する者への書き換え

### 太宰が捏造したもの

しかし、その「弱い表現」を以て、「私」であることを曲げずに描こうとする有明に太宰は随分と心ないことをしているように思える。

それは「日記」の改変にとどまらない。「俗天使」に引用された有明の「女生徒」発表後の手紙には、小説化されたことに舞い上がる姿が描かれた。引用において太宰の改変の有無は読者には判断する材料がないし、自分の意に沿わない部分があったとしても憧れの作家の小説に援用された、つまりはヒロインになったことに無邪気に喜ぶことまでは糾弾できない。しかし少なくとも、あのような「俗」な姿を描くことで自身の捏造した「女生徒」像にだめ押しをする太宰にこそ呆れるべきだろう。太宰は「父」を介して自らの思考に倫理的であろうとした有明を、父にではなく自らに従う女に書き換えたのである。

そしてそれは単に太宰が自分の読者を支配したいという欲求（読者への巧妙なマウントは太宰文学の基調にある）にとどまらない、時代の要請であった。

だからこそ、ぼくはこの問題をめぐって「女生徒」の以下のくだりの太宰の作為に常に注意を促してきた。

それならば、もっと具体的に、ただ一言、右へ行け、左へ行け、と、ただ一言、権威をもって指で示してくれたほうが、どんなに有難いかわからない。私たち、愛の表現の方針を見失っているのだから、あれもいけない、これもいけない、と言わずに、こうしろ、ああしろ、と強い力で言いつけてくれたら、私たち、みんな、そのとおりにする。誰も自信が無いのかしら。

（太宰治「女生徒」）

地に足のつかない感のある「女生徒」をより「強い力」への待望者として書き換えているのである。

それがいかに恣意的であるかは、このくだりが有明の日記には存在せず、太宰の創作だという一点が正確に物語っている。その意味で太宰が戦時下の「私」に与えた女性像だと言える。

この捏造部分を今少し精緻に検討してみる。
このくだりについては未完の「火の鳥」（一九三九年）の以下の部分との類似が指摘されてきた。

ほんとうに女を愛しているなら、ほんの身のまわりのことでもいいから、何か用事を言いつけて下さい。権威を以て、お言いつけ下さい、って。地位や名聞を得なくたって、お金持にならなくたって、男そのものが、立派に尊いのだから、ありのままの御身に、その身ひとつに、ちゃんと自信を持っていてくれれば、女は、どんなにうれしいか。お互い、ちょっとの思いちがいで、男も女も、ずいぶん狂ってしまったのね。歯がゆくって、仕方がない。お互い、それに気がついて、笑い合ってやり直せば、――幸福なんだがなあ。世の中は、きっと住みよくなるだろうに。

（太宰治「火の鳥」）

黒色テロリストの男と心中して男は死に、女は生き残る。その女の語る、男の喜ばせ方である。肉体に性的な喜びを与えるのではなく、「男そのものが立派に尊い」と持ち上げ、ただそうしていればよいとまるで「思想」そのものの無意味さを説くくだりである。ぼくには「火の鳥」もまた転向小説として読めるが、太宰は女の愚かな思考によって「思想」を否定させる自虐性を持つ。しかしそれが「戦時下」に書かれた時、よりポリティカルな意味を持つ。しかも「女生徒」では有明の「日記」にこのくだりがわざわざ挿入されるのである。

問題の捏造部分の前後の記述は、「日記」でも「女生徒」でも、最も長く「私」の思考の続くくだりである。しかしその向かう方向は大きく書き換えられる。

思考のきっかけは婦人雑誌の記事である。「女生徒」に「この雑誌」とあるように、雑誌の特集「若い女の欠点」という記事の感想である。『婦人公論』一九三八年五月号に同名の記事が確認できる。

『婦人公論』は、この翌年五月号より一年間の号が他の婦人雑誌とともに情報局の「輿論指導参考資料」として調査対象となる。その結果、「婦人の指導的地位にあると見なす婦人群」の寄稿者からなる「綜合雑誌」と評価され、「思想を求める評論」が独占されていると報告されている。つまり、この時期、『婦人公論』を読む、というのは有明が「評論」を読み、限定的とはいえ「思想」に触れる女性であることを意味する。それは「日記」の中とはいえ「生きてゐる兵隊」発禁への異議申立てをする姿と矛盾しない。

恐らく作中で言及される記事で主題となっているのは、「自分の個性」と「世の中」の関係であると思われる。有明の「日記」でも「女生徒」でも引用の部分の前半までは雑誌の記事への「個性」の欠如、つまり月並みさを批判する点で一致するからである。それが記事の論旨であろう。

その感想を有明はこう記す。

でも、たしかな事ばかり書いてある。個性の無い事、深味の無い事、正しい希望、正しい野心、そんなものから遠く離れてゐる事、批判はあつても自分の生活のすに、直接結びつける積極性の無い事、本当の自覺が無い。

又、勇気のある行動をやつてもしてもそのあらゆる結果について、自分が責任が持てるかどうか？ 又、自分の生活には順應し、之れを処理する丈の事に巧みであるが、自分並びに自分の生活をに正しい純眞な愛情を持つてゐない。

又、しつかりした女に限つて、大人半子供の自分の考へ方に、信頼し、自分より早く生れてゐる人とかを、無智だとか輕蔑をする。 本当の意味の謙遜が無い。その老いた人達は、經驗にも富んでゐるのだし、うんとその人達からは學ばなければならない事もあるのに。

又は、独創的《ママ》に乏しく模倣性に富んでゐる。 人間的「愛」の感覺が缺如してしまつてゐる。

（有明淑「日記」一九三八年五月一五日）

これを太宰はこう書き換える。

でも、みんな、なかなか確実なことばかり書いてある。個性の無いこと。深味の無いこと。正しい希望、正しい野心、そんなものから遠く離れている事。つまり、理想の無いこと。批判はあっても、自分の生活に直接むすびつける積極性の無いこと。無反省。本当の自覚、自愛、自重がない。勇気のある行動をしても、そのあらゆる結果について、責任が持てるかどうか。自分の周囲の生活様式には順応し、これを処理することに巧みであるが、自分、ならびに自分の周囲の生活に、正しい強い愛情を持っていない。本当の意味の謙遜がない。独創性にとぼしい。模倣だけだ。人間本来の「愛」の感覚が欠如してしまっている。お上品ぶっていながら、気品がない。

（太宰治「女生徒」）

昨今の女性は「個性」がなく「自分」がなく「周囲の生活様式」に順応することだけが巧みという、「婦人雑誌」の言うところの「女の欠点」をむしろ太宰のほうが巧みにまとめてさえいる。『婦人公論』のこの時点では未だ残るリベラルな論調が伝わってもくる。しかし、太宰はこの後に続く『婦人公論』の主張への有明の懐疑を書き換えることで、自らの「女生徒」像を捏造するのである。

問題の一文が入るくだりは、「日記」ではこうである。

しかし、どんなに何かしら私達自身に向けられてゐる言葉が、輕るい、と云つては変だけれど、楽観的な普段の気持とは離れて、唯書いてみたと云ふ感じがする。本当に此の人達は、いつもどんな場合でも、こんな気持を持つていてくれるのだろうか。廣い気持を、私達自身が望んでゐる事を、いつも此の人達も望んでゐてくれるのだろうか。

これに書いてある事はが本当にの気持であるならば、嬉しくなる。　何故つて書か
此の人達が望んでゐられる様に、私達がなつてゐいつたなら、何処までも見守り、導いてい
つてくれるだろうか。
（有明淑「日記」一九三八年五月一五日）
一方、太宰の問題のくだりを含む前後を引用してみる。
けれどもここに書かれてある言葉全部が、なんだか、楽観的な、この人たちの普段の気持とは離れて、ただ書いてみたというような感じがする。「本当の意味の」とか、「本来の」とかいう形容詞がたくさんあるけれど、「本当の」愛、「本当の」自覚、とは、どんなものか、はっきり手にとるようには書かれていない。この人たちには、わかっているのかも知れない。それならば、もっと具体的に、ただ一言、右へ行け、左へ行け、と、ただ一言、権威をもって指で示してくれたほうが、どんなに有難いかわからない。私たち、愛の表現の方針を見失っているのだから、あれもいけない、これもいけない、と言わずに、こうしろ、ああしろ、と強い力で言いつけてくれたら、私たち、みんな、そのとおりにする。誰も自信が無いのかしら。ここに意見を発表している人たちも、いつでも、どんな場合にでも、こんな意見を持っている、というわけでは無いのかもしれない。正しい希望、正しい野心を持っていない、と叱って居られるけれども、そんなら私たち、正しい理想を追って行動した場合、この人た

ちはどこまでも私たちを見守り、導いていってくれるだろうか。

（太宰治「女生徒」）

傍線部が先にも一度引用した、太宰の捏造部分である。

この加筆によって、両者の主張の違いは歴然とする。

有明の日記の文から察せられるのはこの雑誌の論者のごとき知識人は、果たして「私達」の「望んでいること」を「何処までも見守り、導いていつてくれるだろうか」という不安である。この時、有明が言う「望んでいること」は言うまでもなく「個性」である。

例をとれば、個性の事だけれど、自分のもつとも大きいよいと思ふ個性を伸ばす場合、眞劍に、私達の爲めに力になつてくれるだろうか。（世間には、大部分の人達はが、こゝに書いた人々の考へ方と違ふ様に思はれる）

（有明淑「日記」一九三八年五月一五日）

つまり有明は『婦人公論』に登場する人々が、自分たちが仮に「個性」を求めようとした場合、本当に「私達の為め」の「力」になってくれるのだろうかという不安や懐疑を表明している。しかし、それは同時にそうあってほしいという期待でもある。「力」とは、まさにそのような時の「助力」をこそ言う。

しかし太宰が「日記」のこのくだりに書き加えたのは傍線部でわかるように、考えずにただ従えば済む「力」の到来を期待する「私」である。ただ、ああしろ、こうしろ、という指示することばを待つ、思考しない女に有明はつくり変えられたのだと言える。

## 消去された有明の「個」

そもそも、有明が自分の望む方向に進むための「助力」を求める心情の背景には、父との以下のような思い出がある。それは太宰の小説にも借用されている。

小さい時分には、私も、自分の気持とひとの気持と全く違ってしまったときには、お母さんに、

「なぜ?」と聴いたものだ。そのときには、お母さんは、何か一言で片づけて、そうして怒ったものだ。悪い、不良みたいだ、と言って、お母さんは悲しがっていたようだった。お父さんに言ったこともある。お父さんは、そのときただ黙って笑っていた。そしてあとでお母さんに「中心はずれの子だ」とおっしゃっていたそうだ。(太宰治「女生徒」)

自分が異端、マイノリティーではないか、という恐れを有明は抱え込んでいる。太宰のこのくだりは、ほぼ有明の「日記」からの引用だが、「女生徒」は「日記」のように「父」を彼女の倫理の拠り所、「告白」の対象とする構造を持っていないから、「中心はずれの子」という父の評が

「日記」では、個性の肯定であるのに対し、そのニュアンスは「女生徒」では削がれ、母のネガティヴな評価をそのまま有明が自己評価にしているようにとれる。

「日記」も「女生徒」もこのような「私」と「世間」「社会」「道徳」と「個性」の葛藤を同じように描く。だが文言の削除と追加を巧妙に行うことでそのニュアンスは大きく変わる。

以下もその例だ。

> 洋服一枚作るにも、人々の思惑を考へ~~作り~~たりする様になつてしまった。
> 自分の個性は、本当の所は、愛するのだけれど、それを自分のものとするには、おつかないのだ。　人々がよいと思ふ娘になろうといつも思ふ。
> ~~繪を畫く事も、本を讀む時事も、自分文にしてゐるのだ。~~澤山の人達が集つた時、どんなに自分は卑屈になる事だろう。口に出したくも無い事を、全然気持と離れた事を嘘ついて、ペチヤ〳〵する。その方が得だ〳〵と思ふからなのだ。　こんな打算的な（打算とも云えないかもしれない。結局お馬鹿さんだけど）娘の多い事も書いてあつたけど、~~本当に~~しかしかうした方がお母さん達は喜こぶにちがひないのだ。　お母さん達が、がつかりする事をして、果して自分達が幸ひになるか、それは危ない事~~に~~の様に思はれる。　社會は、道徳は、自分がよいと思ふ道は、此の中には無いのだもの。
>
> （有明淑「日記」一九三八年五月一五日）

洋服いちまい作るのにも、人々の思惑を考えるようになってしまった。自分の個性みたいなものを、本当は、こっそり愛しているのだけれども、愛して行きたいとは思うのだけど、それをはっきり自分のものとして体現するのは、おっかないのだ。人々が、よいと思う娘になろうといつも思う。たくさんの人たちが集まったとき、どんなに自分は卑屈になることだろう。口に出したくも無いことを、気持と全然はなれたことを、嘘ついてペチャペチャやっている。そのほうが得だ、得だと思うからなのだ。いやなことだと思う。

（太宰治「女生徒」）

有明の「日記」は父が死に、母だけしかおらぬ生活の中で、自分が自分らしさを求めることは独善であり、母を苦しめることは罪なのではないかという葛藤で満ちている。言うまでもなく「母」が世間や社会や道徳を体現していて、それはどの世代にもある母と娘という葛藤のみならず、この後にくる翼賛体制において「母」や「主婦」がファシズムの表象としてより強固な抑圧にもなるからである。ファシズムはしばしば、「母」の顔をしてやって来るのである。だからこそ「私」がここでどのような態度を表明するかは重要である。

有明の「日記」の中では母の体調は思わしくなく、そのことがよけいに母娘二人の暮らしの中で母との対立を避けたい心情として浮び上がる様が綴られる。まさに「生活綴方」である。

しかし、太宰「女生徒」では、「個性」を隠して生きたほうが得だ、というニュアンスに集約される。同調圧力に流される処世に対して、懐疑の言葉を残しつつも肯定的である。「得だと思う」が結論になっている。

そういう庶民の論理への屈服は、中野《なかの》重治《しげはる》の描く転向の方便と重なり合う。太宰もまた中野のように語っているのだ。それは戦時下を生きた父母や祖父母を持つ戦後世代が聞かされた、心の中では戦争はおかしいと思っていたが、異論を口に出して唱えられる空気ではなかったのだという「言い訳」に近いものとしてしか響かない。

有明が自身の「世間」への脆さを隠さないのは、再三述べるように「日記」が一貫して「父」への「告白」であるからだ。しかし、それが太宰治という人気作家の小説として書き換えられ公表された時、与える影響は全く異なる。「婦人」の「輿論」をいかに導くかが検討される状況が迫っているのである。しかも、太宰は石川達三と違い伏せ字だらけの小説を発表しない立場を選択した作家なのである。書き換えられた有明のことばは、彼女の意に反し輿論を導くことばとして、太宰の読者に届く。

有明が「母」の論理を全否定しないのは母への配慮であるとともに、自分が「生活」をしているのか、「社会」を生きているのかということへの内省としてである。だから有明は自分は「美ばかり」を見て、追い、「本を読む」だけで、「生活」を知らないと自分に厳しい。「私であること」という近代不変の葛藤を「戦時下」であり、しかも「女性」である、という二重の文脈の中で発露しようとした有明に、太宰は徹底して冷たい。ずるずると世間に押しやられていく「私」をしかし徹底して抑圧するのではなく、その「ファ〳〵」した無害さにある限り擁護するのである。有明は「生活」のない文学を「ファ〳〵」していると切り捨てるが、「女生徒」がまさにその意味での「ファ〳〵」した文学であることは言うまでもない。

だから太宰は「個性」をめぐる「女生徒」の思索のくだりをこんなふうに閉じる必要がある。

もう、お茶の水。プラットフォムに降り立ったら、なんだかすべて、けろりとしていた。いま過ぎたことを、いそいで思いかえしたく努めたけれど、いっこうに思い浮かばない。あの、つづきを考えようと、あせったけれど、何も思うことがない。からっぽだ。その時、時には、ずいぶんと自分の気持を打ったものもあったようだし、くるしい恥ずかしいこともあったはずなのに、過ぎてしまえば、何もなかったのと全く同じだ。いま、という瞬間は、面白い。いま、いま、いま、と指でおさえているうちにも、いま、は遠くへ飛び去って、あたらしい「いま」が来ている。ブリッジの階段をコトコト昇りながら、ナンジャラホイと思った。ばかばかしい。私は、少し幸福すぎるのかも知れない。

（太宰治「女生徒」）

考えていたことを「けろり」と忘れ「今」という刹那を生きる「私」を描くことで、考える私、つまりは有明の「私」を太宰は否定しているのだ。いわば「考える必要はない」と戦時下の処世をこうやって説くのである。

しかし、有明の日記ではこのくだりは、「本に書かれたこと」を器用につくり変えて物を言っている自分への嫌悪、そして、

何しろ電車の中で、こんなに毎日フア〳〵生きてゐるのでは駄目だ。

何かしなければ、どうにかしなければと思つたのだけれど、どうしたら自分を摑める~~かしら~~のでせう。

（有明淑「日記」一九三八年五月一〇日）


と自分を疑義する文章を昼間切々と書くという流れの中にある。しかし、夕食後の片付けをして再びそれを読んだら「ナンヂヤラホイ」と冷静になった、と描かれるのだ。それは自分の思考が「生活」に根差していない空疎なものだという冷静な内省であり、だからこそ自分の思考を無意味だと突き放す真摯さの表明で「ナンヂヤラホイ」と呟くのである。

このように「日記」と「女生徒」では「ナンヂヤラホイ」の一語さえ、一八〇度、意味を変えている。

## 削除された「批評」

だとすれば、太宰が「女生徒」に全く採用しなかった以下のくだりの深読みも可能だ。

晝近く雨が止んだと思つたら、なまぬるい風が吹き出した。

鏡も曇るし、床も壁もジト〳〵して気持が悪い。

青森から函館までの軽連ラク船に乗つてゐる様な感じだがした。

潮風の爲めに、手すりも甲板にある橋子《ママ》も白い壁もジト〳〵して、甲板に立つて風に吹かれてゐると身体の中までベト〳〵して来る。靴下がペツタリ足にすいついてしまつて、時計の皮等、手の皮にくいこんだ様になつて、取ろうとすると音を立バリツと音を立て、離れるのだ。

晴れ晴れ間にと思つて草むしりに外に出ると、むつと潮の臭ひがする。

此の足の早い風が、東京わんから潮風を持つて来たのだろうかと思つてしまつた。


（有明淑「日記」一九三六年七月四日）

この一文は、近衛新体制前夜、これから先、彼女の「個性」という内面がその発露としての身体にまとわりつく「社会」や「道徳」といったものへの予感への比喩として読める。それは生理的な嫌悪であるが、その皮膚にへばりつくような感覚は、その抑圧のあり方の暗示としては正確だと言える。その逃れようのなさを有明は感じつつ抗し、太宰はといえば、屈せばこんなに楽になると、まるで転向の手口を耳許で囁くかのように「日記」の細部を修正して「女生徒」をつくっていくのである。

既に見たように有明は「社会」や「道徳」というものがルーティン化された自動化されたことばで成り立っていることを懐疑している。更に言えばそのようなことばに自意識がまとわりつき、更にそれを嗤う態度でマウントをとろうとすることをも嫌悪する。とはいえ、ぼくにはこのような有明の嫌悪するものが太宰の文学そのもののようにも思える。それ故、有明が太宰に「日記」を送った理由がわかりにくくはある。太宰に「女生徒」「俗天使」を描かせてしまうのは、彼女のそういうものを否定しつつ惹かれる弱さにつけ込んでのことなのかもしれない。

しかし、それでも、いや、だからこそ、「世間」のルーティンに覚悟を決めて身を任せる者にわざわざマウントをとるかのように模倣する態度を、有明はこんなふうに批評的に書くことができる。

それは「夢」に見た奇妙な光景である。


夕べは面白い夢を見た。

始めから終りまで菊五郎の踊りなのだ。

ギラ〳〵の着物を着て赤い長い髪をたらして、長唄に合せて踊つてゐる。

と、花道から同じ形をした男が出て来て、菊五郎と同じ所作をする。

と、菊五郎は、それを豫期してゐなかつたらしく、あわて、その男を制止〔し〕始めた。製〔制〕すると云つても、踊りはちやんとやつてゐながら、気持の上でそれが動いてゐるのだ。（それを私丈が遇〔偶〕然に知つてるのだと云ふ事が、夢の上にはつきりわかつてゐた）男はしつように、菊五郎の踊りを眞似てゐる。

（中略）

菊五郎は苦しそうに手を振る。それが暗い中では美しく踊つてゐる手になつて現れるのだ。微妙に白い綺麗な手がグニヤリ〱と曲つたり、伸びたりしてゐる。観客は唯、たん息を持つて見てゐる。「美しい場面だ」と自分は思つて見るすきから、何か暗示を受けた様な気がしてた。

（有明淑「日記」一九三八年七月五日）

様式、つまり「道徳」や「規範」と寸分違わず所作する歌舞伎役者の動きを更に模倣する者が現われる。歌舞伎役者は、そこから逃れようとするように苦しそうに手を振る、その所作に「美しさ」を感じる、と有明は言う。

同時にそれを「暗示」とさえ言う。「形」を反復し逃れることができないと知りつつ身をよじる。そこにぎりぎりの彼女にまとわりつくものへの「批評」を成立させている。そういう一文である。「日記」は推敲もされず構成も試みられていないが、それでも一編の「作品」たり得ているのは、このような時代状況への必死の批評があるからである。

## 有明の見合い

しかし、その必死さは太宰によって周到に消去される。しかも、太宰がつくり変えたのはその「日記」だけではない。有明の実人生に対しても関与しようとした節があるのだ。

津島美知子《つしまみちこ》『回想の太宰治』には、有明の縁談を太宰が仲介したエピソードが記されている。「女生徒」の基になった有明の日記やその後の私信を読んだ太宰の友人・塩月赳《しおつきたけし》が、その文面から「足長おじさんを連想する」と言い出す。塩月は太宰の同人誌仲間で批評集『薔薇の世紀』がある帝大美術科出身の編集者である。彼は、その思い込みの勢いのまま、彼女との縁談の取りまとめを太宰に依頼したというのである。「日記」においては有明の「父恋」が倫理性の根拠たり得ているというのは既に見た通りだが、それを都合よく解釈したこの太宰の友人は、自らが「足長おじさん」の「正体」たらんとしたわけである。

太宰に有明の母への結婚の仲介を求め、その仲介の手紙をそのまま津島美知子は紹介している。その手紙の中で太宰は塩月との結婚をこう勧めたという。

教育者の家庭に育った人ですから、古い固い道徳観を持っていて、浮いた恋愛結婚など、とても、できないようであります。私も、恋愛結婚などよりは、しっかりした日本古来の法に依る結婚が至当と信じますので、その点では、塩月君の心掛けに感心して居ります。

（津島美知子『回想の太宰治』一九八三年、講談社）

有明が逃れようとし、しかし、それに従うべきなのかと葛藤した世間の象徴が母なのである。その母を介して、太宰は「日本古来の法に依る結婚」、旧道徳に従う縁談を有明に勧めるのである。こういう挿話に触れる度、太宰が何故、ジェンダー論的な批判に晒されないのか理解に苦しむ。

しかもこの縁談は「見合い」が実際に行われ、手紙と日記だけで「女生徒」の「足長おじさん」たらんとした塩月は、現実の有明のほうが「数センチ背が高い」という理由で自ら申し込んだ縁談を断っている。結局、塩月は別の人間と結婚し、太宰の「佳日」という小説の題材となる。津島の一文からは有明に最初に結婚を申し込んだ人物がいたことやそれが誰かを特定できるが、最終的に彼女は「太宰とも文学とも全く無縁の人」と結婚した、という。

## 4　女性一人称小説は翼賛小説である

太宰の転向の書式

このような有明を凡庸な「主婦」にしようとする目論見と同じ態度は、彼の「文学」においてもなされる。

既に指摘したように、太宰は日中戦争の開始から日米開戦前後まで女性一人称の小説を数編、連続して書いている。その事実からして、女性一人称という「女文字」は、太宰にとって何より、戦時下の方法だといえそうである。

そのうち最も早いのが「燈籠」(『若草』一九三七年一〇月号)である。

この「燈籠」で、太宰の文学的転換を指摘する声が少なからずある。初期太宰の特徴である、過剰な自意識の発露としての小説が、女性一人称となることで「日常的現実への視点」の獲得へと転換していくことになるというものだ。それは同時に「日常」の拠り所としての「家族」へと描写の対象を転換させたとも評される。その「家」とは、しかし、中野重治が回帰した「村の家」といった家父長的な家というよりこの先、戦時体制の「細胞」として再定義されていく近代家族である。しかも、このような「日常」や「近代家族」は、翼賛体制がその拠り所としていくものであるというのが本書の一貫した主張である。だからこそ太宰の女性一人称小説はまずこの一点で、転向小説であり、翼賛小説なのである。

太宰はこの「燈籠」を含む女性一人称の小説のみを集めた短編集『女性』を一九四二年にまとめて一冊として刊行する。太宰は同書の「あとがき」で「女の独り言の形式」「女の独白形式」という言い方をしているが、それがどういう意図なのかは、自身は語っていない。

その一編である「燈籠」は、万引きをした女の告白であり、左翼めいた活動をしていた青年に彼女が捨てられる、という内容である。彼女は青年が海水浴に行くための水着を盗み逮捕される。しかし青年からは、「社会に陳謝するように」という手紙が届くのみである。新聞に「変質左翼少女」なる記事が出たとあるから、彼女も何らかの左翼活動に青年とともに参加していたとも想像がつく。つまりプロットを見る限り、一人の女性が左翼の青年に捨てられ家族の許に帰る、という女性転向小説としてである。水着泥棒はともかく、太宰の身に起きたことのジェンダー的入れ替え小説である。だから女性一人称とは、太宰文学における転向の書式でもあるとぼくは考える。妙な言い方だが、太宰は転向し、「戦時下の女」になったのではないか。「燈籠」と比し「女生徒」は川端に「意識の流れ」の表現を達成したと判断を誤らせた程、文体的に大きな変化がある。

それは、既に見たように有明の「日記」から盗んだものだ。

「転向後」の一九三二年から一九三七年まで太宰は自殺未遂や薬物への依存、入院、小山初代《おやまはつよ》との離縁、芥川賞をめぐる迷走と醜聞が続く。しかし、この「燈籠」を境に落ち着いた安定した作家活動に邁進する。それは私生活上の諸問題が片づいたからだけではないだろう。一九三七年の日中戦争の勃発は戦時体制への大きな転換の年であった。盧溝橋事件や上海事変、南京の占領や「大虐殺」など、大陸で進行する戦争だけでなく、国民精神総動員によって戦時体制づくりが一挙に始まる年である。しかしその中でつくり変えられていくのは「日常」であり「生活」であり「家族」である。それらを記述する文体として太宰は女性一人称を模索し、有明の「日記」に出会った。

## 戦時下のメディアミックス

だから短編集『女性』が日米開戦の日付を冠する小説「十二月八日」を収録、同作が「女生徒」の待望した「強い力」の所在を自ら語る女性一人称小説であるのは当然なのである。

この小説への批判をぼくは何度も書いてきたが、それは決してテキスト論的な深読みではない。そうではなく、この小説の位置する明瞭な政治的文脈を踏まえてのことだ。

すなわち、有り体に言えば、小説「十二月八日」は戦時下のメディアミックス作品なのである。こう記すと困惑しかないだろうが、以下の事実から明らかだ。

一九四二年一月二日、前年一九四一年一二月八日、すなわち、日米開戦に「宣戦の詔勅」が公布されたことにちなみ、毎月八日を「大詔奉戴日」とする閣議決定がなされた。これを受けて様々な「十二月八日」に因む多メディア展開が始まる。翼賛会は一九四〇年末に始まる「翼賛一家」メディアミックス、一九四一年一二月八日当日における多メディア展開とノウハウを積んでいる。

多メディア展開とは具体的には、以下のようなものである。

音楽では、大政翼賛会制定の国民歌謡、日本放送協会選定・尾崎喜八作作詞・信時潔作曲「大詔奉戴日の歌」（図1）が、コロムビアなどレコード会社各社の競作でリリースが決まる。戦時下メディアミックスの定番の展開である。キングレコードからは、別途、大政翼賛会推薦・高橋民次郎作詞・河村光陽作曲「少国民歌　大詔奉戴日の歌」が発売される（図2）。

注目すべきは、前章で触れた、「十二月八日」統一タイポグラフィーがこれに連動することだ。大政翼賛会宣伝部・花本安治は報道技術研究会に各種の国民運動、記念計画の印刷物に使う「十二月八日」統一宣伝文字を依頼する。制作されたフォントは、日本宣伝文化協会を通じて、宣伝関係者に複製配布された。いわゆる「清刷り」が配布されたと考えられる（図3）。

こういう流れに実は「文学」は、最も迅速に反応した。

高村光太郎《たかむらこうたろう》は詩「十二月八日」を『婦人朝日』一九四二年一月号に発表、同作は詩集『大いなる日に』（同年四月刊行）に収録される（図4）。初出が婦人雑誌であることに注意してほしい。この「十二月八日」を主題とした詩は、高村以外にも佐藤春夫《さとうはるお》や西條八十《さいじょうやそ》らによって書かれ、アンソロジー詩集・大政翼賛会文化部編『大東亜戦争愛国詩歌集(1)』（一九四二年三月刊、図5）にまとめられる。その巻頭には、「宣戦の詔勅」が掲載されている。

こうして見た時、太宰治「十二月八日」が『婦人公論』一九四二年二月号に掲載され（図6）、既に刊行済みの「女生徒」を含む『女性』として一九四二年六月に刊行されたことは、偶然でも、単に太宰の個人的モチベーションによるものでもないことは否定のしようがない。高村と同様、初出は婦人雑誌であるのも偶然ではないはずだ。

いったい、これをプロパガンダと言わずして、何を言うのか。

## 「十二月八日」メディアミックス作品群

図1（右）尾崎喜八作詞・信時潔作曲「大詔奉戴日の歌」楽譜（1942年5月5日、新興音樂出版社）
図2（中）高橋民次郎作詞・河村光陽作曲「大詔奉戴日の歌」楽譜（1942年5月5日、同）
図5（左）大政翼賛會文化部編『大東亞戰爭愛國詩歌集(1)詩歌翼賛特輯』（1942年、目黒書店）

十二月八日

太宰治

深澤紅子畫

けふの日記は特別に、ていねいに書いて置きませう。昭和十六年の十二月八日には日本のまづしい家庭の主婦は、どんな一日を送つたか、ちよつと書いて置きませう。もう百年ほど經つて日本が紀元二千七百年の美しいお祝ひをしてゐる頃に、私の此の日記帳が、どこかの土藏の隅から發見せられて、百年前の大事な日に、わが日本の主婦が、こんな生活をしてゐたといふ事がわかつたら、すこしは歷史の參考になるかも知れない。だから文章はたいへん下手でも、嘘だけは書かないやうに氣を附ける事だ。なにせ紀元二千七百年を考慮にいれて書かなければならぬのだから、たいへんだ。でも、あんまり固くならない事にしよう。主人の批評に依れば、私の手紙やら日記やらの文章は、たゞ眞面目なばかりで、さうして感覺はひどく鈍いさうだ。センチメントといふものが、まるで無いので、文章がちつとも美しくないさうだ。本當に私は、幼少の頃から禮儀にばかりこだはつて、心はそんなに眞面目でもないのだけれど、なんだかぎくしやくして、無邪氣にはしやいで甘える事も出來ず、損ばかりしてゐる。慾が深すぎるせゐかも知れない。なほよく、反省をして見ませう。

紀元二千七百年といへば、すぐに思ひ出す事がある。

—110—

図6　太宰治「十二月八日」（『婦人公論』1942年2月号）

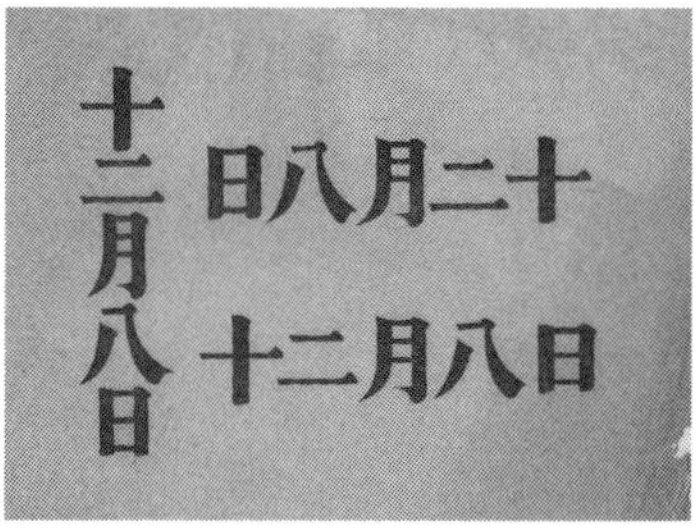


図3　報道技術研究会「十二月八日」宣伝用文字

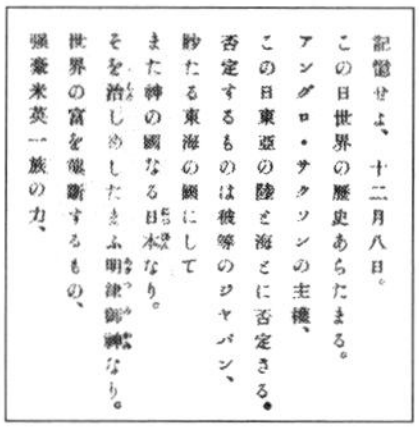

記憶せよ、十二月八日。
この日世界の歴史あらたまる。
アングロ・サクソンの主權、
この日東亞の陸と海とに否定さる。
否定するものは彼等のジャパン、
眇たる東海の國にして
また神の國なる日本なり。
そを治しめしたまふ明津御神なり。
世界の富を壟斷するもの、
强豪米英一族の力、

図4　高村光太郎「十二月八日」『大いなる日に』（1942年4月、道統社）

戦時下のメディアミックスは、キャラクターや作品だけでなく特定の画像や標語や、もっと短い「撃ちてし止まむ」といったフレーズを軸に多メディアを連鎖させるのが特徴である。「十二月八日」という日付も同様である。単体では国家宣伝に見えないものも少なくない。この太宰の小説は政治的に作られた以上、政治的に読む必要がある。

## 「十二月八日」

さて、小説「十二月八日」において、十二月八日はこう描かれる。


十二月八日。早朝、蒲団の中で、朝の仕度に気がせきながら、園子（今年六月生れの女児）に乳をやっていると、どこかのラジオが、はっきり聞えて来た。

「大本営陸海軍部発表。帝国陸海軍は今八日未明西太平洋において米英軍と戦闘状態に入れり。」

しめ切った雨戸のすきまから、まっくらな私の部屋に、光のさし込むように強くあざやかに聞えた。二度、朗々と繰り返した。それを、じっと聞いているうちに、私の人間は変ってしまった。強い光線を受けて、からだが透明になるような感じ。あるいは、聖霊の息吹きを受けて、つめたい花びらをいちまい胸の中に宿したような気持ち。日本も、けさから、ちがう日本になったのだ。

（太宰治「十二月八日」）

刹那的で一瞬一瞬しかないことを「ナンヂヤラホイ」と楽しむ「私」の先に太宰が用意したのは、「皇紀」という仮構の歴史に高揚する「私」である。「私」の帰属する時間軸は「一瞬」から「皇紀二千六百年」という悠久の時間に一瞬ですり変わるのである。

「女生徒」が曖昧にしていた戦争や日付、しかも「皇紀」が作中に一挙に動員されていることがこの短い引用からもわかる。

太宰はその「歴史」の身体への侵入を「強い光線を受けて、からだが透明になる」とさえ比喩する。それは身体そのものがつくり変えられたかのごとくである。その時、彼女の語ることばもこう変容する。

目色、毛色が違うという事が、之程までに敵愾心を起させるものか。滅茶苦茶に、ぶん殴りたい。支那を相手の時とは、まるで気持がちがうのだ。本当に、此の親しい美しい日本の土を、けだものみたいに無神経なアメリカの兵隊どもが、のそのそ歩き廻るなど、考えただけでも、たまらない、此の神聖な土を、一歩でも踏んだら、お前たちの足が腐るでしょう。お前たちには、その資格が無いのです。日本の綺麗な兵隊さん、どうか、彼等を滅っちゃくちゃに、やっつけて下さい。これからは私たちの家庭も、いろいろ物が足りなくて、ひどく困る事もあるでしょうが、御心配は要りません。私たちは平気です。いやだなあ、という気持は、少しも起らない。こんな辛い時勢に生れて、などと悔やむ気がない。かえって、こういう世に生れて生甲斐をさえ感ぜられる。こういう世に生れて、よかった、と思う。ああ、誰かと、うんと戦争の話をしたい。やりましたわね、いよいよはじまったのねえ、なんて。（同）

これが「女生徒」の「私」が、待ち望んだ「強い力」に導かれた結果である。一瞬で「内面への参与」が完了したかのようだ。戦時体制への批評眼と内省に満ちた有明のことばからはあまりに遠い。「日本」が彼女の「私」と重なり合い、同時に「世間」とも寸分違わない、戦時下のセカイ系としか言いようがない表現になってしまっている。

しかも、興味深いのは「女生徒」では「パリイ」「レエス」に修辞され、非現実的な遠景だった「戦時下」が「生活」に入り込み、それが下記のごとく描写されている点だ。

夕飯の仕度にとりかかっていたら、お隣りの奥さんがおいでになって、十二月の清酒の配給券が来ましたけど、隣組九軒で一升券六枚しか無い、どうしましょうという御相談であった。順番ではどうかしらとも思ったが、九軒みんな欲しいという事で、とうとう六升を九分する事にきめて、早速、瓶を集めて伊勢元に買いに行く。私はご飯を仕掛けていたので、ゆるしてもらった。でも、ひと片附きしたので、園子をおんぶして行ってみると、向うから、隣組のお方たちが、てんでに一本二本と瓶をかかえてお帰りのところであった。私も、さっそく一本、かかえさせてもらって一緒に帰った。それからお隣りの組長さんの玄関で、酒の九等分がはじまった。九本の一升瓶をずらりと一列に並べて、よくよく分量を見較べ、同じ高さずつ分け合うのである。六升を九等分するのは、なかなか、むずかしい。（同）

隣組があり、配給が始まっている。主婦たちはその「新しい日常」を既に生きている。「私」はそれを「ていねいに」描く。

ラジオがほしい、と初めて思うというくだりもこの後ある。ラジオは一家に一台、家庭を翼賛体制に組み込むため推奨されたものだ。こういった新しい「日常」を「私」はあたかも「生活綴方」のように記すのである。

## 呑気で憎めない男性像

男性の書き方にも注意を促しておく。

「私」は、夫が一〇〇年後の「二千七百年」の時「ななひゃくねん」と読むか「しちひゃくねん」と読むかを「心配」していたり、日米開戦のニュースの中の「西太平洋」の場所が判然としないのを見て、仮に自分と幼子が疎開したら一人残る主人は隣組の役には立たないのかと不安である。

興味深いのはこのような「男」のカリカチュアのされ方である。

「お前たちには、信仰が無いから、こんな夜道にも難儀するのだ。僕には、信仰があるから、夜道もなお白昼の如しだね。ついて来い。」

と、どんどん先に立って歩きました。

どこまで正気なのか、本当に、呆れた主人であります。（同）

「夫」の示す「力」はひどく無根拠で頼りない。しかし、呆れつつ、ついていくことを否定しない。つまり、そこでは戦争への理性的批判がもはや成立する必要がない。

当然、このような男性描写に太宰の戦時下への何らかの批評精神を見ることはできない。こういった男性像、つまりいささか頼りない空回りする父というキャラクター立ては戦時下のメディアミックス「翼賛一家」の父親や隣組の組長の手記などに見られるステレオタイプ的な「ゆかいな」キャラクター立てである。「翼賛一家」前後から多発する隣組まんがの一つ、島田啓三《しまだけいぞう》「困らぬ小父さん」（『少年倶楽部』連載）では、調子の良さで町内を飄々と生き、少しも困らない「小父さん」が描かれる。戦時下の新聞まんがの代表作・松下井知夫《まつしたいちお》「推進親爺」などにも見られるステレオタイプのキャラクター立てである。戦後なら、長谷川町子《はせがわまちこ》の「サザエさん」における波平を想像すればいい。

この種の「呑気で憎めない男性像」が、戦時下の「日常」の物語では繰り返し発信される。太宰という「男性」は自らをそうカリカチュアすることで安全地帯に自身を置いているようでもある。

このように女性一人称短編集『女性』において、太宰が行ったのは有明の象徴する「私」の「個」を消去して「皇紀」からなる新しい「日常」に回収することだった。そのために、太宰は有明の唯一の文学的方法であった「綴方」を奪ったと言える。「綴方」は「十二月八日」においては戦時下の新しい「日常」を描く方法に転じている。

そして「生きてゐる兵隊」発禁に憤った有明の日記を改変した「女生徒」は、「大詔奉戴日」メディアミックス作品である「十二月八日」とともに戦時下の女性一人称小説集『女性』に収録されるのである。

## 5　皇紀二千六百年に共鳴する女性たち

### 戦時下の「生活綴方」

その戦時下の女性たちの「綴方」の運命を最後にいま少し、確認しておく。

○月○日　雨
主人は仙臺へ出張、美智子も早く寢たし、主人の書斎から藤谷みさを著『皇國二千六百年史』を引き出して讀んでみた。文章もうまいし、きび〳〵と氣持よく書けてゐる。忘れてゐた日本史を所々頭に浮き上らせ、つく〴〵日本人の血のありがたさを感得した。

（「今日この頃の主婦の日記帖」『寫眞週報』一九四〇年五月一五日）


これは内閣情報部が刊行したグラフ誌『写真週報』に一九四〇年五月、つまり日米開戦の前年の刊行の号に掲載された「今日この頃の主婦の日記帖」と題された記事である（図7）。恐らく雑誌記者の書いた架空の「日記」だが、それは主婦が「日常」や「生活」をどう綴るのかという「綴方」の提示でもある。この架空日記の「私」は、娘と二人で代用食であるうどんで昼食をとり、家計をやりくりしていかに戦時貯金に回すかを苦慮する。

それはまさに戦時下の「生活綴方」に他ならない。

○月○日　快晴
お洗濯の日。ス・フもこの頃はよくなつてきたのか、それともお洗濯が上手になつてきたのか、いたまないで洗へるやうになつた。洗濯でいためない自信だけはついたが、もと〳〵

質の悪いのはどうにもならない。先月買つた足袋がなんともならないのに今月始め買つたのはへりがもういけない。買ふとき品質の良否を見分けなくてはいけないと思ふ。（同）

この記事では、戦時体制において主婦の「生活の刷新と合理化」が進む様を写真とキャプションで示し、「戦時経済を確立」する「経済戦の戦士」と位置付ける。このように「生活」を戦争の前線に擬態することで、女性あるいは主婦の社会参加を演出するのが戦時動員の手法の一つである。だから最後に主婦が『皇國二千六百年史』を読み「日本人の血のありがたさ」に感動する先の一文で記事は終わるのだ。

言うまでもなくこのような「皇紀二千六百年」の通史に「主婦」が共鳴するその様は、太宰が「十二月八日」で描く「主婦」の姿そのものである。

図7　藤谷みさを『皇國二千六百年史』を読む主婦　内閣情報部編輯『寫眞週報』（1940年、内閣印刷局）

## 主婦が読む通史『皇國二千六百年史』

この時、注意すべきは記事の中で「主婦」が読む『皇國二千六百年史』なる歴史書である。一九四〇年二月の刊行で、著者は藤谷《ふじたに》みさをである（図８）。

図8（右）藤谷みさを『皇國二千六百年史』（1940年、大阪毎日新聞社、東京日日新聞社）
図9（左）大川周明『日本二千六百年史』（1939年、第一書房）

これは皇紀二千六百年を期に起きた歴史書のブームの中で刊行された一冊である。この時期、大川周《おおかわしゅ》明《うめい》『日本二千六百年史』（一九三九年、第一書房、図9）、渡辺幾治郎《わたなべいくじろう》『皇國大日本史』（一九四〇年、朝日新聞社）、大類伸《おおるいのぶる》『世界の光・日本』（一九四〇年、アルス）、菊池寛《きくちかん》『新日本外史』（一九四三年、非凡閣）、といった一般の「通史」が人気を博す。大川の通史は「戦時体制版」というシリーズの一冊で、一九三一年刊の旧著の時局に合わせての復刊である。講座形式の歴史書シリーズなどの刊行も相次ぐ。

その中でも出色なのが、『皇國二千六百年史』である。東京日日、大阪毎日新聞社が賞金五千円を掲げて通史を公募。その結果、二七四編の応募があり、入選し、刊行されたのが女学校の歴史教師という肩書きの藤谷の通史である。「永年女学生に講述されたものを鮮麗な文書によって纏められた」（秋山謙蔵「新たなる検討」『朝日新聞』一九四〇年一一月一二日）とあるように、その対象が女学生あるいは女学校出の「女性」であり、皇紀の啓蒙を女性読者に行うツールとしての役割が期待されていたことは、先の『写真週報』の記事と合わせて読んだ時に明らかである。
同書の書き出しにはこうある。

目標の大なるだけ、聖なるだけ、そこに要求される努力と犠牲も亦世界が嘗て經驗した事もなき莫大なものとならざるを得ないことは、一億同胞の均しく覺悟すべき所である。かくして國民總動員は要求され、銃後の奮闘努力は期待されるのである。今にして禍根を除かざれば累を百年の後、子孫の上に課せなければならないのが、此の聖戰の意義であり大使命である。國難に當つて皇室を中心に一致團結して來た我國民の赤誠は、今日程切實にその眞價を發揮すべき時機に遭遇した事はない。

起たんかな一億同胞！　敢てその力の足らざるを顧みる事なく唯日本國民たるの誇に於て！　東洋新秩序建設の理想に燃えて！

（藤谷みさを『皇國二千六百年史』一九四〇年、大阪毎日新聞社、東京日日新聞社）

ただひたすら勇ましく、およそそこに彼女自身のことばは存在しない。「男文字」である。しかもよく読めば「累を百年の後、子孫の上」に残すなと、何故か百年後を考えているのだ。すでに見たように「十二月八日」に描かれた夫は紀元二千七百年の心配をしている。日米開戦後、太宰の小説に突然、百年のパースペクティブが描かれるのは紀元二千六百年をめぐる狂騒がもたらした、俄な大文字の歴史の反映である。一〇〇年後の皇紀二千七百年への言及はこの時期、実は散見される。そういう世間の文脈には細部でかくも忠実である。
その藤谷が同書刊行後に書いた一文にはこうある。

緊迫した現下の情勢は、國民總動員體制の下に、女子を以て充當し得る仕事は悉く之を女子に委ね、男子をして國防・産業の第一線にその全能力を發揮せしめる事を要求して居ます。しかもそれは單なる間に合はせであつてはなりません。いふ心は直接私共の携はつて居る部面に於ても、嘗て女性の教師と生徒との間に執り行はれた、いとも滑かで器用な知識の切賣などに甘んじて居られる時ではなく、國史の習得を通して、真に若き女性の魂の錬成に資せしめると共に、時至らば男子の薫陶を立派に引受け得る丈の自信と、氣魄を養ふべく、己れ自らの上事に絶えざる修練をなすべき秋だと思ふのであります。
（藤谷みさを「歴史教育に當れる女性の責任」、東京女子高等師範學校櫻蔭會地歴會『女性と歴史教育』一九四四年、東京開成館）

国史を学ぶことは「時至らば男子の薫陶を立派に引き受け得るだけの自信」を養うためだという。つまり「こうしろ、ああしろ、と強い力で言いつけてくれたら、私たち、みんな、そのとおりにする」と言っているに等しい。「自信」は「個性」の現れでなく、大勢に従うことに意味を変えている。だから、この一文では、国史教育は「個人主義、自由主義に禍せられた米英色」の「払拭」にあるとも後半には主張されるのだ。

太宰によってつくり変えられた「女生徒」像と藤谷みさをの一文は、目指す女性像においてかくも一致を見るのである。

## 太宰の女文字の正体

この藤谷の歴史書は「素人」の投稿による参加型プロパガンダが歴史の領域に及んだという点で興味深い。

同書の序に通史公募を主宰した新聞社はこう記す。

史書は數多い。專門家の手に成る日本歴史の研究書も決して少いとはいへない。通俗的な日本史でも或は教科書の類ひでも隨分とある。我々が、その上に、いま一篇「皇國二千六百年史」を加へようと企圖したのは、全く違つた見地からだつた。專門史家でなく、無名にして世に生き、ただ一途に日本國民の熱情において民族生活の發展を眺める、さういふ人の生命を打ち込んで書き綴つた生きた歴史がほしい。この趣旨で、去年の紀元節當日にその公募を發表した。公募の方法が、最も我々の目的達成に好都合なりと思はれたからだつた。

（大阪毎日新聞社・東京日日新聞社「序」、藤谷みさを『皇國二千六百年史』一九四〇年、大阪毎日

新聞社・東京日日新聞社）

この「無名の人」の目で見た「民族生活の発展」を「書き綴った生きた歴史」という惹句に既視感があるとすれば、それは先の太宰の「十二月八日」における以下のごとき書き出しだろう。

きょうの日記は特別に、ていねいに書いて置きましょう。昭和十六年の十二月八日には日本のまずしい家庭の主婦は、どんな一日を送ったか、ちょっと書いて置きましょう。もう百年ほど経って日本が紀元二千七百年の美しいお祝いをしている頃に、私の此の日記帳が、どこかの土蔵の隅から発見せられて、百年前の大事な日に、わが日本の主婦が、こんな生活をしていたという事がわかったら、すこしは歴史の参考になるかも知れない。だから文章はたいへん下手でも、嘘だけは書かないように気を附ける事だ。なにせ紀元二千七百年を考慮にいれて書かなければならぬのだから、たいへんだ。でも、あんまり固くならない事にしよう。
（太宰治「十二月八日」）

改めて読んだ時、この短編は一人の主婦が昭和十六年「十二月八日」の「生活」を一〇〇年先に歴史としてふり返るために記した「綴方」だとわかるだろう。しかも「ていねい」に書くという。

ここでも藤谷も示した、「百年」というスパンへの見通しが共有される。藤谷の歴史語りと太宰が「十二月八日」に導入した大文字の歴史の「綴方」はかくも近いことに改めて驚く。

有明淑が彼女の内的な領域、つまり個性をめぐる煩悶を「日記」に記そうと思った時、その文章術が「綴方」しかなかったように、この主婦もまた「皇紀」という歴史記述を試みようとした時、「生活綴方」の手法を用いるのである。つまり「生活」を「皇紀」に組み込むためのツールとして「生活綴方」が援用されるのである。

内閣情報部刊行の『写真週報』の記事が主婦の「日記」を装い、その中で藤谷の通史を読む姿を記述することもまた「生活」を「綴方」によって「歴史」化する、という主婦の歴史参加のあり方として太宰の小説との一致を見せる。これもまた、偶然と言い繕うことはもはや難しいだろう。「十二月八日」という日付の中にこれらの繰り返される表現を以て、徹底して主婦たちは組みこまれるのである。

近衛新体制、翼賛体制はこのように「生活綴方」という、大正デモクラシー教育の達成をファシズムの手法に援用する。「十二月八日」の文体が「生活綴方」であるとすれば、「女生徒」執筆において太宰が有明の日記から盗み、かつ国策化したのはこの「綴方」による女性一人称の文章形式そのものであった。

それが太宰の「女文字」、つまり盗み偽装された女性一人称の正体である。

# 第三章

# 戦時下のミニマリスト詩人・尾崎喜八の「隣組」

## 1 『随筆集 私の隣組』の執筆者たち

### 主婦という職域

近衛新体制下、新体制をめぐって男性たちのイデオロギーに溢れた「男文字」の書物が大量に刊行され、そこに「協同」や「実践」などといった転向した左翼青年の琴線に触れるワードが混じると、思いつめた彼らの中には、ぼくの本来の専門のまんが関係に限っても加藤悦郎《かとうえつろう》や阪本牙城《さかもとがじょう》のように、勢い余って工場労働者や開拓民の「協同」や「実践」に身を投じてしまう者がいた。

彼らはマルクス主義がオルグし損ねた勤労青年や、新しい生活を植民地に求めてしまった開拓民にその「生活」や「日常」をまんがで「協同」の実践の一環として表現せよと迫る運動を担った(図1、2)。それはある意味、登場人物と「町内」という生活空間を翼賛会から与えられ表現する協働メディアミックス「翼賛一家」の、キャラクターなき創作に他ならない。この場合、キャラクターは勤労青年や少年開拓民であるから、翼賛一家における「町内」は職場ごとにつくられた「職域奉公」のための産業報国会などの「職域組織」であり、移民先の開拓村であった。彼らはそういった現場で「日常」や「生活」をまんがで表現する運動を指導した。プロレタリア

図1-1（右）『義勇隊　漫画部隊』表紙（1942年、大陸建設社）
図1-2（中）「樂しい我が家」『義勇隊　漫画部隊』（同）
図2（左）加藤悦郎編『勤労青年が描いた増産漫画集』（1944年、新紀元社）

芸術運動の翼賛体制版のようなものだ。

対して、主婦たちが「家族」や「町内」といったミニマムな場での生活実践に熱心であったのは、彼女たちの主婦としての役割が「職域奉公」として社会化されていたからである。翼賛体制は「主婦」という地位を公共化した点に大きな特徴がある。

「主婦」を「職域」として他の職業同様に位置付けるべきだとしたのは橘《たちばな》樸《しらき》『職域奉公論』（一九四二年）である。同書は、隣組という地域単位の国民組織でなく、労働者、官僚、文化人に至るまで職業単位の国民組織のあり方を説くものだが、その「序」の中に「主婦問題補遺」として一節が設けられている。そこで「主婦」を「職域」とすべきかについて検討されている。橘はこの書以前から、「主婦職域論」を自ら印刷し、議論を重ねてきたとする。どうやら事前の議論では、筋論として「女性問題の理論的実践的根拠」としての主婦の職域化には同意するが、女性の社会的文化的地位の現状を鑑みると、その「重い職責」に耐え得るか、という危惧が示されることが多かったようだ。自分の示した問題提起が抽象的すぎて議論や実践に結びつかなかったと橋自身がそれに対し総括する。しかし、その上で橋は、主婦を「職域」として認知する必要として、以下の三つの理由を掲げる。

即ち、第一に「女性の政治的地位」を婦人参政権獲得といった「西洋的方法」ではなく、「日本的国体的な基礎」に移し「楽しく」「滑らか」に解決することができる、というもの。事実として婦人参政権を女は求めるな、と言っているのだが、そこに「楽しく」という、戦時体制をコーティングするのにしばしば用いられる「女子供向け」（とあえて書く）のレトリックが使われる。要は、婦人運動の翼賛化である。

第二は、日本女子の民族史的道徳的立場の啓蒙と獲得の場として有効だとするものである。それはこれまで見てきた、太宰の描いた十二月八日を綴る主婦などに具体化されるものだ。

そして第三が「戦時生活創造の適任者」としてである。新しい「生活」の「創造」を「主婦」に担わせようという位置付けがここでなされる。

この第三の点について橋は、マルクス経済学者だが生産力の向上のため社会構造の合理的改造を唱え、産業報国運動の中で支持された、いわゆる「生産力理論」を提唱した大河内《おおこうち》一男《かずお》の議論を引きつつ、①「生活」を「科学的に形成」することが国防上必要である、②日常生活とは消費を通じて翌日の生産を培養する場である、とした。そして「主婦」を、「家庭」という地域を拠点とする「職域」として認知し、こう説くのである。

主婦が與へられたる新職域を確保し、そこを根據として十二分の奉公をなし得るためには、かの農民及び勞働者と共通する幾多の困難があると思ふ。そしてこの困難に打克つためには主婦の職分の特殊性に鑑み農民や勞働者に對する援助よりも一層愼重且つ廣汎な用意を必要とするであらう。しかし主婦、随つて女性一般の政治意識を創造し、日本人口の半ばに當る新手の軍勢を昭和維新の工作に動員するためには、決してこれ以外の方法を求めることは出來ないであらう。

（橘樸『職域奉公論』一九四七年、日本評論社）

橘は最終章でも改めて「主婦」について立論しており、「職域奉公論」そのものが戦時下の男の手による国策フェミニズムのように目論まれていることがわかる。その意味では橘も「女文字」の語り手の一人と言えるかもしれない。

## 新体制運動の実践場としての「日常生活」

このような主婦「職域」論という戦時下のフェミニズム（むろん、逆説的な意味において）を踏まえた時、『赤毛のアン』翻訳者の村岡花子のエッセイの以下の記述の意味も明確になる。

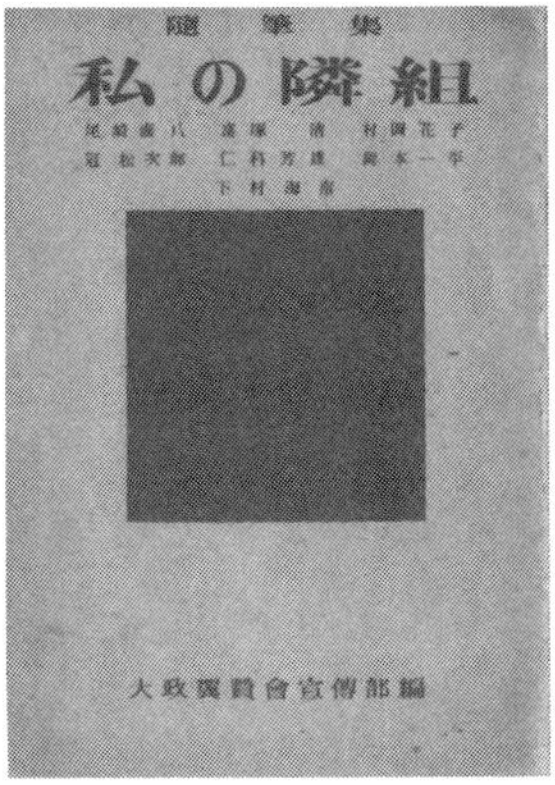


図3　尾崎喜八他／大政翼贊會宣傳部編『隨筆集　私の隣組』（1942年、翼贊圖書刊行會）

> 子供も大人も一緒になつて宣傳のための實踐をするのは感心しないが、眞實の意味に於ての日常生活をとほしての職域奉公の實踐を私は自分の隣組の目標として行きたい。
>
> （村岡花子「隣組ノート」、大政翼贊會宣傳部編『隨筆集　私の隣組』一九四二年、翼贊圖書刊行會）

村岡が前半批判する「宣傳のための實踐」とは勇ましい男文字の新体制運動を指す。それに対し村岡は、「日常生活」での実践をこそ翼賛体制下における主婦の役割としている。それを「職域奉公」と表現する。「職域奉公論」がもたらす戦時下フェミニズムは女性が男性から与えられた「女文字」の一つである。まるで橋のような男たちの唱えた国策フェミニズムとのキャッチボールのような一文だが、戦時下の言説とは、このように、互いに補完し合い呼応し合い「異論」が入り込めない構造になっていることの一例でもある。

この村岡の一文は、大政翼賛会の下部組織としてつくられた隣組の一員として活動した経験を翼賛会のパンフレット『随筆集　私の隣組』に寄せたものだ（図3）。つまり村岡はこの一文で女性の側から、「主婦」にとって「隣組」の「日常生活」とは、「職域奉公」を実践する場だと公的に発言していることになる。

だから注意していいのは、このような「隣組」を語るために、『随筆集　私の隣組』に動員されたのが「日常」の語り手の顔ぶれである、ということである。つまり、「誰が」隣組を語ったかである。

執筆者を概観してみると、村岡がそうであるように、大半は隣組組長として活動した著名人である。しかし、名前だけ見ると、その顔ぶれにいささか困惑する。

男性陣は、巻頭は白樺派の流れを汲む詩人でヘッセなどの翻訳でも知られることになる尾崎喜八、日本における原爆開発に関わった仁《に》科芳雄《しなよしお》、玉音放送に奔走することになる下村海南《しもむらかいなん》（宏《ひろし》）、航空エンジン研究の第一人者であった富塚清《とみつかきよし》、登山家であるが紀行文や郷土研究で知られる冠《かんむり》松次《まつじ》郎《ろう》、そしてまんが家の岡本一平《おかもといっぺい》である。そこに唯一の女性である作家の村岡花子が加わる。

一見脈絡がないように思えるが、この人選は国策に至って忠実である。

一方では「科学」の最先端にいる専門家が、しかし、地域では隣組の一員である姿を自ら描き、他方では「日常」や「生活」の専門的な描き手が並ぶ。下村などは、実は歌人としてもよく知られるから後者であろう。

岡本一平は、あの「隣組」の歌の作詞者でもあるまんが家である。まんが領域における隣組プロパガンダは、途中から新日本漫画家協会の「翼賛一家」にとって代わられるが、当初は岡本を軸に展開しかけていた。岡本は花森の生活雑誌にも男性の着物についてのエッセイを寄稿している。ここからも生活を描くことに長けた教養を持つまんが家が必要とされたのだとわかる。

## 2 隣組の日常を描く詩人

### 戦時下メディアミックスの中核

その中に、詩人・尾崎喜八（一八九二―一九七四年）の名があることに注目したい。尾崎の名は、今はもう馴染みがないかもしれない。ベートーヴェン「歓喜の歌」の翻訳で知られ、白樺派に近い詩人である、と記してもイメージが結びにくいだろう。しかし、尾崎は「隣組」における「日常」や「生活」の描き手として、重要である。わかりやすく言ってしまえば、尾崎もまた「女文字」の語り手だからだ。

尾崎喜八について改めてその経歴を確認すると、明治末に高村光太郎の感化を受け、ドイツ文学に関心を持ち、ロマン・ロランやヘルマン・ヘッセらの翻訳を手がけ、その一方で白樺派の影響の下に詩作を続ける。山小屋での生活や山村風景などのエッセイも多い。戦時下は、半農生活を試みたことでも知られる。詩には、自然、中でも山を歌ったものが多い。また、宮沢賢治《みやざわけんじ》との交流も指摘される。賢治が尾崎にチェロの講師を紹介して欲しいと頼んだという、音楽を介しての接点である。尾崎は、賢治の死後、草野心平《くさのしんぺい》編『宮沢賢治追悼』（一九三四年）に追悼文を寄せている。
賢治と接点があったからというわけではないが、自然への観察眼は自然科学的な視点が強い。戦時下、気象観測や虫の標本づくりに熱中する。『アサヒカメラ』に山や風景などの写真を寄稿、日中戦争の前年の一九三六年には、「日本生態写真研究会」という動植物関係の写真家を組織した研究会も結成している。

戦時下、かつて柳田國男に佐々木喜善《ささききぜん》を紹介した『明星』出身の歌人で、自然主義の作家としては花袋らに遅れて登場する水野葉舟も尾崎と親交があったが、水野も戦時下、千葉県下の開拓地に居を構え、日記に気象と鶏の卵の数を粛々と記す日記を残す。尾崎の戦時下の日記もそれに近い。やはりそれは、戦時下の「日常」や「生活」を描く作法の問題である。このようなミニマリズム的な書式を戦時下、選択した者が少なからずいることは改めて論じられていい問題だろう。自然へのまなざしや記録は個人の水準なら趣味だが、しかし、それは総体としては「生活」の「科学」的記述の中に収斂する書式だ。

その尾崎を代表する詩に「大詔奉戴日の歌」がある。

天つ日の
光と仰ぐおほみこと
おしいたゞいて一億が

手に手をとつて感激の
涙とともに　必勝を
誓つた此の日　忘れまい

あかつきの
太平洋の西東
御言に勇むますらをが
萬里の波濤蹴散らして
電光石火　敵膽を
奪つたこの日忘れまい

（尾崎喜八「大詔奉戴日の歌」『此の糧』一九四二年、二見書房）

これは日米開戦の日である一九四一（昭和一六）年一二月八日に「宣戦の詔勅」が公布されたことにちなみ、一九四二年一月二日、毎月八日を「大詔奉戴日」とする閣議決定がなされたことを受けてつくられた国民歌謡である。「十二月八日」という日付が戦時下メディアミックスの対象だったことは前の章で触れたが、尾崎の詩はその中核にあった。

今、この歌詞をあえて「詩」と書くのは、尾崎の詩集『此の糧』（一九四二年）に「大詔奉戴日の歌」が収録されているからである。

『此の糧』は、尾崎が戦時プロパガンダとして試作した作品が中心で「少年航空兵」「シンガポール陥落」などのニュース映画や読み物などで繰り返し描かれたモチーフと重なるテーマの詩と、後述するように隣組のある日常を描いたものの双方からなる、戦時詩集である。尾崎は戦時下、盛んに著作を刊行しており、日中戦争から敗戦の期間に限っても、詩集だけで『詩集　旅と滞在』（増補普及版一九三八年）、『詩集　行人の歌』（一九四〇年）、『詩集　高原詩抄』（一九四二年）、『詩集　此の糧』（一九四二年）、『詩集　二十年の歌』（一九四三年）、『詩集　組長詩篇』（一九四三年）、『詩集　同胞と共にあり』（一九四四年）と七冊刊行している。これとは別に、山や旅に関する随筆、ヘッセなどの翻訳を一〇冊刊行している。生前の著書の半数近くが日中戦争から敗戦の年までの八年間に集中している。

本来の自然や山を歌うものも多く、その部分のみをとり出せば戦争から距離をとって生きているかのように、彼の姿が錯誤されさえする。しかし、物資統制で印刷用紙が制限される中、この厚遇は尾崎が戦時下、どういう位置にあったかを物語っている。尾崎に限らず、戦時下、詩人に期待されたプロパガンダ上の役割は極めて高いのだ。

## 新体制下の生活を非政治化する

『随筆集　私の隣組』に戻る。

尾崎もまた「隣組」の組長であったことは既に述べた。その「隣組」論は同書の巻頭に置かれるためか、隣組組織やその職能について律儀に自身を例に説明する。
その上で苦労話の披露に入る。「隣組」において、住宅の大小や職業などに基づく住民の「階級意識」の打破が目的であろうとし、自らの実践をこう説く。

だから組の常會を開いても座席に上も下もない。早く來た人から順番に坐る。みんな自分の座布團と茶呑茶椀を持つて來る。上意の下達が終り、必要な申合せ事項がきまると後は雜談に移る。そんな時に詩の朗讀もすれば蓄音機で音樂も聽く。所謂翼贊圖書の紹介もする。なんでも遣つてみなければ分らないもので、詩の朗讀なども初めのうちはどうかと思つてゐたが、案外喜んでくれるので時間に餘裕さへあれば之も續けて試みてゐる。無論自分の作ばかり讀むのではない。六十を越した老人も、未だ嫁入り前の娘さんも、「最低にして最高の道を生きよう」を、人がベートーフエンの「第九」の合唱を聽く時のやうに眼を輝かせて聽くのである。

（尾崎喜八「私の隣組」、大政翼贊會宣傳部編『隨筆集　私の隣組』一九四二年、翼贊圖書刊行會）

そもそも隣組において上下がないのが理念であるから、この隣組随筆集の先に見た顔ぶれがある。常会で詩の朗読をした、というと、尾崎なりに文学にこだわっているように見えるかもしれないが、詩の朗読は翼賛会の国策の一つである。例えば、先に触れた「十二月八日」献納詩のアンソロジーである大政翼賛会文化部編『大東亜戦争愛国詩歌集(1)』は、国民おのおのが「みづからの聲に出して讀」むために作られた朗読用の詩集なのである。尾崎の詩も、当然収録されている。注意すべきはその翼賛詩の朗読に対する隣組の人々の反応を、ベートーヴェンの第九を聞いた時と同じ高揚に尾崎は無理やり重ねる脳内変換をしていることだ。

続いて、尾崎は、隣組を運営する上での苦労話として、隣組内の喧嘩への対応をあげる。

本當に相手の身を心配してする喧嘩なら、時と場合によつては摑み合ひも仕方がないと私は思つてゐる。しかし陰慘な陰口や金棒引きは斷じていけない。之を矯めるのが私の第二の仕事だつた。誰それは内縁だとか、あすこでは奥さんの方が三つも年上だとか、心臓が悪いと云つてゐるが、本當は肺病なのだとかそんなバチルスのやうな噂は口にもせず取上げもしない事に私達はした。今ではたまに他の組の人間からそんな話を押賣されても、みんな賢い驢馬のやうに默つてゐる。

ロマン・ロランの「リリュリ」ではないが　（同）

今度は、常会の人々の罵倒を尾崎はロマン・ロランの小説の描写に重ね合わせるのだ。こうやって彼は「隣組」の「日常」を彼の文学世界に必死で置換する。一種の現実逃避だが、そのことが新体制下の生活を非政治的なものに描写することにもなる。尾崎は「詩」というフィルターで

「日常」や「生活」を描かないと耐え難いのだろうが、それが彼を「女文字」の語り手にしてもいる。

だから屋外での「常会」（隣組の集会）を実践した以下のくだりは、興味深い。

つまり組内の何處かへ集まつて空の下でやる常會である。之は私が或時狹山ケ丘の或部落を通り掛つた時目撃した光景を取つて用ひたもので、ちやうど到る處で柿の實の美しく輝く秋だつたが、村のおかみさん達が山畑の畦ふちへ腰をかけて晝間の常會をやつてゐた。農家の庭に白や桃色や薄紫の蝦夷菊が咲き、白い雲のぽつつり浮んだ秋空の下を無數の赤蜻蛉が飛んでゐた。

その光景がいかにも私の心を打つた。田園の野外常會、古くして新らしい日本の牧歌。それを取入れたのが私達の屋外常會である。（同）

隣組を尾崎が試作の対象としてきた「田園」「牧歌」の風景と空しく接合しようとしていることがわかる。

それは武者小路実篤の「新しい村」ではないが、どこか白樺派の理想化された生活共同体にも重なる。むしろ大正デモクラシー的な理想が「国策」に搦め取られる様を正確にカリカチュアするという皮肉な表現となっている。

## 3　『詩集　組長詩篇』に描かれる「ていねいなくらし」

### 隣組組長としての私

その尾崎が戦時下に『詩集　組長詩篇』なる奇妙な題名の詩集を残していることは、先にも触れた。これも大政翼賛会宣伝部の刊行である。別途、装本の全く異なる書籍としても刊行されているが、『随筆集　私の隣組』と同じＢ６版中綴じという翼賛会宣伝部の宣伝用雑誌のフォーマットでも刊行されている（図４）。

図4　尾崎喜八『詩集　組長詩篇』（1943年、大政翼賛會宣傳部）

この様式での出版物は、それが翼賛会のプロパガンダ用のツールである証である。そのことは、ページを開くと「この本を、お読みになつたら隣組や、お友だちに回覧して下さい。これからは雑誌でも、本でも、一冊を十人も百人もの人で読めるやうに、お互ひに工夫してゆきませう。」とあることからも明らかだ。これもこの様式の冊子にしばしば見られるもので、「隣組」での回覧という読まれ方を想定している。この詩集が『組長詩篇』と奇怪な題を冠しているのは、「戦時下隣組長としての私によってかかれ」たからである。そのあとがきにはこうある。

この小さい詩集に「組長詩篇」と題したのは、此等の詩のすべてが戦時下隣組長としての私によつて書かれ、同じ私によつて組の常會や町の常會や、出征者の門出の時に讀まれたといふ所縁によるのである。幾百里祖國を遠い戰場や、私達から別れて今は移り住んでゐる他の土地で、此の本を手に、その追憶を新たにする曾ての隣人ある事だらう。それを思へば私の心に夕空の星のやうな光がさし、何か周圍がほのぼのと明るみわたるやうな心地がするのである。

（尾崎喜八「巻末に」、大政翼賛會宣傳部編『詩集　組長詩篇』一九四三年、大政翼賛會宣傳部）

事実として隣組組長である彼が、その「職域」の中で書き「職域」を主題とした詩だという。尾崎にとってこれらの詩を描く主体としての「私」は、隣組の「組長」であり、表現する場もまた「隣組」なのである。詩人の創作の上での自己規定が隣組「組長」であり、その文学空間も「隣組」という事態の異様さが、尾崎の戦時下のことばの在り方である。

尾崎の詩は一方では既に見たように「男文字」の、というべきか、国策を皇紀二千六百年なり大東亜共栄圏に位置付ける「大詔奉戴日の歌」のような詩作を行なっている。

## ミニマムな生活を歌う

詩集の巻頭には、「新なる暦」なる、題名からして、一二月八日を以て世界が更新されたことを歌う詩が収録される一方で、むしろこの詩集は徹底してミニマムな「生活」「日常」をこそ歌うことが特徴である。その「狭さ」は尾崎自身が自覚するところでもある。

せめて自分のかかはつてゐる狭い周圍に對してだけでも、心の豊かさや悦びや、生甲斐を感じ得る生き方を鼓吹したい念願から、幾らかの力を其の仕事にそそぎながら、ともすれば或る空しさを感じて手をひきたくなる私にとつて、此の言葉こそは戒めともなれば力づけともなり、又慰めともなるのである。（同）

自分の関わっている「狭い周囲」という言い方に、自分の文学空間が「隣組」に閉じられているという尾崎の自己規定がうかがえる。しかし、それは、我が身を嘆くのでなく、村岡花子のように、彼もまた「組長」という「職域」への忠誠を表明しているのだ。繰り返すが、これは大政翼賛会の公式のプロパガンダツールであり、恐らくは「常会」での「朗読」を想定もしたものだ。山を歌い雲を歌い周囲を歌った詩人が、自ら「狭い」というほどにミニマムな世界で、詩作を行っている。尾崎は自らそういう組長詩人たらんとすることに忠実だ。尾崎は詩人である以上、隣組に「美」を発見しなくてはいけない。彼が「美」を歌う作法を以て「隣組」を「詩」にしなくてはいけない。だから、隣組はこう描かれる。

机の上の一塊の花崗岩。長い長い地質時代を通じて高熱に熔解し、徐ろに冷却して形をなした深成岩。其の成分である黒雲母、石英、又種種の長石類のやうな鑛物の結晶が、私に隣組の成員をおもはせる。此等の造岩鑛物は、それぞれ化學的成分も異にすれば、色も形もおのおの違ふ。しかもすべてが機縁あつて一個所に集まり、加熱と冷却との試練を經て、茲に美しい調和の石理を現したのである。

緻密であつて美しく堅固な隣組、バッハの音樂のやうに支へあひ結びあひ、脈々と流れて深く強靱な隣組。私は日本ぢゆうの隣組が、さういふものであれかしと願ふ。（同）

尾崎の詩が、自然科学的観察眼に支えられることが一つの特徴であることは既に触れた。宮沢賢治がチェロを学ぶ時に頼ったこの詩人は、賢治が鉱石に詩を見出したかのごとき手続きで、隣組をかくも美しく言語化する。むろん、その美しさに今の私たちが共感できないが。

## 男たちの銃後

だから尾崎が「男文字」の皇紀、大文字の歴史を主題とする時も、尾崎の立ち位置は「狭い」。意図して、ミニマムである。

ハワイ海戰、マレー沖海戰、
あの赫々の大戰果にも慘として驕らず、
我が海軍將兵は唇をかみ眦を決して
あすの作戰に從事してゐると人は言つた。
その言葉を幾たびか心に繰返しながら、
私はただ一人燈火管制下の我町を視てまはる。

（尾崎喜八「新なる暦」『詩集　組長詩篇』）

海軍将校が生きる「男文字」の戦争に対して、彼は隣組の組長として「我町」を見て回るのである。それは太宰「十二月八日」が描く夫、「翼賛一家」のキャラクターとしての父と同じである。ミニマムな世界の中の「夫」たちである。

尾崎は一方では「大詔奉戴日の歌」など大文字、男文字の詩を書いてはいる。しかし、詩人としての彼は戦時下、ただひたすらミニマムな世界を描こうとする。

だから「わが心つねに闘にあり」という大仰な詩もこう描かれる。

わが心は常に闘にあり。
祖國の存亡、民族の浮沈、
一にかかつて此の大いなる闘にあれば、
くにたみ我の日日のいとなみ
悉く此の一大事につながるを思ふ。

わが生活よ、
日毎の我のいとなみよ、
汝、おのれを思ひ量らず、
すすんで勞に赴き、苦を擔ひ、
ひたすらに祖國の勝を來すべき
民の誠を致さんとせよ。

（尾崎喜八「わが心つねに闘にあり」『詩集　組長詩篇』）

「祖国存亡」の戦争という「大いなる闘」に対し、尾崎は「日日のいとなみ」「生活」において「労に赴」くおのれを対置する。先に尾崎の詩を「女文字」と形容したが、言い方を変えれば、これは明らかに「銃後」の詩である。男の「銃後」というものが、当然、ある。戦時下の「ミニマム」な世界は「主婦」だけによって担われていたのではない。尾崎が「組長」として自己像を描く時、そこには「銃後」の男たち、「銃後」の男性作家たちがいた。尾崎や太宰が戦争を描きながら一見、大文字の戦争に強くコミットしているように見えないのは、彼らが「銃後の男」たちであったからだとも言える。そして「銃後の男」たちはしばしば、「日常」や「生活」の宣伝家であった。

だからこそ、尾崎の詩が描くミニマムな「生活」への視線は、同じく「銃後の男」としての顔を持つ花森安治が婦人雑誌の中で描き出した「ていねいなくらし」と、正確に重なり合うのは当然だ。

## 生活を楽しむ公の私

尾崎が戦時下、彼の詩作をどの作品を以て代表せしめていたのかについての発言は確認できない。しかし、先に言及した「大詔奉戴日の歌」など大文字の「国策」に準じた詩が比較的多く収録された『此の糧』の表題作であり、詩人歌人の「十二月八日」の詩歌を集めた『愛国詩歌集』、そして今、問題にしている『組長詩篇』の四つの詩集に収録されているのが「此の糧」という詩である。『組長詩篇』に二つのバージョンがあることは既に述べた。出版用紙が制限される中、個人の詩集、翼賛会の宣伝部の刊行、文化部の編と四度にわたって印刷された「此の糧」は、尾崎の銃後の詩を代表するものと公認されていたと言ってよい。尾崎にもいくばくかの自負はあろう。それは、このような詩だ。

芋なり。
配給の薩摩芋なり。
その形紡錘に似て
皮の色紅なるを紅赤とし、
形やや短くして
紅の色ほのぼのたるを鹿兒島とす。

（尾崎喜八「此の糧」『詩集　組長詩篇』）

尾崎は「芋」を歌うが、その「芋」は「配給の薩摩芋」である。翼賛体制の中の「芋」であり、自然の中の「芋」ではない。しかし、そこに尾崎は「詩」を見ようとする。美を見ようとする。それが隣組詩人の文学作法であるからだ。

いわゆる家庭菜園を歌ったものもある。「家庭菜園」は食料自給のため推奨され、しばしば新体制生活をプロパガンダする記事や創作のモチーフになる。「家庭菜園」も戦時用語の一つである。

さざんくわの花　地にこぼれ、
笹鳴のこゑ　路にあり。
うすむらさきの初霜に
うたれて結ぶ白菜の、
はつはつあまき味をおもふ。

（尾崎喜八「隣組菜園」『詩集　組長詩篇』）

この光景も「自然」の中でなく「隣組」という国策の中の光景である。しかし「隣組菜園」という題名のポリティカルな意味を見逃せば、「日常」や「生活」のつつましやかな農作を歌う詩にしか見えない。

事情を知らねば、ここにあるのはそのような生活を楽しむ私的な世界、少なくとも戦争という大文字の歴史の及びにくい場所を生きる孤高の姿である。しかし、尾崎は自分が歌う「狭い」世界が「私」ではなく戦時下の「公」だと知っている。

だから尾崎は、「けふの詩人はもう昔の詩人ではゐられない」「公の福祉を先立たしめなくてはならない」（「窓前臨書」同）と自分に言い聞かせる。「公の福祉」とは身も蓋もなく言えば戦時協力のことだが、いったい、「公の福祉」が、詩のことばになるとは、とさすがに彼に憐れみを感じもする。

白樺派の理想主義や自然を高らかに歌いながら、しかし良くも悪くも地に足のついていない印象だった尾崎の詩はこのように着実に翼賛体制下の「生活」や「日常」に根を下ろしている。そこには太宰と同様の皮肉な文学的達成さえある。

## 日常は女文字がつくる

戦時下の「日常」作りに駆り出された作家の中には、当然だが、村岡花子のように少女文化の担い手も少なからずいた。「女文字」はしばしば「少女文化」の元語り手によって担われた。例えば、宝塚が「隣組」をモチーフにした歌劇を上演した記録も残っている。

その中でもはや忘れられたと言っていい、少女小説家・城夏子《じょうなつこ》なども戦時下の日常を描いた者の一人だ。女学校時代にデビューし、平塚らいてうの『婦人戦線』にも接近する。

その戦時下の著作に『歓びの書』がある。これは近衛新体制の半年後に刊行され、その時点での女性たちの「日常」が描かれる。

そこには服や食についての彼女の「好み」についての記述が溢れる。

もう一つほしいふだん着は、昔の地のいゝめりんすである。ほんとに毛織ものといふ感じのする柔らかな手ざはり。そして、その模模《ママ》と色。紫地に白く優雅な花模様を染め抜いたのや、白地に秋草を細い線で、色々な色どりで散らしたものなど、何かふらんすと日本とのあいのこみたいな、リ、シズムを持つてゐたものだ。

初夏のフランネルと共に、私の大好きなものの一つであつた。

今は、ハイカラなフランネルも着られないし、めりんすなんかふりむいてもみたくない程、いやなのばかり。

（城夏子「夏のきもの」『歡びの書』一九四一年、時代社）


このまま「ていねいなくらし」エッセイとして、生活情報誌や女性誌の類に今、載っていても誰も気がつかないだろう。尾崎と同様に城もまた、食べ物や布といった、手仕事の産物を実に丁寧に描写する。

だがこのような一種の生活上の「確かさ」を彼女にもたらしたものは何なのか。

同書には「翼賛一家の笊螺さん」という一文が掲載されている。「笊螺」は「さくら」と読み、翼賛会プロパガンダまんが「翼賛一家」の長女と同じ名の「東京の一隅に愉しく生活しているお嬢さん」についてのエッセイである。

彼女は、宝塚出身の葦原邦子《あしはらくにこ》や小夜福子《さよふくこ》に入れあげ、ファッションを真似、手芸で宝塚スタアの人形をつくる日々を送っていた。しかし、日中戦争が始まり、彼女の手芸は「兵隊さん」用の慰問人形の「献納」へと変わり、女優への憧れに代わって、海軍兵士の話を同じ口調で熱心にするようになった。そして、日米開戦後の今は自宅に隣組の「娘さん」を集め手芸や習字を教え、病弱な姉に代わって家事を切り盛りし、鳥たちに与える餌をつくる。

そのように、戦時下という環境が、彼女に「くらし」や「生活」の具体相を与えていく様がここでも描かれるのである。「翼賛体制」「近衛新体制」は、確実に「日常」や「生活」に新しい輪郭を与え、具体化させている。

## 4　生活に求められる科学的思考

### 科学による思想統制

さて、隣組というミニマムな「世界」や「日常」は、もう一方で「科学」というイデオロギーによって規定されている。それは尾崎が「隣組」を賢治ばりに鉱石の結晶に比喩したり、『随筆集　私の隣組』の寄稿者に仁科芳雄ら「科学者」たちも名を連ねることに既に垣間みえていた。これら、「隣組」をめぐる言説の周辺に奇妙に「科学」がまとわりつくのは当然だが偶然ではない。

近衛新体制における思想統制が「科学」であることは、各所で幾度も書いてきた。「来るべき大戦」が「科学戦」「思想戦」「宣伝戦」からなる「近代戦」として定義され、その中で、後述する毒ガスの実用化とガスマスク行進が日中戦争以前から行われていたように、「科学」は戦時イデオロギーとしてあった。その地ならしとして、文化の領域での科学化が児童書を

「科学」の啓蒙ツールとして定義する内務省の「児童読物改善ニ関スル指示要綱」（一九三八年）や、「文化映画」と呼ばれる科学的啓蒙のための映画の上映を半ば義務付ける「映画法」（一九三九年）の制定を経て、近衛新体制では「科学技術新体制確立要綱」（一九四一年）で「科学」を「総力戦」にこう位置付けた。

高度國防國家完成ノ根幹タル科學技術ノ國家總力戰體制ヲ確立シ科學ノ劃期的振興ト技術ノ躍進發達ヲ圖ルト共ニ其ノ基礎タル國民ノ科學精神ヲ作興シ以テ大東亞共榮圈資源ニ基ク科學技術ノ日本的性格ノ完成ヲ期ス

（「科學技術新體制確立要綱」一九四一年）

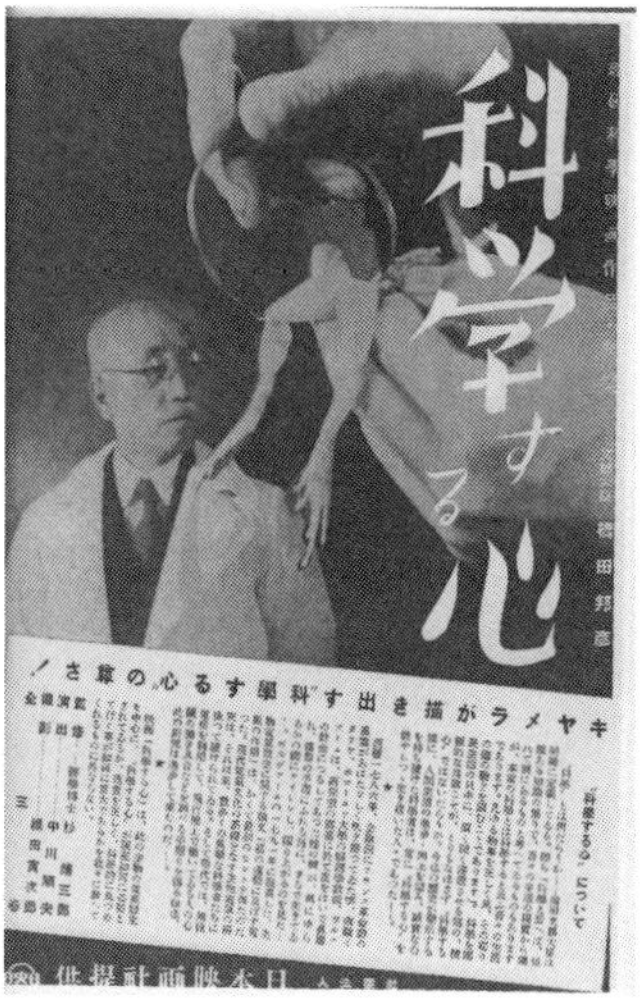

図5　文化映画『科学する心』広告

近衛新体制を推進した第二次近衛内閣で文部大臣に就任したのは実験生理学の提唱者である橋田邦彦である。橋田が掲げたスローガンが「科学する心」である。

その橋田を「原案」とする文化映画『科学する心』の広告（図5）にはこうある。

〝科學〟とは何だらうか——橋田文部大

臣は明確に定義してゐる。即ち「科學と云へば、組織ある知識の集りで、吾々の生活の現實から離れて別にあるものと考へてゐるものもありますが、本當の科學とは科學すると云ふ吾々の生活であります。凡ゆる物事を正しく見、その在りの儘の動きを掴むことでありま す」。科學を國民生活の只中に、廣く深く浸透させる爲の、積極的な良識こそが、とりもなほさず〝科學する心〟ではないだらうか。今迄の歴史が顯示する様に、人間生活の進歩・向上を望み、誠實な心を持ち續けた科學者は、常に〝科學する心〟を燃やしつゝ生き拔いた人々であつた――。

（「〝科學する心〟について」理研科學映画『科学する心』広告、一九四一年）

「生活」がこの短い文言の中で四回繰り返される。橋田によれば、「科学」は「科学すると云ふ吾々の生活」にあるべきで、「科学する心」とは「科学を国民生活の只中に、広く深く浸透させる」こと、つまりは「生活」における「科学」的思考の実践であるとわかる。

## 村岡花子の「家庭と科学」

そして「生活」における「科学」的思考の実践の現場として選ばれたのが「家庭」である。「主婦」という「職域」での実践を宣言している村岡花子は、その「国策」を受け止め、当然、積極的な一文を残す。

村岡はそのエッセイ「家庭と科学」でまずこう説く。

家庭に科學が足りないことは、いつも感じてみづから恥ぢてゐる。自分の家庭がさうであるし、よその家にもそのやうなのが多い。私どもの生活について考へるのに、どうも科學を何か特殊のもののやうに思ひ、持つてゐる知識にしてもそれを直ぐ家庭生活の中に應用して行くことは考へない。たとへば防空訓練などで毒ガスの恐ろしいことは相當に教へられてゐる主婦でも、我が家で日常使つてゐるガスの取扱には極めて無頓着である。毒ガスと日常使ふガスとでは比べものにはならないとは言ひながらも、臺所のガスこんろの栓をしつかりととめて置かなければ、少しづつ、少しづつ、燃燒しないガスが洩れて有害であらうといふことは、一向に毒ガスと關聯しては考へない。

（村岡花子「家庭と科學」『母心抄』一九四二年、西村書店）

前半は「毒ガス」の日常化、家庭への侵入という点でも興味深い記述だが、しかし村岡の主張はこのような「科学的知識」の右から左への援用ではなく、この後、それを戒める展開となる。村岡の翼賛エッセイは新体制を表層的に受容する人を引き合いに出して批判し、真の翼賛、つまり「日常」や「生活」の細部に国策をいかに浸透させるかを説くのが定型である。「科学する心」についても同様である。

文部大臣が「科學する心」を稱揚されると、急に臺所で機械を使ふことに夢中になる、或は子供の讀物を一にも科學、二にも科學で押して行く母親、とれもよく見る型である。

家庭に科學知識は必要であるけれども、科學精神を忘れた知識だけでは不十分である。何よりも先に、主婦は生活を合理的に順序正しく營まうといふ願望を強く燃え立たせなければならない。生活の設計、計畫された日常生活、これは科學への土ならしである。

眼に見えぬ生活精神といふものを、秩序あるものとして行かうといふところから、やがて家庭の科學化が起つて來る。出來あがつた機械を持ち込んだ臺所よりも、家に有り合はせの品物を工夫し、利用して、仕事の能率增進を計ることの方に科學的精神は、より多くみなぎつてゐるわけである。 （同）

村岡は、「家庭の科学化」の本質は、付け焼き刃の科学知識の受け売りでなく、「科学精神」を以て、生活の「合理」化、「生活の設計」をすることにある、と説く。この「合理」化や「設計」といったワードは、日々、節約や工夫といった主婦の「職域」で求められていることを「科学」という国策と結びつけるロジックとなる。

例えば近衛新体制が発足した一九四〇年一〇月の『婦人之友』には巻頭に「生活新体制を語る」という座談会と対になるように「少ない材料を豊富に生かした経済的な家庭料理」なる記事

が掲載されている。そこには「人参の牛肉巻き」や「肉だんご」「サンドイッチオムレツ」といった戦時下の代用食とは印象の異なるレシピが並ぶ。しかし、「十尾の鰯から三種のお料理が十人前できる」といかに材料を「計画」的に使うかが肝となっている。「経済的」もまた「科学」の家庭化を意味するワードに転じる。「工夫」という言葉も繰り返されるが同様である。「経済的」「工夫」といった主婦の「日常語」が、科学という国策に連なる政治用語に転じるのである。『アサヒグラフ』一九四〇年一一月一三日号には、東京都下の「食料学校」が調理の科学的教育を行う様を紹介するが（図6）、女性たちが調理する光景とフラスコに向かう光景をグラビアで並べて「家事」が「科学」であるという国策をわかりやすく見せている。

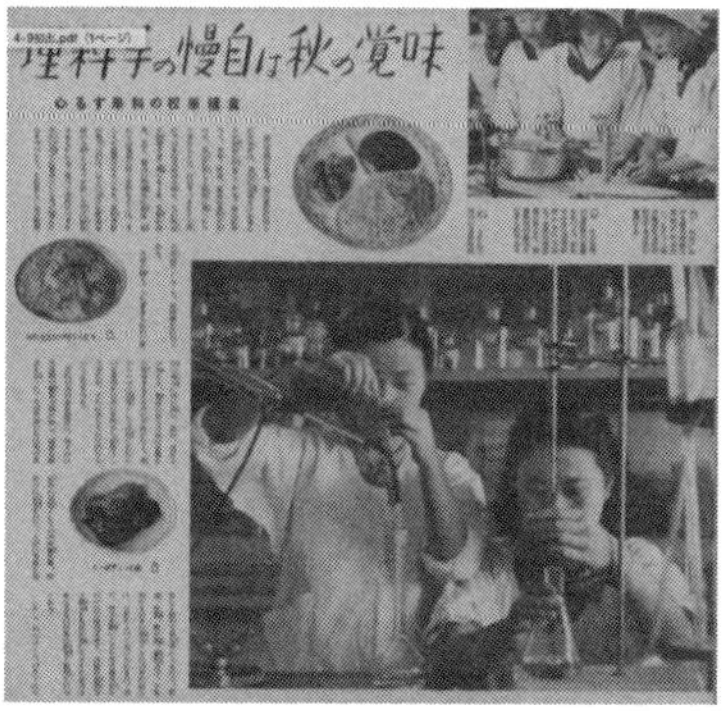


図6　「味覚の秋は自慢の芋料理」『アサヒグラフ』（1940年11月13日号、朝日新聞社）

あるいは『婦人之友』一九四〇年一二月号では、羽仁もと子の司会で各地の主婦たちが出席し「家庭生活新体制を語る主婦座談会」が巻頭にある。

そこで羽仁はこれまでの「仕来り通り」ではなく、「家庭の毎日の生活をもっと科学的に思想的に学問的にして行く」べきで「我々家庭生活は（中略）これからの世の中の生きた学問の根底となる」と説く。そして、座談会に参加した主婦に、それをどう実行すべきか話せと促す。世論がこうやって雑誌の誌面で作られていく様がよくわかる記事である。

そこで語られるのは、例えばあらかじめ献立をつくる一方、実際に食事のために用いた材料やその量を記録していく「合理性」や、食料の記録と体格の記録を比べようなどといった「家事」の科学化である。そこに、新しい科学があるわけではない。家計や貯蓄も含め主婦の日常のルーティンを「科学」という名の許に後付けしていっているに過ぎないが、主婦たちの「家事」は、すでに見たように一方では「職域」として認知されたが、他方では、「科学」という語によっても国策と接合されるのである。このような形で、一種の合理主義が戦時下、「科学」の名の許に家庭に侵入したことは注意していい。

## 女文字の科学

「科学する心」は実は「翼賛一家」でもしばしば題材となっている。中でも興味深いのが『婦人倶楽部』に連載された「翼賛一家の大和夫人」である。新日本漫画家協会名義で志村《しむら》つね平《へい》、西《さい》塔子郎《とうしろう》、佐次《さじ》たかしの「合作」、つまり「漫画集団」の「合作」として権益化を目論んだ本来の「翼賛一家」企画に忠実な形式だが、一九四一年六月号に「科学する心の巻」がある。

そこでは子供らが雨ばかりでつまらないと嘆いていると、母が「ナゼ何かふるんでせう」と疑問を持つと楽しくなるよと言ってこう科学的説明をする場面が描かれる。

それはね水蒸氣となつて空へのぼつた水の細い粒は雲となつて浮かびますが、この水粒が集まつて大きくなると、空へ浮いてゐることが出來なくなつて地上へ落ちてくるンですよ、それが雨なのヨ

（新日本漫畫家協會「翼賛一家の大和夫人・科學する心の巻」『婦人倶楽部』一九四一年六月号）

興味深いのはこれに続く展開である。父が「大政翼賛の歌」のレコードを「おみやげ」に買って帰ってくる。「大政翼賛の歌」は一九四〇年、翼賛会の公募で詞、曲が選ばれ、一九四一年三月にレコード会社六社から「競作」された。こういった国民歌謡の競作、つまり異なるレコード会社から異なる歌手がレコーディングし、リリースするというのも戦時下のメディアミックスの典型的な手法である。

その歌詞はまんがの中にも引用される。

兩手を高くさしあげて、我等一億心から、叫ぶ皇國の大理想、今ぞ大政翼賛に、燃え立つ力協せよう

（山岡勝人作詞・鷹司平通作曲「大政翼賛の歌」一九四一年）

祖父は蓄音機から流れる歌に高揚を隠せない。

つまりこの「歌」は多くの国民歌謡と同様に「男文字」だと言える。

しかし、子供らは「不思議な音はナゼ起るんだらう」と、さっそく母に教わったばかりの「科学する心」を以て疑問に思う。すると母はすらすら「科学」的に答える（図7）。

音は物の振動によつて起り振動がやめば音もやみます
それからレコードのわけは……
（同）

つまり、「科学」のことばは少なくとも「翼賛一家」の世界では「女文字」であることがわかる。同じように「科学する心」と題し姉が弟に「サーその顕微鏡をのぞいてごらんなさい。三郎

図7　新日本漫畫家協會「翼賛一家の大和夫人・科學する心の巻」『婦人倶楽部』（1941年6月号）

さんの手についたバイキンよ」という一コマまんがもある（図8）。やはり「科学」は家庭内では女の領域である。

図8　佐次たかし「翼賛大和一家の時局繪巻」『雄辯』（1941年4月号）

「児童読物」の統制がフィクションの排除と「科学」化が軸であったように、日中戦争後、「科学」は子供の領域でまずなされたが、更に近衛新体制になると「科学」や「合理」といった理性は、家庭内では女たちの領分になる。そのことは「翼賛一家」の父、太宰の「十二月八日」の夫、といった家庭内の「男」たちが呑気に、かつ、あまり論理的ではないパーソナリティーとして描かれていることとも呼応している。

「科学」はこのように「女文字」に姿を変え、日常や生活に侵入した。その点でも自然科学的な視線を持つ尾崎喜八が、組長詩人にふさわしかったとは言える。

# 第四章

# 「サザエさん」一家はどこから来たのか

## 1　「家族」と「町内」はどこから来たのか

### 新聞まんがの約束事

もうそういう習慣があるとは思えないが、子供の頃、新聞が届くと子供が真っ先に開くのは四コマまんがの載っている頁だった。ぼくの家が購読していたのは『朝日新聞』だったから、当初は朝刊は長谷川町子「サザエさん」、その後、夕刊からサトウサンペイ「フジ三太郎」を経て、いしいひさいち「となりのやまだ君」（後に「ののちゃん」と改題）が連載されている。そして、全ての、とは言わないが、今も新聞の一角に四コマまんがが毎日、連載されている。その多くが、主人公は一応は定められているが、その「一家」全員がレギュラーキャラクターであり、舞台は「家庭」と「町内」であるはずだ。「フジ三太郎」は、サラリーマンの主人公の職場が舞台だったが、「家族」のキャラクターは設定されていた。

この「家族」キャラクターと「町内」という約束事は、『朝日』のいしいひさいち「ののちゃん」だけのものではなく、『毎日新聞』朝刊のいしかわじゅん「桜田です！」では町内が「むさしの町」と命名され、『朝日』夕刊のしりあがり寿《ことぶき》「地球防衛家のヒトビト」も「地球防衛家」

一家に加え、喫茶店マスターや長男の同級生など「町内」の住人が配置されている。『東京新聞』朝刊にはさくらももこ「ちびまる子ちゃん」四コマ版が連載されていた時期があるが、これも「家族」と「町内」からなる世界である。『読売新聞』夕刊の唐沢《からさわ》なをき「オフィスケン太」も、主人公の犬が働いているので「会社」が舞台だが、商店街や神社、ドッグカフェなど「町内」にもキャラクターは配されている。

いしい、いしかわ、しりあがりらはかつて八〇年代にはニューウエーブなどと呼ばれた新世代のマニアックな作家として登場し、さくらや唐沢は更に新しい世代だが、それぞれの「ひねり」や工夫があるとはいえ、「家族」と「町内」という約束ごとは新しい世代のほうが遵守している印象さえある。俯瞰すると、朝刊は「家族」と「町内」、夕刊は「サラリーマン」と「会社」という暗黙の了解が新聞まんが全体にある印象だが、「サラリーマン」ものも、「会社」以外に「家族」と「町内」が追加されていることはむしろ定石である。

このように私たちは、新聞まんがが「家族」と「町内」からなる物語であることを自明のものとし、作り手もルーティーンとして自覚している。

## 高畑勲が見出したもの

こういった「家族」と「町内」からなるまんがの様式に積極的な意味を見出したのが高畑勲《たかはたいさお》である。高畑はいしいひさいち「となりのやまだ君」を原作とした長編アニメ『ホーホケキョ　となりの山田くん』（一九九九年）を制作している。

高畑の『山田くん』は、ジブリが一貫して主張してきたアンチ・ファンタジーという主張の中に正確に位置付けられる作品である。『風の谷のナウシカ』を始め、ジブリ作品のパブリックイメージは「ファンタジー」だが、その主張はアンチである。コンピュータゲームやTVアニメーション、まんがの類が提供する現実逃避ファンタジーに対峙するものとして、ジブリは高畑の理論的な指導の下、アンチ・ファンタジーのファンタジーを含め、アンチ・ファンタジーが一貫した基調にある。

高畑にとって『山田くん』の世界が反ファンタジーの象徴であることは以下のように語られる。

今のアニメのファンタジーは、現実とかけ離れた世界をひたすらリアルに描き込むことによって、視聴者を現実から切り離してしまっている。自分たちが住むところと違う異空間の中に人を閉じ込めるのではなく、自分の日常がそのまま作品の中に持ち込まれるようにして、それがまた平気で外に出ていくようにしたい。ファンタジーが現実に対して閉ざされているとすれば、『山田くん』はオープンでなければいけない。

僕は過去に、現実を克明に描き起こすことに意味があるという主張もしましたが、それは、現実を見ているつもりでも、馴れすぎてヴェールがかかってしまっている、そのウロコを目から落として現実を再発見してもらうためでした。今回、逆のようなことをやっていますが、結局は同じことなんです。

（高畑勲「アニメーションの根源を問い続ける作業」『アニメージュ』一九九九年八月号、徳間書店）

「自分たちの住むところと違う異空間」に人を閉じ込め、つまりは現実に対して閉ざされているファンタジーに対して、現実に開かれた「日常」が『山田くん』には描かれている、とする。後のくだりで言及される「現実を克明に描き起こす」作品とは『火垂るの墓』を実は言うが、『火垂る』は『となりのトトロ』というファンタジーと併映されることを想定して、「父が不在がちで母が病気の年長の兄姉と妹」という同一の設定に、『トトロ』のどこにもない武蔵野の田園風景＝ファンタジーに対し、『火垂る』は戦時下の神戸・三宮＝現実を配した。ジブリアニメは作中の人物の掌の中に包まれるものが作品の主題を暗示しているが、そのセオリーを踏まえれば『トトロ』は引っ越してきたメイがススワタリを捕まえるが煤が残り、『火垂る』では節子が蛍を掌に捕らえると潰れて死骸が残る。その主題の差異は明白である。

高畑は『火垂るの墓』のリアリズムがもたらしたものと同じアンチ・ファンタジー的な「現実」への回路を『山田くん』で表現する。そしてその手法を「日常をそのまま作品の中に持ち込む」ものだ、とする。

更に高畑は『山田くん』の世界における「家庭」を同作の企画書でこう評する。

家庭は日本では昔、社会では許されない身勝手や鬱憤ばらし（亭主関白や内弁慶など）を受けとめ、だらしなさ（ごろ寝やおならなど）を許してくれる、ストレス吸収の場でした。そしてそれはほとんど主婦の犠牲によって成り立っていました。男は昔から精神が弱く甘えん坊で、「家を出れば七人の敵」とかなんとか言い訳し、妻を「おい」だけでなく「かあさん」と呼んで、呼ばれた女は仕方なく夫の母親もつとめました。また、多くの偉人の家族の証言でも分かるとおり、家庭では親がホンネやだらしなさを平気で見せてしまうので、子供たちはタテマエや理想や幻想のウラにある現実感覚を学び、一家団欒や兄弟喧嘩などの切磋琢磨（？）によって、家庭は対人関係を訓練する場にもなりました。家業を夫婦でやっている場合は、厳しさも学べる真の教育の場として、さらに有効に機能しました。

（高畑勲「高畑勲　緊急特別企画！　連作アニメ長編『となりのやまだ君』」部内検討用資料、一九九七年）

ここで高畑は、やや逆説的とはいえ、男性の側の甘えとも言える「弱い精神」としての「男性原理」を慰撫ししてくれる「保守的」な装置として、「家庭」を肯定的に位置付けているのだ。そして、この後で「主婦の自立と外出が、これらの、家庭を家庭たらしめていた機能を奪」い、主婦が「家族全員の「かあさん」であることを拒否」したことを「前向き」な「家庭の再構築」としつつ、しかし「我々の「弱い精神」」を「かあさん」の代わりに補填するのかといえばそれはなく、だから『山田くん』一家のような保守的な「家庭」を描く意味があるとする。

本書はジブリ論でないから必要以上に入り込まないが、ジブリ作品のパブリックイメージである戦後民主主義性や、宮崎駿が一貫してヒロインのビルドゥングスロマンを描いてきたフェミニズム性を考えた時、ジブリの中で宮崎駿以上に左派色が強い高畑が、一種の諧謔とはいえ、このような家長を甘やかす家庭を肯定的に述べることに困惑する人も少なくないだろう。だが、『おもひでぽろぽろ』においても、父親がぐずる娘を平手打ちするくだりが妙にニュートラルに（少なくとも否定的にではなく）描かれていたり、同作が、ヒロインが村社会の「嫁」として帰農する物語であることを考えた時、高畑の中に潜むこのような不穏な保守性とでもいうべきものが、『山田くん』によって強く喚起されていることがその発言からわかる。

この時、高畑が恐らくは無自覚に『山田くん』に見出したというよりは、一方的に仮託してしまった保守性とは何なのだろう。

実際にアニメーション化された作品を見ると、父親は常に頓珍漢でせっかちな判断で家族を振り回す人物造形になっている。家族は文句を言いつつ、しかし、それに付いていく。

その姿は、太宰が「十二月八日」で描き出した根拠のない確信のまま家族の先頭に立つ父を彷彿とさせはしないか。

『山田くん』より早く「町内」が高畑の説くような反ファンタジーの拠点としての現実ではなく、むしろ現実から切断された悪夢だと逆説的に描いたのが、押井守《おしいまもる》『うる星やつら2　ビューティフル・ドリーマー』（一九八四年）で、そこでは主人公やヒロインら「一家」の暮らす友引町がヒロインの閉じた夢に他ならないと原作の否定ともとられかねない解釈をしている。

アニメ論になりかけているが、高畑は「町内」を反ファンタジー的な日常として描きつつ、家父長的な価値を甘やかしてくれる世界として捉えた。戦後の団塊世代とおたく世代の中間にいる押井は閉じた世界として懐疑した。そしてその「家族」と「町内」はルーティンとしてあたかも新しい伝統のごとく新聞まんがで繰り返されている。

そのような新聞まんがが自明のものとして疑わない「家族」と「町内」からなる様式、そしてそこにおける「日常」の表現はどこから来たのか。それが、この章の主題である。

## 2　「翼賛一家」の登場

### 家庭回帰する新聞まんが

日本の新聞まんがが、中でも四コマの連載まんがにおいて、「一家」と「町内」という安定的な構造が定型化したのは、一九三〇年代後半、日本が日中戦争を経て総動員体制、翼賛体制に組み込まれていく渦中で起きた。

その事実を、膨大な新聞まんがに一点一点当たることで明らかにしたのは中国の日本まんが研究者の徐園である。それ以前の新聞まんがでも、家族や近隣といった日常が登場する作品がなかったわけではないが、大正末期から昭和初頭『東京朝日新聞』などに連載された織田信恒《おだのぶつね》原作・樺島勝一《かばしまかついち》作画による『正チヤンの冒険』は、少年とリスの冒険譚だが、一方では読者から「両親はどこにいるのか」「どこに住んでいるのか」と家族の不在について質問が多数、寄せられた。「一家」と「町内」以前は、冒険ものに加え、探偵もの、野球ものなど戦後の少年まんがのジャンルに近い多様な題材が扱われていた。そこでは家族から一定の自立をしている子供たちが描かれていたと徐園は指摘する。それが日中戦争前後から新聞まんがの子供は「人的資源」「少国民」として家族に回帰していくのだという。

そしてこういった家庭回帰させられる新聞まんがの子供たちを「一家」「町内」のフォーマットに再構築したのが、大政翼賛会発足直後に始まった翼賛会宣伝部の主導するメディアミックス作品「翼賛一家」である。

一九四〇（昭和一五）年一二月五日、東京・大阪の朝日、読売、大阪毎日といった全国紙を同時に飾った「翼賛一家」の予告には全てに「一家」と「町内」の地図が掲げられる（図1）。これまでも連載開始にあたって、キャラクターの紹介などがなされる例はあったが、「地図」は特異である。これ以降、一九四〇年末から翌四一年前半、集中的に複数のまんがが家の手で複数のメディアに複数のまんが作品が同時に執筆され、その連載は娯楽誌、週刊誌、グラフ誌、少女誌、婦人誌、あるいは『日本歯科評論』なる歯科医の専門誌にまで及んでいる。レコード、舞台、ラジオドラマ、新作落語、紙芝居、小説などの多メディア展開もなされ、製作には至らなかったが長編アニメーションも企画された。しかし、短編のプロパガンダアニメーション（図2）、子供向け絵本がつくられた。また、人形劇用の脚本が販売され、地域で自ら上演することが推奨もされ、その様子は写真ニュースで配信された（図3）。

## 協働するまんが家たち

「翼賛一家」作品化には、これを企画し、翼賛会に「版権」を召し上げられてしまった新日本漫画家協会所属の当時の中堅クラスのまんが家たちが多数執筆に加わる。そして、協会所属以外の描き手の中に無名の酒井《さかい》七馬《しちま》がおり、作品の所在は確認されていないが手塚治虫《てづかおさむ》が「翼賛一家」のキャラクターで桃太郎の絵本を書きデビューしたと一時期、公言もしていた。

その中で『アサヒグラフ』誌上に「翼賛一家大和さん」を連載したのが長谷川町子である。「翼賛一家」は前述の通り「新日本漫画家協会」が翼賛会の発足に合わせて、その依頼に応えて提案した企画である。当時、「漫画集団」と呼ばれるまんが家グループが多数存在し、新聞や雑誌のまんが掲載枠をこの「漫画集団」で分け合うのが常であった。こういった集団による営業は同時期、広告の領域でも見られた一種のスタジオ化・プロダクション化だが、新日本漫画家協会は、翼賛会が各業界内で団体を一元化して管理下に置くという方針にいち早く呼応して漫画集団

図1 「〝翼賛一家〟の登場」『朝日新聞』朝刊（1940年12月5日）

図2（右）「翼賛一家」を用いたプロパガンダアニメ『スパイ撃滅』（1942年）
図3（左）「翼賛一家」人形劇上演風景（大政翼賛会宣伝部「私達の劇場指人形」時事寫眞速報社『翼賛写真』）

が急ぎ大同団結したものだ。恐らく「翼賛一家」執筆は「漫画集団」としての新日本漫画家協会が寡占する目論見があったと考えられる。しかし翼賛会に「版権」の献納を求められ、しぶしぶ応じる結果となった。

それ故、酒井七馬や長谷川町子らが協会外から参加し、またアマチュアにも版権は開放され読者による二次創作も推奨された。それを現在のことばで言えばメディアミックスになるが、むしろ後述する「協同」「協働」の対象にまんが表現もまた組み込まれた、と考えることが妥当である。

## 町内＝隣組による生活の更新

徐園の指摘するように一九三〇年代に新聞まんがの「子供」は家庭回帰する。その時、問題は回帰した「家族」が「町内」に帰属することである。「一家」のキャラクター表とともにわざわざ「地図」が付されていることは看過できない問題である。

「翼賛一家」の設定を記した記事にはこうある。


この大和一家を圍んで隣組の組員には某省の高等官、實業家、子澤山の商店番頭、軍需工場の職工さん、酒屋、魚屋、八百屋さんや實直で篤志家で隣組組長の大工さんなどが隨時脇役として登場するといふわけだ。

（『大阪朝日新聞』一九四〇年一二月五日）

つまり「町内」の地図の中にある人々の職業が具体的に示され、そして、「隣組」の「組長」がいること、つまり舞台となる「町内」とは「隣組」という近隣組織である、とわかる。そしてこの「隣組」こそが、近衛新体制が「日常」と「新生活」の再構築を目論む場であった。

このあたりは拙著『大政翼賛会のメディアミックス』に詳しいが、現在の新聞まんがにおける「一家」と「町内」の出自は「翼賛一家」の新聞主要紙の同時多発連載によって定着したのである。

そして「翼賛一家」は、「日常」や「生活」を「隣組」によって組織されるものに作り変えるツールであった。

この時、最小限注意を促しておきたいのは、「隣組」とは近衛新体制発足を受け、一九四〇年九月一一日に内務省訓令「部落會町内會等整備要領」を持ってその整備が指示された新しい組織だということだ。つまり、隣組の組織化は伝統回帰でなく、「新生活体制」という生活、日常の更新の中核としてあったということだ。

隣保團結ノ精神ニ基キ市町村内住民ヲ組織結合シ萬民翼賛ノ本旨ニ則リ地方共同ノ任務ヲ遂行セシムル爲左ノ要領ニ依リ部落會町内會等ヲ整備セントス仍テ之ガ實績ヲ擧グルニ努ムベシ

昭和十五年九月十一日　内務大臣　安井英二

この訓令と同日に、内務省の「通牒」が隣組整備を求めたり、社会的教育への活用、防空隣組組織としての役割を担わせることなどが次々と命じられ、一挙に組織化されていく。

それでは「翼賛一家」は「一家」と「町内」という装置で「日常」や「生活」をいかに描いたのか。

## 長谷川町子による「翼賛一家大和さん」

長谷川町子が「翼賛一家」の書き手の一人であったことは既に見た。『アサヒグラフ』誌上に「翼賛一家大和さん」を連載するのである。長谷川は田河水泡《たがわすいほう》門下で、この時期、少女雑誌などに連載を持っていた。

「翼賛一家」は一一名からなる家族構成で、各新聞、雑誌ごとにまんが家たちは、一家のいずれかのキャラクターを軸とすることで差別化した。長谷川の「翼賛一家」は小学生の三女稲子（図4）が軸であり、稲子が「サザエさん」のワカメちゃんを彷彿させることから「翼賛一家」が「サザエさん」の出自であるという論もあるが、「翼賛一家」と「サザエさん」の共通点はあくまで「一家」と「町内」という新聞四コマまんがの枠組みそのものである。

稲子とワカメちゃんの類似は、そもそも、翼賛一家のキャラクターは読者投稿を想定していて、

図4（右）長谷川町子「翼賛一家大和さん」の稲子（『アサヒグラフ』1941年4月30日号、朝日新聞社）
図5（左）長谷川町子「仲よし手帖」のウメコの妹（『少女倶樂部』1941年1月号）

「誰にでも描けるように簡単な線のみを用い」ていて、ステレオタイプ的な「こども」がデザインされていたから生じたものである。長谷川がこの時期『少女倶楽部』に連載していた「仲よし手帖」の三人の仲良し女生徒のひとり、ウメコの妹（図5）や、後述する戦時下のテレビドラマ『謡と代用品』の中村メイコ、そして長谷川版「翼賛一家」の稲子が「ワカメちゃん」を彷彿させるのも、長谷川が戦時下のキャラクター造形の類型を戦後に持ち越したからである。

『アサヒグラフ』に長谷川が「翼賛一家大和さん」を連載したのは一九四一年二月五日号から五月一四日号まで計一五回である。主役は固定されず一家はまんべんなく登場する。しかし低年齢向きであるのは、セリフがカタカナのみの表記であること、「我が家の太陽」という、読者が自身の子供のスナップ写真を送る投稿欄に併載されていることでもうかがえる（図6）。

その各回のモチーフを書き起こしてみよう。

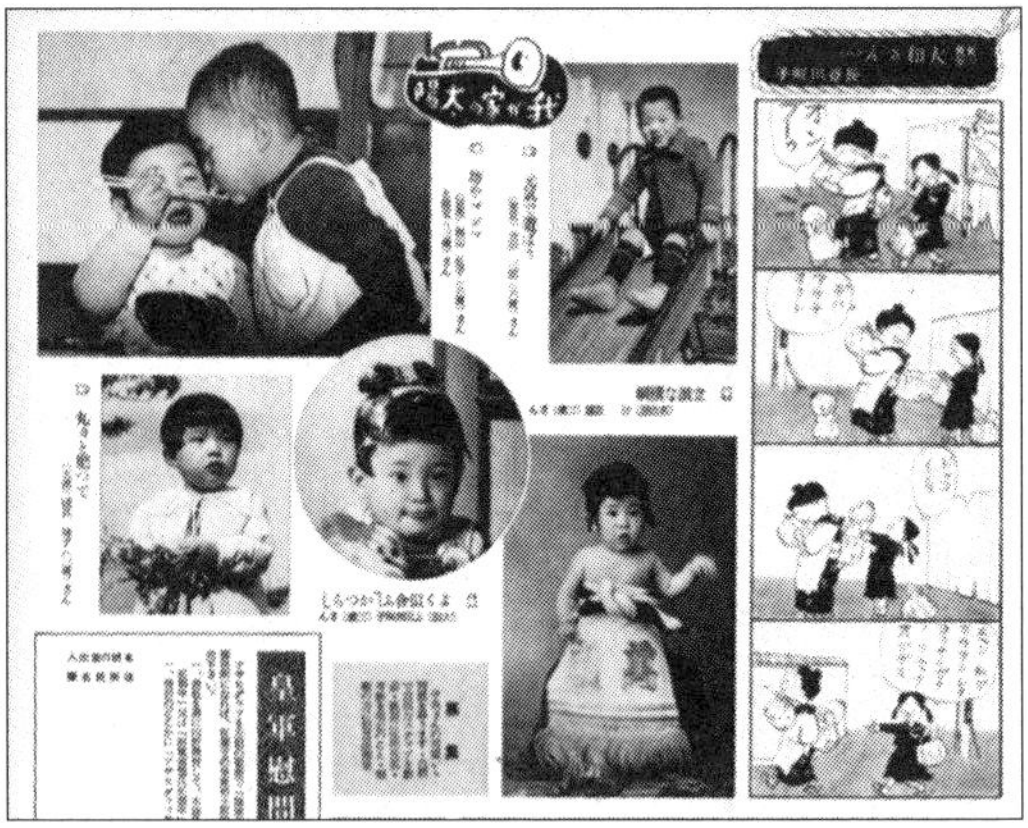

図6　長谷川町子「翼賛一家大和さん」は子供写真の投稿ページに掲載　『アサヒグラフ』（1941年2月5日号、朝日新聞社）

図7（右）長谷川町子「翼賛一家大和さん」第1話（図6に同じ）
図8（中）同第4話『アサヒグラフ』（1941年2月26日号、朝日新聞社）
図9（左）同最終回『アサヒグラフ』（1941年5月14日号、朝日新聞社）

初回は「ヨクサンガタノリュックオビ」なる工夫で赤子を背負うというもの。一応は「不用品の活用」がテーマであろう（図7）。

二話　行列のできている炭の配給所の脇に「タドン」が落ちているのを見つけ、最後尾に並ぶ三郎。

三話　娘がクシを落としたと言い、大きな石の下に入り込んでいるのでとったたら魚の骨だった。

四話　子供たちが母親にまとわりつき、知らない子供が混じっているが、地面のマンホールから半身を出した工事の人だった（図8）。

五話　男の子がおばあさんに「踏み台」を持ってきてと言われて持っていくが、おじいさんが天袋に物を入れていて使っていたものだったので降りられなくなっていた。

六話　子供たちが口々に、煮付けがいい焼いたほうがいいフライがいいと言い、父は「ぜいたくは敵だ」と怒るが、そもそも代用食の芋の調理法だった。

七話　おじいさんが背中に黒い膏薬を貼っていて、背に飛びついた少年の鼻に背の膏薬が貼りつき、髭のようになる。

八話　頭に手拭いを巻いて炭を切っている人を見て、姉はうちの「お父ちゃん」と言うが、手拭いをとったらお姉さんだった。

九話　男の子が三河屋に「小学校の帰り？」と訊かれ「国民学校」と言い直す。先生がやって来て三河屋はまた「小学校の先生?」と訊いて「国民学校」と言い直し、なかなか名称変更が覚えられない。

一〇話　兄弟が縁日で風船と飴を買う。焚き火をしている別の少年が「ぼくはムダづかいしない」と言い、二人は恥ずかしくなって風船と飴を隠すが、火で風船は割れ、飴も溶ける。

一一話　歩く姉弟。「来い来いシロ来い」と童謡を歌うと知らない犬が来て、弟は驚いて走って逃げる。

一二話　代用食講習会。料理をする姉にミリン持ってきてと言われて、酢を持ってきてしまう妹。

一三話　お菓子を縁側で食べる妹。シーツを被り幽霊のふりをして近づく兄。お菓子を持って妹は「クワバラ、クワバラ」。

一四話　空地の土管にボールが入る。反対側から手を入れ「ボールがあった」と父が言うと、別の子の頭を摑んでいた。

一五話　姉がクラスメイトにニワトリにエサをやる、という。みんなで見に行くとカゴの中で兄がコケーコッコとニワトリの真似をする遊びだった(図9)。

こうして見た時、「時局」を感じさせるのは第一話、二話、六話、八話、九話、一〇話、一二話あたりで、第一一話もバス等を使わず徒歩が奨励されていた、という文脈を踏まえるなら一応は「時局」が主題とは言える。しかし、翼賛用語は「ヨクサンガタノリュック」「代用食」「配給所」程度で、翼賛体制への露骨な誘導は少ない。全く翼賛体制と関係のないものもある。当然、それは幼年向けという理由もあろうが、戦時色は極めて少ない。しかし、この一見しての戦時色、プロパガンダ色が希薄だということは、戦時下、長谷川が翼賛体制から政治的に距離をとったことを意味しない。

太宰の「女生徒」も日中戦争後でありながら戦時色が少ないことは既に見た。むしろ、その少なさこそが、より統制下の表現であることも確認した。戦時下の表現は、戦争を直接描く「男文字」のプロパガンダと、「日常」や「生活」を描いた「女文字」のプロパガンダの二極を持つ。戦後糾弾され、あるいは周到に隠されたのは「男文字」のプロパガンダであった。「女文字」は、その具体的担い手が男女を問わず、戦争から離れた「日常」「生活」を描くので、近衛新体制が「生活」「日常」の更新運動であったという文脈に無知だと戦時協力に見えない。「日常」と同様に、後述する「科学」を主題とすることで戦時協力に見えない作品もあるが、「新しい日常」や「科学する心」といった国策が特に子供向け作品として表出した時、童心主義的な思い込みから「国策」にむしろ正確に適応した作品が「抵抗」に見えることとさえあることに注意したい。

それが長谷川版「翼賛一家」の非政治性の政治的な意味であることをこの作品からはまず読み取ろう。

## 3　投稿し参加する国民たち

### キャラクターの顔が図形である意味

「翼賛一家」のキャラクターと舞台、即ち「一家」と「町内」が主要全国紙に公開されたその日、『東京朝日新聞』のみはもう一つ「翼賛一家」に関わる囲み記事を掲載している。「漫画〝翼賛一家〟を募る」と題した応募規定である。翼賛会の推進した総動員体制は「上意下達」ならぬ「下位上達」と称されたように国民の自発的な参加による総動員体制である。従ってプロパガンダもまた「国民参加」型であった。それ故、国民歌謡、標語、小説、映画シナリオを始め、既に見たように「国史」さえも公募型が採用された。戦時下とは投稿する社会であり、戦時下メディアでは様々な「投稿空間」が演出された。

「翼賛一家」は「版権」を翼賛会が管理することで表現を統制するというアイデアの実践であり、当然、ここでも「国民参加」が求められた。その応募の文面にはこうある。

朗かな笑ひのうちにも翼賛運動——と大政翼賛會では漫畫「大和一家」を発表して今後新

聞、雑誌その他の到るところにこの一家が顔を出すことになりました。（第七面の記事参照）そこで家庭面でも、この愉快で元氣な一家の人人を登場さして、翼賛する姿の百態を皆さんに描いて戴きたいと思ひます。皆さんの日常生活から拾つた新体制風景その他の思ひつきを漫畫に描いて揮つて投稿願ひます。顔を描く時に夫婦は円形、祖父母は三日月、長男長女は四角、次男次女は三角、三男三女は円形、幼兄はドングリ形、これが特徴です。

（「漫畫〝翼賛一家〟を募る」『東京朝日新聞』朝刊一九四〇年一二月五日）

キャラクターの顔が図形であると具体的に説明されるのは、まさに参加型ファシズムのためにつくられた描きやすいキャラクターであるからとわかる。

「翼賛一家」の作画様式が戦後まんがに与えた影響としては、むしろ高畑勲が『山田くん』アニメ制作に際して、その発端は「丸や三角や四角を動かすアニメーション本来の楽しいもの」を作りたいという動機だったと述べたことのほうがあるいは重要かもしれない。高畑は、いしいの絵を見てそう感じたのだろうが、「翼賛一家」のキャラクターはまさに「丸や三角や四角」を基調としていて、リアルタイムで「翼賛一家」を見ているまんがが家・馬場のぼるはこれを「ハメ絵」と形容している。高畑にはいしいの向こうに「翼賛一家」が透けて見えた、とまでは言わないが気にはしておきたい。

## 新体制下の生活の模範解答

そして、そのキャラクターによって描くことが求められるのは「日常生活から拾った新体制風景」である。つまりは翼賛体制下の新しい「生活」、新しい「日常」を自ら描いて投稿せよ、という指示である。言うまでもなく、この「日常」「生活」は国策用語としてのそれである。つまり、「新生活体制」をまんがで投稿せよ、というのである。

しかも描くべき「日常生活」は「翼賛する姿」でなくてはならないという文言もある。まんがの投稿規定の中に、翼賛体制への恭順が文言として組み込まれていて、応募者は入選するために国策に従うプロパガンダまんがを描くことになる。それ故、投稿は翼賛体制下の読者がどう受けとめたかの相応の指標にもなる。

初回に掲載されたのは公募の翌日の一二月六日、南義郎《みなみよしろう》の「お昼は代用食」。一コマまんがである。応募規定には一コマまんがである旨の説明はなく、公募から一日と置かぬ掲載だが、南義郎は新日本漫画家協会の一員であり、これは事前に仕込んであったものであろう。同時に「こういうまんがが望ましい」というお手本でもあり、「代用食」というわかりやすい題材が選ばれたと考えられる。

戦時下の表現の統制は、このような「ていねいな強制」がしばしば見られる。

二作めは、仇伴作「早起き」（一二月七日）。つまり早起きの奨励である。以下、石沢博江「一列励行」（一二月九日、慰問郵便を投函するため一家が郵便ポストの前に並ぶ）、増田正二「娯楽も時間制」（一二月一〇日、将棋を指す祖父と父に母が時間を告げる。これは飲食店の深夜営業の時間短縮が行われ、盛り場を保安課が監視役に出動したことに対応する。図10、11）、加藤芳朗《かとうよしろう》「廃物利用研究会」（一二月一一日）、小堀元「火に当るより陽にあたれ」（一二月一二日、火鉢の炭を節約し縁側で日光を浴びる一家）、加藤正春「隣保共助」（一二月一三日、後述する隣組の基本原理「共助」が尾崎喜八も紙に描いた「家庭菜園」で行われる。図12、13）ということもこれも新体制下でよくある風景というより推奨される「風景」を題材に描かれる。つまり、実際の「日常生活」のカリカチュアでなく、新体制下の「日常生活」がどうあるべきかという問いの模範解答を競うかのようである。

平山俊郎「徒歩奨励」（一二月一四日、バスに乗らず歩いて帰る子供）、黒沼留夫「号令」（一二月一六日、傷痍軍人に父の号令で一家が敬礼する）、神谷泰江「家族告知板」（一二月一七日、会社等にある出先を記入する告知板を家庭に設置、新体制で推奨される生活の「合理化」に対応）、加藤清「清き一票」（一二月一八日、「選挙前」がテーマ。一九三〇年代、不正の続く選挙に対し選挙粛正運動が行われ、腐敗の根源は政党にあるから解体せよという大政翼賛会への流れが作られた）、太田二郎「団結」（一二月一九日、子供らがまとめてかかると武術の達人の祖父も降参、後述する「協同」主義の比喩）、河野真兵「貯蓄報告」（一二月二〇日、戦費捻出のため貯蓄が奨励された）、篠崎儀一「節米に鼠退治」、宮崎ふみを「趣味を活かせ」（一二月二三日、「家庭菜園」に盆栽の趣味を生かす）、桜井しげる「何事も率先」（一二月二四日、隣組の集会「常会」で率先して献金する人々）、霜島秀「ある

「翼賛一家」投稿まんがは新体制下の新聞記事や宣伝冊子に正確に呼応する。

図10（右）増田正二「應募漫畫翼賛一家〝娯樂も時間制〟」『東京朝日新聞』（1940年12月10日）／図11（左）「〝時縮〟はよいか　保安課長ら銀座監視」『朝日新聞』（1940年4月3日）

図12（右）加藤正春「應募漫畫翼賛一家〝隣保共助〟」『東京朝日新聞』（1940年12月13日）／図13（左）『空地ハ我家ノ農園ニ』（1943年、積善館）

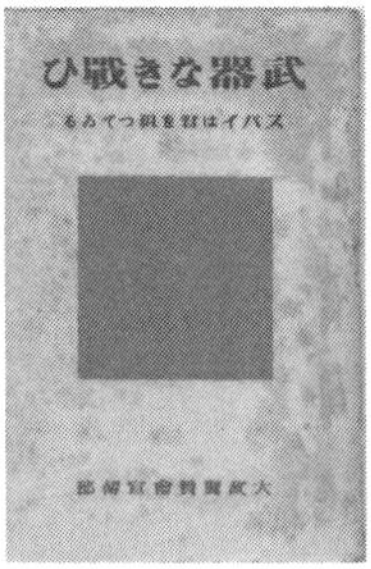

図14（右）山本繁「家庭　應募漫畫翼賛一家〝スパイ御用心〟」『東京朝日新聞』（1940年12月26日）／図15（左）大政翼賛會宣傳部『武器なき戦ひ　スパイは君を狙つてゐる』（1942年、翼賛圖書刊行會）

く一家」（一二月二五日、徒歩による通勤、通学）、山本繁「スパイ御用心」（一二月二六日、鼻をかんで捨ててあるチラシはスパイの謀略ビラかもしれぬから焼き捨てるという祖父、図14、15）、平田一「職工さん失敗」（一二月二七日、手土産を持ってきたが無駄である。戦時国債を買ったほうがいい、という主旨）、小野寺信雄「一日一善」（一二月二八日、荷車を押す手伝いをする一家。「共助」がテーマ）と続く。応募は一二月二四日で締め切られ、一二月二八日で「投稿作」掲載は終わっている。

こうして見ていくと「翼賛一家」が描き出す新しい「日常生活」は、①節約、戦費のため貯蓄・国債購入、②隣保共助及び協働が行動原理で、これに「常会」という隣組制度の運用、防諜、慰問、傷痍軍人への礼節といった戦時下の新しい習慣が加わる。ポリティカルなテーマは「清き一票」が選挙粛正から翼賛体制への流れを肯定している一本だけである。しかし、それとて赤ん坊が「一票」を行使していて「国民」の自発的行動が主題となっている。つまり、投稿版「翼賛一家」は翼賛体制への「国民」の主体的な参加の意思を「投稿」者が代表して表明する形になっている。

その「投稿者」だが、当時の各誌まんが投稿欄の常連が散見する。

例えば、戦後、まんが家として活躍する加藤芳朗は当時、中学の夜間部に通学しつつ、昼は病院の給仕として働きながら雑誌投稿欄の常連として知られていた。加藤の作（図16）は常連であるが故、廃物を利用して日用品をつくることを奨励する国策に対して、一家が全員で「共同」して知恵を絞る、と新体制の求めるものを一目でわかるように可視化している。余談だが近藤《こんどう》日《ひ》出《で》

図16　加藤芳朗「應募漫畫翼賛一家〝廢物利用研究會〟」『東京朝日新聞』朝刊（1940年12月11日）

造《ぞう》が加藤の画力を絶賛したとされるが、丸、三角、四角の顔という「平面」になりがちなフォルムを立体的に描き、車座の「一家」をハイアングルからとらえていて、まんが家としては突出しているとわかる。

加藤に限らず、常連の投稿者は入選のためのコツとして新しい「日常生活」を把握することが巧みであり、その作風は「国民」に新体制下の日常生活の枠組をまずざっくりと示すのにも適している。翼賛会がどこまで計算したか定かではないが、入選作を見る限り、そこには「風刺」どころか「笑い」さえほとんどなく、まんがというよりはタイトルがコピー代わりの一枚絵の宣伝ポスターに近いものになっている。

## 「世界の生まれ変わり」の強調

この『東京朝日新聞』版「翼賛一家」はこの後、年明け一月一日からは家族の構成員ごとにその果たすべき役割を説く著名人の記事に替わる。その初回が「家長」である祖父や隣組の常会への出席者たる父ではなく、「妻」であることは「翼賛一家」及び新体制が求めるものが何であるかを正確に物語っている。そのリードを引用してみる。

翼賛一家、大和賛平さんの家にも紀元二千六百一年の朗らかな陽光が一杯にさし込んで來ます。内助の譽も高い妻たみさんも今年は文句倒れにならないやうに、しつかり台所に新体制を敷いて和氣藹々のうちに樂しい家庭生活を續けませうと、元旦に先づ固い決心を定めました。翼賛一家の奥さんに代つて日本女子大教授高良富子さんの語る新春の臣道實踐は次の通りです。

（「翼賛一家・新春の計」リード①『東京朝日新聞』朝刊一九四一年一月一日）

「紀元二千六百一年の朗らかな陽光」と「皇紀」という時間意識に注意が促され、その中に「台所」の「新体制」の担い手として主婦を位置付ける。太宰の「十二月八日」と全く同じ構図があることに気づく。あの小説は単独ではなく、家庭欄に連載される「翼賛一家」や、これらの記事とリンクすることでひとつの「空気」、つまりは同調圧力を醸成していることは、注意しなくてはいけない。太宰に限らず、戦時下においては、多様な場や表現の中で、同じ文言やイメージ、表象が繰り返され、それらがリンクして一つの「現実」をつくり出していく。そういうメディアミックス的「情報空間」が新体制下の「日常」をデザインしていくのだ。

一九四一年一月一日「翼賛一家・新春の計」は、引用したように「妻」、つまり「主婦」が「台所に新体制を敷」くと決意するリードから始まり、識者の寄稿へと移る構成だ。そこではこう語られる。

今年はどういふ年でせう？暦をめくれば紀元二千六百一年です。舊い生活の殼は去年一杯に脱ぎ捨て、今年からは生れ更つた氣で新しく出直しませう。元旦の迎へ方も飽くまでも皇室中心に、國家本位一億同胞が心を揃へてお祝ひをしなければなりますまい。朝は五時起床、一家揃つて日の出をおがみ宮城を遙拜しませう。お雜煮を祀つて明治神宮に參拜、學校に行く者はこゝから出掛ける。午前十時の國民禮拜時間には家に殘る者が宮城に向つて禮拜します。今年は虛禮廢止、主人は國民服、學生は制服、私達は垢づかない不斷着で濟ませます。廻禮も主人が隣組の共同挨拶に出席するに止めます。

（高良富子「翼賛一家・新春の計」本文①『東京朝日新聞』朝刊一九四一年一月一日）

引用の中では、「旧（舊）い生活」という言い方に注意したい。「新体制」と対になって、それ以前の生活習慣や思考は「旧体制」とされ、旧から新への世界の更新が翼賛体制発足にあたって徹底して繰り返されるのだ。前年の紀元節の祝奉の日を境にする「祝へ！ 元気に朗かに」「祝ひ終った さあ働かう！」という世界の更新、十二月八日を以ての世界の更新、年をまたいでの世界の更新と、近衛新体制が世界そのものの生まれ変わりを繰り返し発信していることに注意していい。日本人は、新年を世界の再生として捉える云々という、俗流の民俗学的な言説があるが、そういった「新世界の到来」史観は、むしろこの時期に刷り込まれた創られた伝統ではないか、とさえ思えてくる。

この記事では新年であるが故に宮城遥拝が説かれ物々しいが、しかし、この後の記述は配色制の餅の話や節約レシピがいかに健康的かという「台所」の新体制の話へと移る。それは「ていねいなくらし」であると同時にその栄養について科学的に説く主婦の言説の特徴を踏まえている。

そして、翌一月二日には、同じ欄に、一家を導く強い力とその上に立って導く父親のカット（図17）が掲載される。まるで太宰「十二月八日」の最後に描かれる、「「ついて来い。」と、どんどん先に立って歩」く「呆れた主人」のごとくである。

図17　一家の行き先を示す夫　『東京朝日新聞』朝刊（1941年1月2日）

## 4　隣組と隣保共助の精神

### 隣組の起源

このように「翼賛一家」は新しい生活、新しい日常を描く。その時、キャラクターとしての「一家」が配置されるのが隣組である。「新生活体制」とは、都市部においては、「隣組」による国民の組織化である。

この「隣組」については伝統起源という思い込みがある。いわゆる五人組起源説が今も流布し、落語に出てくるような江戸などの長屋のごとく、古き良き日本のようなイメージが信奉されている。先の訓令の本文でも起源として五人組に言及されるが、当時刊行された多くの「隣組」運営マニュアルは、大化の改新の時代の五保制度に起源があるとし、その更なる出自を中国に求めるのが常だ。

地方組織の最下部に伍人組制を定めたのは支那では周代に始まり、逐次相傳へて遂に今日の滿洲・支那の保甲制度となり、地方農村における治安維持のため重大な役割を果してゐる。

（鈴木嘉一『隣組と常會』一九四〇年、誠文堂新光社）

これは台湾、朝鮮、そして中国本土などの「外地」の行政組織として隣組の普及を目論んでいたからである。それ故、台湾や朝鮮などの外地では隣組制度の普及のために「翼賛一家」がより活用される。戦時下朝鮮では、「翼賛一家」は、内地出身の「敷島一家」と、創氏改名させられた朝鮮出身者の「金山一家」の二家族が新たに作られ、隣接する隣組でそれぞれの家長が「組長」をしているという設定となっている（図18）。「翼賛一家」の植民地ローカライズ版である。

図18 「朗か愛國班」『国民総力』（1941年5月号）

しかし一方では、隣組のモデルはナチス・ドイツの下部組織ブロックにある、と身も蓋もなく公然と語られもした。その出自に関わる言説の中で、一番近い時代の「五人組」起源論が戦後に残って普及したわけである。

そもそも、隣組は都市部においては拡大し続ける新興住宅地の組織化が目的で、一九三五年前後から大都市部で防災訓練の常態化と並行して自治体の主導で作られた行政組織だった。それが近衛新体制で大政翼賛会の下部組織、つまり政治運動の「細胞」にスライドした、とイメージするとわかりやすい。

従ってその目的は新体制下の政策の推進の場として定義される。

第一　目　的

一、隣保團結ノ精神ニ基キ市町村内住民ヲ組織結合シ萬民翼賛ノ本旨ニ則リ地方共同ノ任務ヲ遂行セシムルコト
二、國民ノ道徳的練成ト精神的團結ヲ圖ルノ基礎組織タラシムルコト
三、國策ヲ汎ク國民ニ透徹セシメ國政萬般ノ圓滑ナル運用ニ資セシムルコト
四、國民經濟生活ノ地域的統制單位トシテ統制經濟ノ運用ト國民生活ノ安定上必要ナル機能ヲ發揮セシムルコト

（内務省訓令「部落會町内會等整備要領」）

まず「隣保団結」の語が出てくるところに注意してほしいが、それを以て「共同ノ任務ヲ遂行」する、共助組織が隣組の第一義であるとわかる。

その「隣保団結」の「精神」を以て、地域住民を組織し、精神面の一体化、国策の浸透と運用、経済統制の単位たることが隣組の「目的」として、示される。つまり、古き伝統の生きる場でなく、翼賛会という政治組織の末端が「隣組」だと改めてわかる。

**共助する生活という理念**

この隣組で注意したいのは、「隣保」で「共助」する生活がひとつの理念となっている点である。それが、「隣組」に最も求められたものでもある。

『隣組読本』は、最も読まれた隣組啓蒙マニュアルの一つだが、そこにはこうある。

敵機がやつて來て焼夷彈を落された場合に、自分の生命と生活を防衛するためにはどうしても近隣お互同志が協力しなければならない必然性が、ともすると町會すらが失はんとしつゝ、あつた隣保相扶の實踐的復活を促し、引越して來れば向三軒兩隣と近所に「そば」を配つて、どうぞよろしくと話し合つて近隣相睦ぶところの日本的感情が大東京の都心に新しい近代的使命を帶びて堂々と復活して來たのです。

（前田賢次「町會と隣組」、熊谷次郎編『隣組讀本』一九四〇年、非凡閣）

「隣保相扶」は、「隣保共助」と同義である。

この引用では「近隣相睦ぶところの日本的感情が大東京の都心」に復興したことを強調するが、「隣組」制度が発足した直後などは、都市在住の知識人などからは懐疑的な声が少なからずあった。近隣同士が適切な距離を保つ都市的な生活の支持者が思いの外、多かったのである。

そういった隣組への懐疑に対しても、村岡花子は『随筆集　私の隣組』に寄せた一文の中で論じている。田舎暮らしに対して「何かあつても忽ちに近所へ知れて」しまう近隣の濃密さに辟易する「東京人」の話をまず持ち出し、一応は理解を寄せつつ、という構成で、こう書く。

これは東京での出來事だが、或る所で子供が突然ひきつけて、若い母親をうろたへさせた。その家族は何年かそこに住んでゐたけれど、近所との附合がなかつたので、子供の急病を醫者に知らせて往診を頼まうにも、近くのどの家へ一寸電話を借りに行つていいのか、すぐには見當がつかず、第一、外で電話をかけてゐる間留守をしてもらへる人もなしまごまごしてゐるうちに、たうとう子供はその儘息が絶えてしまつた。

無論、これは隣組組織が出來てゐなかつた時分の悲劇であり、支那事變以前の事である。私はこの話を聞いた時、つくづく、都會生活の無關心の恐ろしさに戰慄した。

秋深し隣は何をする人ぞ

このやうな靜寂な境地に我が家のみの生活を樂しむのも、現代の隣保精神からいふと、いささか感心し兼ねる點も生じて來る。

（村岡花子「隣組ノート」、大政翼賛會宣傳部編『隨筆集　私の隣組』一九四二年、翼賛圖書刊行會）

隣組が未整備だと、子供にこのような「悲劇」が起きると煽り、「都会生活」の互いに干渉しない生活にその「恐ろしさに戦慄」した、とさえ書く。

そしてこう付け加えるのも忘れない。

誰だつたか（云はぬことにして置くが）或雑談に「隣組なんていふものはない方がいいと思ひます」とはつきり書いてゐたのを見たが、これはあまりに獨斷に過ぎたことである。（同）

こうやって、論壇における隣組否定論者を批判するのだ。「異論」を逐一、刈るのである。

やや脱線するが、本書で村岡花子の発言の引用が多いのはその国策への恭順の仕方の巧妙さにある。ここでも隣組批判者を「子供の死」という極端で、しかし情緒に訴えやすい事例から批判する一方で、この後、村岡は、批判者は「制度そのもの」を否定してはおらず「運用」に不満を抱いているのだと、いわば民意をまとめ上げる。そして、「今のうちにはっきりと指導当局から隣組本来の目的がどこにあるのか」「示して」ほしいと論を展開する。

このように戦時下の国策は、対談などで「民意」が是非、当局に指導してほしいとまとめ上げられ、それが「下意」として「上達」されるという段取りをする。「下」が望んだことを「上」がそれに応じるという枠組を全てとは言わないがしばしばとる。非転向とされる小熊秀雄《おぐまひでお》が出版社の一員として、児童図書の統制について座談会に出席した出版社や文化人の意見を当局寄りにまとめ上げていく「工作員」ぶりを示す資料がよく知られるが、冊子『私の隣組』の中にあっては、村岡が同様の工作員的役割を果たしている。

## 「共」「協」による個人主義の否定

話を戻せば、村岡の引用はその時点での「現在」の都市生活への「共助」の復興を民意として説くものであると言える。

この時、注意すべきは、「共」の部分である。「協」とも書く。

翼賛体制を理論的に支えたのは近衛文麿の私的な政策グループ昭和研究会の協同主義であった。詳しく踏み込む余裕はないが、その議論の根本にあるのは以下のような個人主義の否定である。

實踐の立場に於ては先づ個人の自主性、自發性、獨立性が認められなければならぬ。併し知識の立場が、主體を意識とする主觀主義に關係して、屢々個人主義に陷つてゐるに反して、實踐の立場は個人主義的であることができぬ。行爲するとはつねに自己の外へ出てゆくことであり、そのとき我々は他の物と關係付けられるのみでなく、他の人間と關係付けられるのである。實踐は本質的に社會的である。人間は共通の客觀を對象とすることによつて結ばれ、協同して對象に働き掛けるのである。個人の自發性は尊重されねばならぬが、個人の實踐は協同を基礎としてゐる。如何なる個人の實踐も社會の全體のうちに於て分化されたものである。本來の意味に於ける實踐の主體は個人でなく寧ろ社會である。

(岩崎英恭編『一新日本の思想原理　二協同主義の哲學的基礎　三協同主義の經濟倫理　合本』一

九四一年、生活社）

個人の自主性を尊重するといいつつ、しかし、それは「他の人間」と関係づけられて、はじめて可能になるもので、実践の主体はあくまで「社会」であり、「個人」の実践はその「分化」に過ぎない、とする。「個人」と言いつつ、それは機械のパーツのごとき位置付けだが、この機械の動力機関はその個人の「自主性」だというロジックである。それを「共同」ないしは「協同」の語で、言い表すのである。

戦後から現在まで繰り返される、行き過ぎた自由主義の弊害として個人主義がある、というロジックはこの頃、既に成立している。個人主義を利己主義として否定するのである。従って隣組が、反「自由主義」的組織であることは、隣組の担い手にも周知されていた。

最早私等に、従來ともすれば陷り易かつた自由主義では凌ぎがつかなくなつた。個人の繁榮をのみ只管考へてゐた利己主義の考へ方を根本的に改めて、國家と云ふ大きな機構の中に、各人の行動は總て向けられなければ、この重大時局を解決する方法がなくなつたのである。

（冠松次郎「ひとつに固まる氣持」『隨筆集　私の隣組』一九四二年、翼賛圖書刊行會）

つまり、「共」とは、「個人」の「行動」を「国家と云ふ大きな機構」の中に収斂させることをいうと意識されていることがわかる。「社会」は「国家という機構」と同義なのである。説かれるのは集団による合理主義なのである。「科学」が新体制の生活下では「合理」化と同義になっている様をすでに見たが、双方は生活の諸相では、互いに不可分の関係でさえある。

## 生活の「共同」化と「合理」化

その大仰な論理が「日常」の水準で具体化されるのが、様々な局面での日常生活の「共同」化である。理論を生活の細部に反映させる「場」が、まんが「翼賛一家」も描く「家族」と「町内」（隣組）である。

仏文学者で大政翼賛会文化部の肩書きのある小場瀬《おばせ》卓三《たくぞう》は、日本写真技術家連盟が一九四一年に情報局、翼賛会の後援で開催した「生活の共同化」全国移動写真展覧会開催に際し、「生活の共同化に就いて」という一文を寄稿している。物資の統制が食糧不足を生み国民の「保健状態」を悪化させることなく「廻す」手段として、生活の「合理化」と「共同化」を掲げる。

この相反した要求を滿す方法は二つしかない。一つは各自の生活の合理化（科學化、能率化）を圖ることであり、も一つは地域を同じうし、職域を同じうする人達の生活を共同化するといふことである。

かういふ生活の共同化は、既に生産の部面では舊くから隨所に行はれてゐるところである、個々別々に作業するより、共同で行つた方が遙かに能率の高いことも實驗濟みである。この共同化をどうして消費部面まで擴げていけないのか！　例へば農繁期に共同炊事を行ふと、各戸ごとに食事を作つてゐる手間を省き、それだけの時間を生産なり休養なりに振り向けることが出來る。

（小場瀬卓三「生活の共同化に就て」『寫眞と技術』一九四一年十二月號）

同写真展には、「愛育村」と呼ばれた農山村での乳幼児の福祉のための共同育児、女子練成報国農場の共同生活（図19）など「共同化」が女性の組織化と一体となっている様が強調された写真が展示される一方、都市部での「託児所」や「共同献立」などが「共同」の実践として示された。「共同献立」とは、献立の見本が示され、それに必要な材料の配給を受けるというものだ（図20）。農村部では共同で炊事まで行い、都市部ではメニューの統一による合理化という使い分けがある。

この写真展に限らず、「共同炊事」「共同保育」などの文字を新聞や雑誌、翼賛会関連の文献にすぐに見つけることができる。日用品の貸し借り、共有などの美談も見られる。都市部の空き地利用の家庭菜園、金属類の共同回収なども推奨された。これらは「シェア」という言い方でコロナ以前、ここ数年の流行で、一方ではリベラルな、他方では「シェアリングビジネス」というwｅｂ絡みの起業のアイデアとして流布されたことは記憶に新しい。「ていねいなくらし」がそう

図19（右）「女子練成報國農場」『寫眞と技術』十二月號（1941年、富士ニュース）
図20（左）「共同献立」『寫眞と技術』十二月號（同）

であるように、「共同」もそれ単体では正しいように一見、見える。もともと「共同炊事」は生活困窮者向けの今でいう炊き出しや、あるいは農繁期の農村で推奨されたもので、出自全てが翼賛体制にあるわけではないが、問題は、その「正しさ」を求める政治体制だ。

例えば、「共同保育」を促す記事にはこうある。

> 空襲下の乳幼児保護のためにも、工場へ通ふ母親のためにも隣組の共同保育はぜひ行はれねばならないが、過日の議會でも「コドモ隣組」の必要が力説されてゐる、大日本婦人會健民部副島ハマ女史は実地の体驗から「コドモ隣組」の開き方を次のや

うに述べた

（『東京朝日新聞』夕刊一九四四年一月二一日）

先の写真展でも地方の農繁期の共同の託児所とは別に都市部の託児所拡大が強調された。それは、主婦の動員という社会参加と対になっている。女性の勤労奉仕を可能にし、空襲から子供をまとめて避難させるために隣組による「共同保育」が推奨されていたのである。働く女性の「労働」のあり方そのものが根本的に違うのだ。個人の喜びや利益のためでなく、「協働」としての労働である。

ちなみに、この「共同保育」の記事は、国旗に向かい礼で始まり「私たちは日本の子供、天皇陛下に忠義を尽くします」の唱和で終わる運用マニュアルの紹介へと続く。

「共同炊事」も同様で「おかずを交代制で仲良く共同炊事　ガス節約に垂範の五人組」と記事の見出しが全てを物語っている。

その記事のリードにはこうある。

今回のガスの消費規制による「家庭用二割減」の対策として、商工省では共同炊事こそ問題を解決するただ一つの鍵であると、その実行を勧めてゐるが、いひ易くして行ひ難いこの共同炊事を、五年も前から実践して燃料、労力、時間の節約に大きな成果を収めてゐる一群がある

（『東京朝日新聞』夕刊一九四三年八月一二日）

この「節約」は、当然、戦時体制下で求められる「節約」に他ならない。それは家事の「科学」化に通じる「合理」化である。「共同」を貫くのは日本的な美徳でなく、合理性の追求なのである。

**お国のために生活を楽しむ**

だから村岡花子は以下のようにアクロバティックなレトリックを駆使する。

最低の生活と最高の名譽が我々に課せられた使命である。これを銘々の家庭の中に實現し、この意義を會得させる日常こそ女性翼賛への道である。

(村岡花子「女性翼賛」『母心抄』一九四二年、西村書店)

「最低の生活」とは節約を尽くす合理的な生活の別名であることは言うまでもない。しかしそれは悲惨でなく、喜びである、名誉である、と村岡は語る。だからそういう「生活」を「楽しむ」という感情の醸成とでもいうべきものがあったことも、同じ村岡の証言でわかる。

「樂しい生活」といふことが、この頃しばしば話題にのぼる。或は「生活に樂しみを求めるには」といふやうな題目が與へられる。

（村岡花子「樂しい生活」同）

この耐乏生活に合理性追求の「楽しさ」を見るという態度は、宝塚歌劇・一九四一年六年の月組公演「文化歌劇　楽しき隣組」に見て取れるだろう。すでに花森安治による宝塚歌劇があることは紹介したが、男たちの脚本による宝塚歌劇も、戦時下の「女文字」を代表すると言える。題名どおり「隣組」を主題とし、「文化歌劇」とあるのは戦時下の教育啓蒙映画である「文化映画」の歌劇版という意味なのだろう。この場合の「文化」とはプロパガンダに限りなく近い意味だ。

その歌劇の中で、不良品や廃品のバザーをするくだりを受けて、以下の会話がある。組長とは言うまでもなく、隣組組長である。

組長　「なるほどね、廢品の再生にか丶はらずミシンがなくて、不自由を感じてゐらつしやるお宅もあるでせうね、どうでせう、この際ミシンをお持ちのお宅へ御迷惑でせうが御無理を願つて隣組の共同裁縫といふことを實行して見ては」

主婦（一）「贊成です、さうすればお互に便利だと思ひますわ」

主婦（二）「便利なだけでなく、時間と手間がとてもはぶけて經濟的ですわね」

主婦（三）「いつそのこと、もつと進んで共同炊事といふことも考へて見たら如何でせう」

主婦（四）「さうですね、食物を平等にする、一つ釜の御飯をたべる、といふことはどんなに人と人とを結びつける大きな力になるか知れませんもの」
主婦（五）「調味料だの、材料だの、燃料、時間の無駄を省くばかりでなく、お互に助け合ふ氣持が自然に養はれるようになるでせう」
主婦（六）「それに家々によつてお國料理や味のつけ方など、それぐ〳〵長所があるでせうからそれを共同炊事にとり入れたら、いつも美味しく頂けると思ひますわ」
組長「これは名案だ、いづれ近日中にもつと具體的に相談して、早速實行することに致しませう」
主婦（七）「共同裁縫、共同炊事、これはみんな家庭生活の新體制ですわ」
主婦（一）「さうです、私達主婦もお國のために少しの無駄もないやうに、合理的な生活をいたしませう」
（堀正旗「樂しき隣組―家庭生活の新體制―」『寳塚歌劇脚本集』一九四一年六月雪組公演、寳塚歌劇團）

このように「生活」の「共同」化と「合理」化が、口々に賛美される。それが、近衛新体制、そして「お国のため」であるともいう。そして、この「共同」こそが「家庭生活の新体制」である、という結論を受け、一転、一同歌い出すというシナリオになっている。

それが本当に「楽しい」かどうかは、最初から問題ではない。「楽しい」こともまた「国策」に従う「内面の参与」なのだ。

## 5　近衛新体制の遺産としてのホームドラマ

### 日本のドラマ放送はホームドラマから

「翼賛一家」で定型化されたのは、「一家」と「町内」という新聞まんがの定型だけでない。戦後のテレビドラマにおいて長らく定番の様式であった「ホームドラマ」もまた、同じ新体制下に起源のある「日常」の物語であることを補足して触れておく。

国民統制のメディアとして戦時下はラジオのイメージが強いが、日本を含めた各国でテレビの開発が一九三〇年代には既になされている。結果的には第二次世界大戦の勃発が、到来しかけていた「テレビの時代」を遅延させるのである。

日本で最初のテレビドラマの放送は、一九四〇年四月一三、一四、二〇日になされている。近衛新体制発足の直前である。『夕餉前』という一二分間のホームドラマであった。受像機は市販されておらず、NHK放送技術研究所のスタジオから生放送された試験放送で、東京放送会館、愛宕山演奏所スタジオ内常設テレビ観覧所、日本橋三越で開催されていた「電波展」会場に設置された受像機で視聴できた。

脚本は伊馬鵜平《うへい》（のちの春部《はるべ》）。折口信夫《おりくちしのぶ》の門下で、ムーランルージュの劇作家を経て東宝の前身P．C．L．で働く。戦後は放送作家の先駆けとなり、文学史的には友人の太宰治の作に「伊馬鵜平君に与へる」と添え書きのある「畜犬談」なる短編があることで知られる。晩年の折口の私生活の面倒を見た一人でもある。

配役は、兄役は野々村潔《ののむらきよし》、妹役は関志保子、母役は原泉子《はらせんこ》（のちの原泉《はらいずみ》）で、この三名は既に転向していた村山知義《むらやまともよし》率いる元左翼系の劇団「新協劇団」の所属だった。村山は大正期新興美術運動時代の一九二六年、自作のラジオドラマを演出するなどメディア間の越境に積極的であったという点で菊池寛と並ぶメディアミックス的な存在である。放送ではその日の新聞を読み上げるライブ性があったとも指摘され、その配役や実験性はこのドラマが大正期新興美術運動からプロレタリア演劇運動に至る最後尾にかろうじて位置していたと言えなくはない。

**物資の節約を訴える『謡と代用品』**

しかし一九四〇年八月、第二次近衛内閣発足を機に、国民精神総動員運動に代わり新体制運動が始まり、一〇月一二日、大政翼賛会が発足する。実験放送の第二作も「ホームドラマ」であったが、その性格は大きく変わる。

近衛新体制の発足に前後して、村山の新協劇団などが検挙され、テレビドラマという実験を取り巻く空気も一変する。二本目のドラマ『謡《うたい》と代用品』（図21）は、題名が示すように露骨に新体制に呼応した内容で、「代用品」の活用を呼びかけるものだった。子役中村メイコが娘の役で、「翼賛一家」の稲子を連想させるが、これは先に見たように、ステレオタイプの「女の子」の造形表現だからだ。物資の節約や統制は後述するように「翼賛一家」でも描かれる主題である。

　ここで戦前戦時下のテレビの状況について概観しておく。実用化に向けた開発は各国で第二次世界大戦前になされている。一九二九年には英国放送協会（ＢＢＣ）がテレビの実験放送を開始、ドイツは一九三五年に定期放送を開始している。

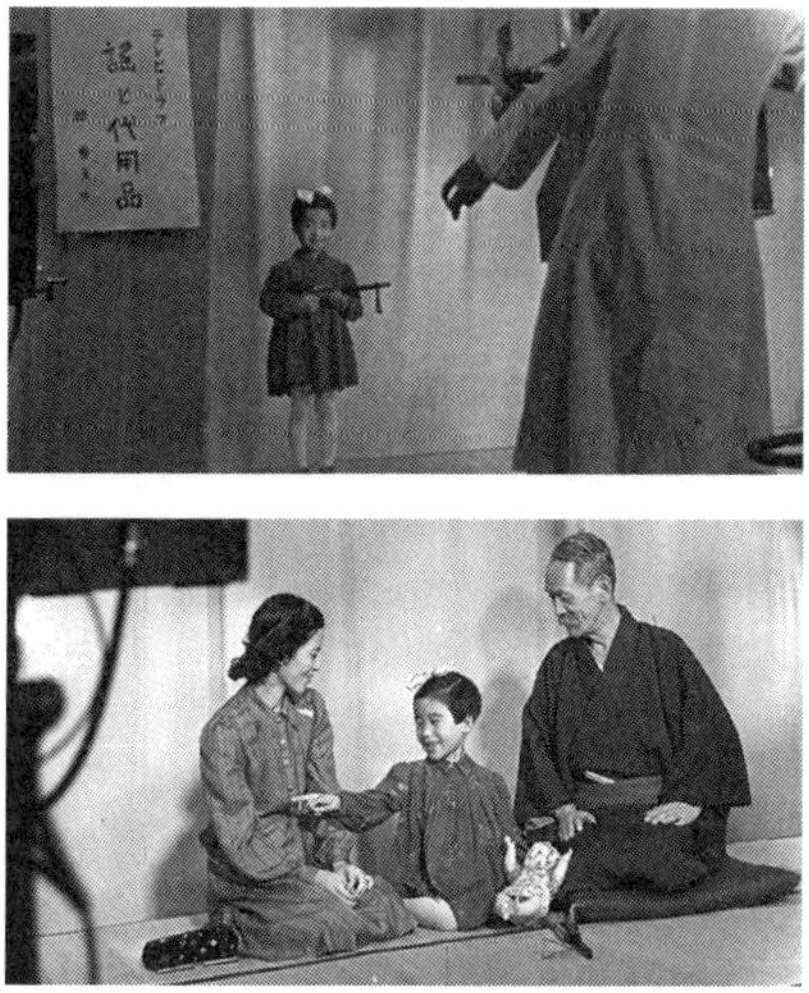

図21　『謡と代用品』（NHK アーカイブス「NHK 人物録　中村メイコ」）

　日本で一九四〇年にテレビが実用化に達したのは偶然ではない。一九四〇年には東京オリンピックとともに万国博覧会も予定されていた。それはこの年が紀元二千六百年とされていたからである。

　メディアとオリンピックというと、一九三六年のベルリンオリンピック水泳競技でのラジオ中継が想起されるが、一九四〇年に開催されるはずであった幻の東京オリンピックにおいては、テレビがこれに代わるはずであった。一九三六年ベルリンオリンピックでは一日八時間のテレビ中継が行なわれ、それに倣い、官民一体の国家事業としてスタートしたのが、テレビの実用化計画であった。

　現在との対比で記せば、そもそも皇紀二千六百年奉祝は今でいうインバウンド事業であった。世界恐慌後の経済対策として外国人観光客の誘致が政府方針となり、そのために国立公園の選定や外国人向け高級ホテルの設置、自動車道路拡充、万博誘致といった政策が推進された。神武天皇即位の地とされる大和橿原の整備事業もこのような流れで国家プロジェクト化したものであるが、目的はインバウンドであり、皇紀ゆかりの地を明治神宮から大和橿原まで船で巡る「聖地巡航」や皇居から各所を回る「聖地巡拝」が企画された（図22）。経済対策にインバウンドに走る愚策はこの時既にあったわけだ。

聖地巡航参加の輝く代表決る
府下の小學教員廿九名

図22 「聖地巡航參加の輝く代表決る」『東京朝日新聞』（1940年3月5日）

　オリンピックは担当部署の問題から、形式上は二千六百年奉祝記念事業に含まれていないが、外貨獲得や開催に伴うインフラの整備といった経済効果への期待が世論にも強く、また開催を競ったイタリアに対し二千六百年の開催を主張することで譲歩を勝ちとり、経済的にも政治的にも二千六百年記念事業の中にオリンピックが組み込まれた。

しかし、こういったインバウンドとオリンピックの狂騒は、一九四〇年八月、第二次近衛内閣発足を機に、新体制運動が始まることで激変する。

一〇月一二日、大政翼賛会が発足するのである。

二本目のドラマ『謡と代用品』は一〇月八日の放送で、新体制に呼応した内容だった。「翼賛一家」の朝日新聞連載の初回は「お昼は代用食」であった。節米の代用食であるうどんを一つ鍋からとる一家が描かれている。既に指摘したように「代用」という主題が明らかに被る。

この二千六百年式典の前日まで全国の街頭は大政翼賛会宣伝部による「祝へ！元気に朗かに」というポスターで飾られ、そして終了の翌日、一転して、「祝ひ終った　さあ働かう！」というポスターに一斉に張り替えられたことはよく知られる。

皇紀二千六百年という非日常から翼賛体制という「日常」への切り替えが演出されたのである。そういう「日常」そのものを一挙に刷新する演出の中で、ホームドラマや「家族」と「町内」の新聞の様式が作られるのである。

ラジオは既に日中戦争を機に番組編成の一極集中化、周波数の統一がなされ、一家庭一受信機の普及が推進された。ラジオの家庭普及率は一九四三年の時点で四九・五%となる。太宰の「十二月八日」の中で主婦が、ラジオが欲しくなるという描写があるが、それも国策の反映である。その光近衛新体制においては、隣組の最小単位としての家庭はラジオを囲む「一家」であった。その光景は「翼賛一家」でも表現されるだけでなく、ラジオはラジオドラマ「翼賛一家」を放送するメディアでもあった。

## 身体化されるホームドラマ

このような「一家」と「町内」の新体制下の「日常生活」をホームドラマとして描くのはテレビの実験放送だけではない。むしろ、「翼賛一家」的なホームドラマは演劇の形で広く受容される。「翼賛一家」メディアミックスで、古川《ふるかわ》ロッパの舞台に「翼賛一家」が登場することが企画されたり、舞踏として上演されたことも確認できる。新作落語、浪曲として高座の演目にもなった。

しかし新体制下の「ホームドラマ」は、国民が自ら演じる形をとるのが特徴だ。大政翼賛会文化部長には戯曲家の岸田國士が就任したこともあり、演劇領域が新体制運動に組み込まれる。岸田は大正デモクラシー的な市民劇、つまり、アマチュアが自ら演劇を舞台作りから上演まで手がける演劇運動を翼賛体制に持ち込もうとした。翼賛体制を支える協同主義では、国民自らが参加する文化的創造が推奨された。これは一方では、プロレタリア演劇運動の「素人演劇」とも重なりあい、さらにはナチスの厚生運動と呼ばれた国民が自らの娯楽を創造するという国策とも重なる。翼賛体制を支えるのは穏当な大正デモクラシーから急進的なプロレタリア芸術運動までの「左派」の運動論や方法とナチス・ドイツの動員技術の野合であるケースが多いが、「厚生演劇」

図23 「朗らか素人演劇」『アサヒグラフ』（1941年6月25日号、朝日新聞社）

「素人演劇」と新体制下で呼ばれるアマチュア演劇はその典型である。国民が自らの慰安と喜びのため自ら作り上演する演劇が推奨されるのだ。

「翼賛一家」関連の出版物にはこの「厚生演劇」用の舞台や人形劇が混じる。つまり「ホームドラマ」用脚本ということになる。

朝日新聞社は「厚生国民劇」と題して隣組や職域組織単位の参加による「素人演劇」の大会を開いている。それら戦時下の「素人演劇」を報じる記事で紹介されるのは、「翼賛一家」ではないが「ホームドラマ」であることがうかがえる（図23）。このようにして戦時下「ホームドラマ」は「観る」だけでなく「演じる」ことで身体化したのである。

そうやって「ホームドラマ」の原型は戦時下に出来上がる。

## 翼賛体制の装置で戦後民主主義をプロパガンダする

戦後、NHKは実験放送として一九五二年、『新婚アルバム』を制作する。題名からして、ホームドラマである。しかし、戦時下の「家族」が戦後の「ホームドラマ」として生き延びたのはまずはラジオの領域であった。戦時下におけるラジオの普及と聴取習慣が戦後の「ホームドラマ」をまず支えることになる。戦後に最初に制作され大人気を博したラジオドラマ『向う三軒両隣』（一九四七年）は、戦後憲法施行の年に放送開始され、五年九カ月放送が続く。『夕餉前』の伊馬春郎（鵜平）の脚本であることが、戦時下・戦後の継続性を物語っている。

しかしＮＨＫは『向う三軒両隣』を自らのサイトで、同ドラマを「日本の民主化を、向こう三軒の人々によって明るく描いたホームドラマ。登場人物を、古い思考や迷信などと対立させることで、新時代のあり方を伝えた。６年続いた番組は、家庭の民主化という役割を果たし」た、と評する。占領下の放送がＧＨＱのプロパガンダ放送であった事情を実直に述べているが、『向う三軒両隣』とは説明するまでもなく「隣組」を指す。つまり戦時下の「町内」の継続である。翼賛体制を宣伝するため作られたのと同じ装置で、戦後民主主義をプロガンダする「ねじれ」が生じていることに注意したい。

その上で指摘しておきたいのは、当時のスタッフによって、『向う三軒両隣』が採用した帯番組の一五分単位の連続ドラマという様式はＧＨＱの一部局であるＣＩＥ（民間情報教育局）の指導の下に始まったもので、ＣＩＥラジオ課のロナルド・ワーパーが北米式のラジオ演出のノウハウを日本人制作者に教育したと具体的に回想されていることだ。ソープ・オペラを模倣したとも伝えられる。ラジオドラマは言うまでもなく戦時下にもあり、「翼賛一家」は番組表や残存する脚本から、月一回放送で六回程度制作された可能性が高い。しかし、『夕餉前』や「翼賛一家」

図24-1（右）「サザエさん」新連載告知『朝日新聞』朝刊（1951年4月15日）
図24-2（左） 長谷川町子「サザエさん」連載第一回『朝日新聞』朝刊（1951年4月16日）

と『向う三軒両隣』の間にGHQの指導やアメリカ式ソープオペラの援用という歴史を挟むことで、戦時下と切断され、戦後に新たに生まれたものへとイメージが作り変えられている。

実は、同じ現象は「サザエさん」にも見られる。

敗戦後、『朝日新聞』で連載されたのはチック・ヤング「ブロンディ」である。一九四九年一月一日から五一年四月一五日まで連載された。「サザエさん」の『朝日新聞』朝刊での連載はその翌日から始まる（図24）。一九五一年はいうまでもなくサンフランシスコ講和条約調印の年であり、四月一六日はトルーマン大統領との対立で連合国軍最高司令官を解任されたマッカーサーが日本を去った日である。それはあまりに出来過ぎた偶然だろうが、「ブロンディ」を経由して、「サザエさん」の連載開始という手順を踏むことで「翼賛一家」的なものの「民主化」というお色直しがされ、戦後への更新がなされたように見える。事実、研究者の中にも「サザエさん」を「ブロンディ」の日本的展開として論じる者もいる。

「ホームドラマ」同様、戦時下と戦後に「アメリカ文化」を挟むことで戦時下起源のリセットがなされる一例である。

こうして、「新聞まんが」の「一家」と「町内」という定型も、テレビ・ラジオにおける「ホームドラマ」も、近衛新体制のための表現として作られ、戦後に持ち越されたのである。

# 第五章

# 制服女学生とガスマスクのある日常

## 1　日常化するガスマスク

### 有明淑世代の少女たち

この章ではことばでなく、写真表現に徹底してこだわってみる。その写真の背景にある「戦時下」における多様な文脈を徹底して掘り下げることで、戦時下の「日常」の一断面を描き出してみたい。

その戦時下の「日常」の一断面とは「ガスマスク」のある「日常」である。

それはよく知られた一葉の写真が描き出した光景である（図1）。ガスマスクをした制服姿の女学生たちの写真である。

この写真を取り上げるのは、世代的にいうと、行進の中に有明淑がいてもおかしくないからだ。それだけで、太宰の「女生徒」の印象は大きく変わるだろう。むろん、彼女は事実としては行進に加わっていない。しかしガスマスク女学生と同世代であることも確かなのだ。

写真の初出は『時事新報　写真ニュース』第五〇号で、一九三六（昭和一一）年六月三〇日の

図1　『時事新報　寫眞ニユース』（1936年、時事新報社）

日付がある。ほぼ日刊で刊行されていた写真ビラである。有明は一九一九年三月生まれであるから行進の年は一七歳、まさに女学校に在学中である。一方、写真に写るのは女学校卒業後に入学する、日本女子体育専門学校の「女学生」である。若干のずれがないわけではない。記事には、「戒厳令下の防空演習　三市総合防空演習を前に二十七、八両日帝都に防空大宣伝を行った。写真は……女学生の行進」とある。

さらに「制服」という記述についてだが、正確には「運動服」である。行進したのは日本女子体育専門学校の学生だが、着用していたのは同校の創始者二階堂トクヨが、一九一三年のイギリス留学でキングスフィールド体育専門学校から持ち帰ったものと同じものに見える。大正中期から二階堂が助教授を務めていた東京女子高等師範学校でもこの「運動服」は用いられていた。制服は「通学服」と「運動服」に区分されるが、「行進」やガスマスク演習は「運動」であったので「運動服」を着用していると思われる。同じ運動服姿の女子によるガスマスク姿の体操写真も残っている。

記事中にある三市とは東京・川崎・横浜のことで、戒厳令とはこれが二・二六事件の後に行われた演習だからである。同様の防空演習は頻繁に行われていて、一九三二年から東京市連合防護団の主催で行われていたようだ。これは「訓練」でなく、ニュースの文面にあるように演習前の宣伝デモである。これを報じる当時の新聞記事には軍用犬三〇頭や軍用馬が防護マスクを着け参加したとあるが、女学生のガスマスクへの言及はない。

しかし、防空訓練はこの後も繰り返し行われ、最終的には一九三七年の防空法で法的根拠を得る。翼賛体制における隣組の直接的な目的の一つは防空組織である。やはり世代的に、有明淑という太宰の「女生徒」のモデルは「毒ガスマスクの女学生」世代に含まれると考えてよい。少なくとも有明は、「女学生」時代、毎年繰り返される防空訓練に「ガスマスクの女学生」として駆り出される可能性のあった世代なのである。

## 馬や幼児にまでガスマスク

では有明が駆り出される可能性のあったこの防空演習とはどのようなものだったのか。
まずは概観しておく。

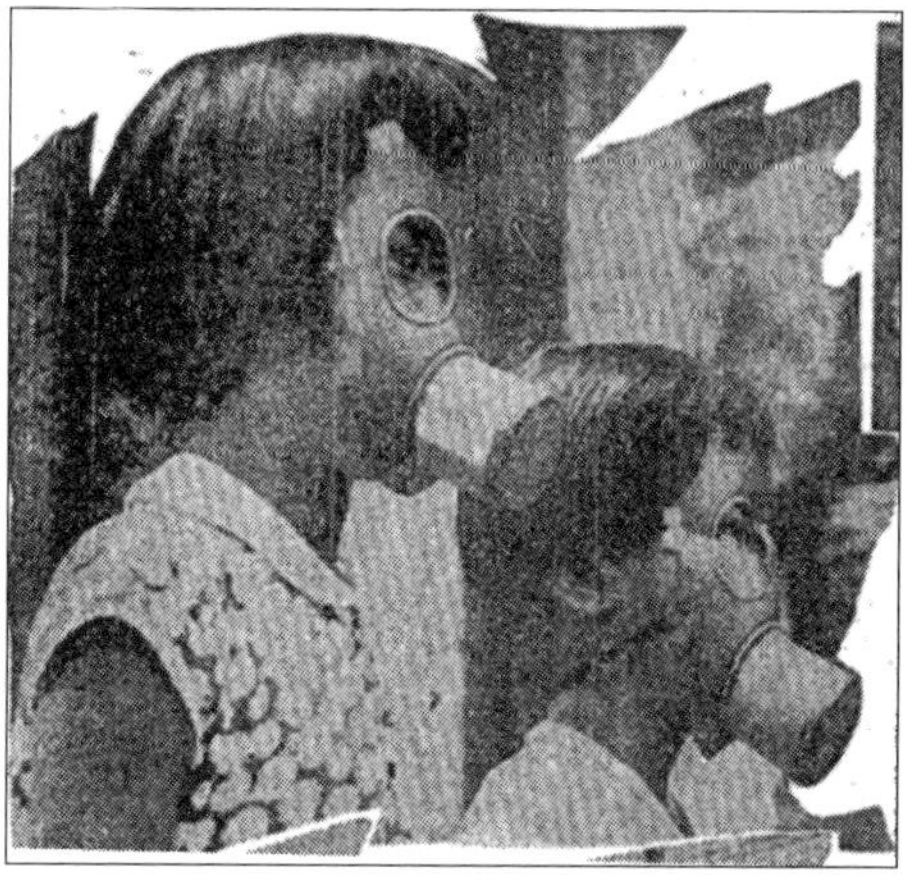

図2 『東京朝日新聞』夕刊（1933年8月10日）

図3 「防空演習」『東京朝日新聞』夕刊（1936年6月28日）

図5 「防毒マスク・オン・パレード」『科學畫報』（1936年7月号）

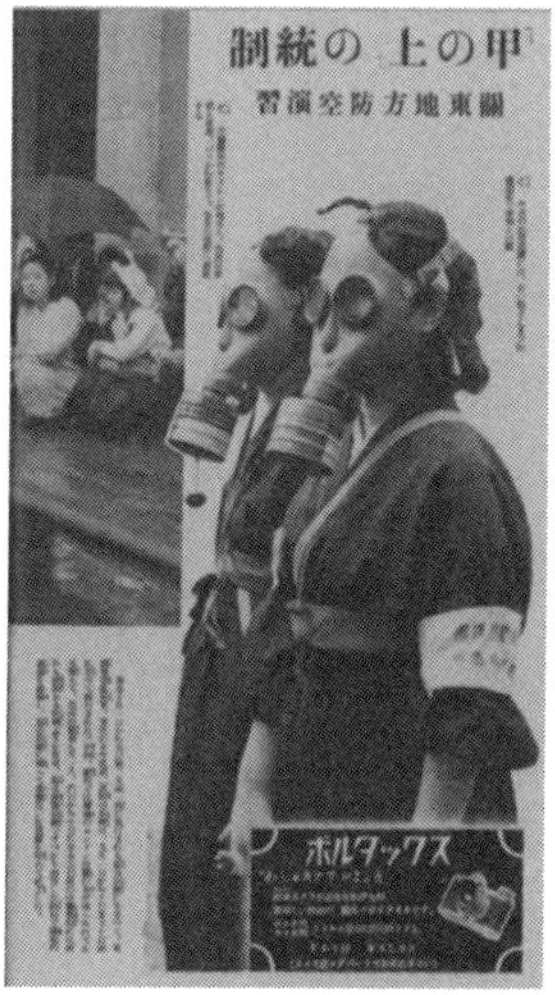


図4 「「甲の上」の統制」『アサヒグラフ』（1940年9月25日号、朝日新聞社）

そもそも、大都市での防空演習が始まったのは一九二八年七月五日から三日間、大阪市での都市防空演習が最初とされる。それ以降、一九三〇年代、大都市や軍港、軍事施設を抱える都市部で頻繁に行われるようになった。

ガスマスクはその防空演習において、人目を惹く一種のアイコンであった。したがって新聞雑誌の報道でもしばしば取り上げられる。

例えば、一九三三年八月一〇日、東京で三五万人を動員した防空演習を報じる記事にはガスマスクを着けた消毒班、消防班の訓練の姿とともにそれを見物するガスマスクを被る少女の写真が添えられる（図2）。先の女学生ガスマスク行進も行われた一九三六年六月二七日の防空宣伝の街頭デモンストレーション記事では、ガスマスクを被された軍用犬の写真が掲載されている。軍用馬にもマスクを被せたと記事にはある（図3）。母子でマスクを装着する記事も複数確認できる。少し後になるが、もんぺ姿の女学生のガスマスク写真もある（図4）。

他方、ガスマスクの街頭デモは第二次世界大戦の前夜とも言えるこの時期、アメリカやヨーロッパ各地で見られ、ガスマスク行進や犬、馬へのガスマスク装着の記事は海外でも定番であったことは、それらの写真が同時期に日本国内の雑誌や新聞にも転載されていることからうかがえる（図5）。一九三六年の雑誌誌面に見られるこの見開きに転載された行進、犬や馬、乳幼児への装着といったモチーフは、日本での演習関連の報道で全て引用されている。

こういったガスマスクの氾濫は、新聞などの報道写真に限らない。

図6　安藤一郎他編『目で見る千葉市の100年』（2003年、郷土出版社）

図7　森永牛乳株式会社「祝　南京陥落」記念広告

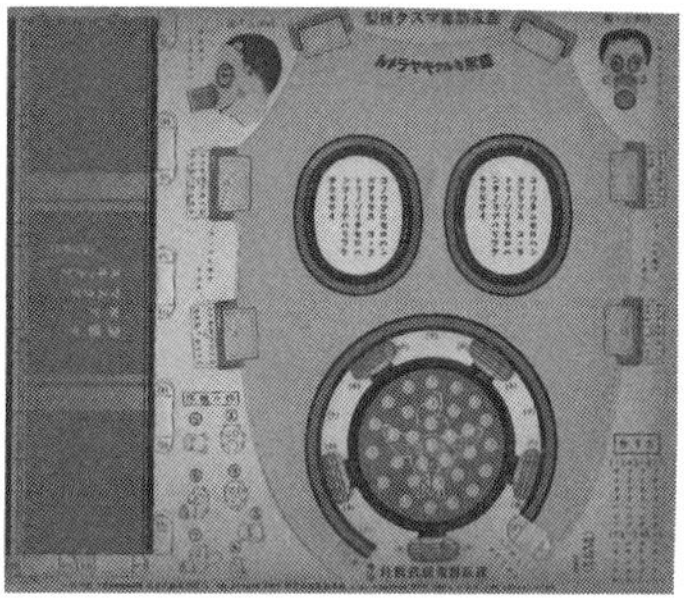

図8　森永製菓「森永防毒マスク模型」（1933年）

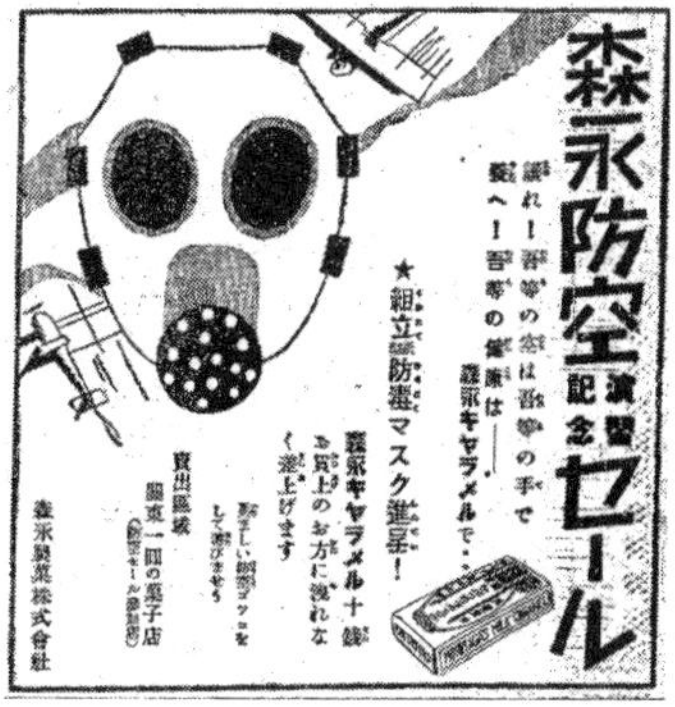


図9　『東京朝日新聞』夕刊（1933年8月10日）

図6は一九三五年、千葉市内で撮影されたとされるスナップ写真である。子供の成長を捉える家庭内のスナップ写真にガスマスク姿が混じるということは、ガスマスクの日常化とでもいうべき状況があったことがうかがえる。

こういう例もある。森永製菓や森永乳業は戦時タイアップ広告を率先して行ったことで知られる。日中戦争勃発の際はガスマスクの兵士をモチーフに「祝　南京陥落」の文字の躍る広告を作成している（図7）。同様に、森永製菓も一九三三年から防空演習に合わせガスマスクの紙製模型を景品として配布している。（図8）「森永防空演習記念セール」と銘打ち森永キャラメル一〇銭分を購入すると「組立紙製防毒マスク進呈」と広告にはある（図9）。手許にあるこの紙製のマスクには「昭和十二年六月一日　七版発行」とあるから、その配布は少なくともこの時期まで演習に合わせて繰り返しなされたと考えられる。

このようにガスマスクはキャラメルの景品になるほど「日常」化している。

その「日常」化の様は、まんがの題材としての扱われ方にも見てとれる。

東京は空気が悪いと嘆く夫に、妻が手製のガスマスクの先に風船をつけて地面から幾許か離れた空気を吸わせる、というまんが「防毒マスク型保養法」（一九三九年）などはその代表例であろう。

## 戦時下のマスク騒動

このようなガスマスクの「日常化」の背景には演習のルーティン化という問題があったとも考えられる。

防空演習は、イベントとしては全国に普及したもののその実効性や統率に批判があった。そこで、自治体や民間の自発的組織がめいめいに行ってきた防空演習を、全国に組織的に展開し、統率するための法的根拠として「防空法」が一九三七年に制定される、という流れだ。その法案の趣旨説明に、「併ながら従来より行ひましたる防空演習なるものは、之を法規に基き実施致して居るものでなく、即ち適宜官民の申合せに依り、適当に之を行ふに過ぎないものでありまして」(『衆議院議事速記録』第二八号)などと身も蓋もなくその実情が語られている事実が、何よりガスマスクの日常化を物語っている。

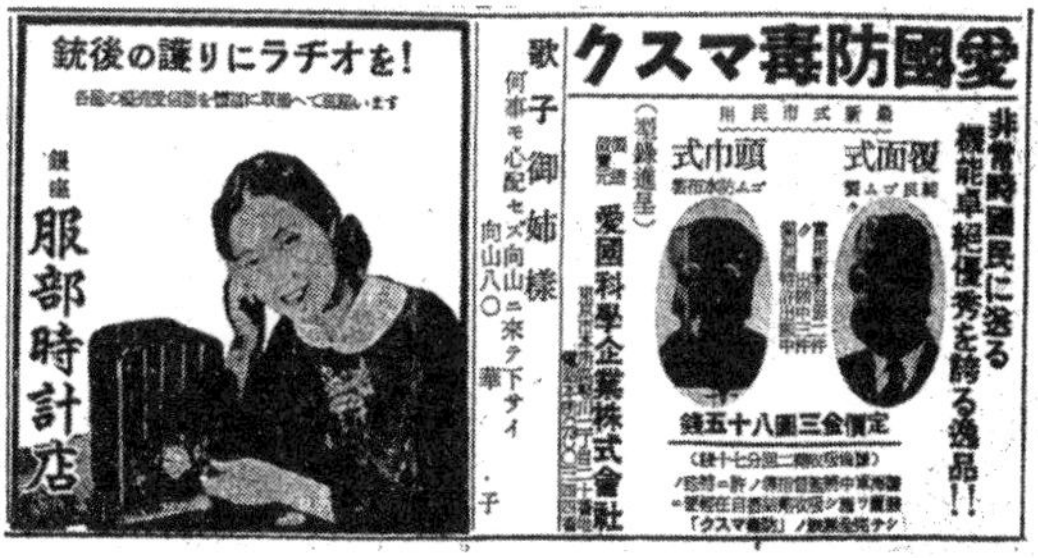

図10 「広告」『東京朝日新聞』朝刊(1937年12月26日)

防空法制定は、一九三〇年代後半にはヨーロッパ各地で開戦に備えて防空法の制定が続き、それに呼応したものである。日中戦争開戦の年であり、一挙に戦時色が強くなるが、それを以て、日常化したガスマスクの位置が劇的に変わるわけではなかった。

例えば、防空法の制定を受けて鳩山一郎夫人である鳩山薫ら政友会代議士の夫人・令嬢組織清和婦人会が空き缶を使って「簡易防毒面の製作講習会」を開いた記事などは、「日常」化の最たるものの一つであろう。後述するように、一方では、毒ガスへの科学的啓蒙が度の過ぎた専門性を以て説かれているのとあまりに対照的なのである。

この頃から新聞ではいくつものメーカーの防毒マスクの広告が目立つようになる。この先、隣組組織のための一家族に一台の普及が目論まれるラジオ広告と並んでいるが（図10）、同時にそれもガスマスクの「日常」化の一端に他ならない。一九四一年になると粗悪品のガスマスクの販売を戒める記事がある一方で、公定価格が定められもする。代用品の防災用品使用を政治家が率先して呼びかけ、粗悪品の流通や価格統制といった、マスクをめぐる騒動は続く。

## 2　ガスマスク行進写真の異様さ

### なぜ防空演習でガスマスクなのか

こうして日常化していくガスマスクを見ていく限り、最初に掲げた、ガスマスク行進写真の異様さだけが改めて突出しているように見えてしまう。

その理由は二つある。

一つはあの写真が、表層的にはイベント化、ルーティン化した防空演習が見失っているガスマスクの「政治性」に正確に届いていること。そしてもう一つはその表現が戦時下に狂い咲いた「美学」によって正確に支えられていることである。それらは有明が「日記」のなかで敏感に察した「日常」を同調圧力で搦めとる気配とも、正確に呼応するように思える。

そもそも「防空演習」と言いながら、そのアイコンは何故、ガスマスクなのか。

それは、防空演習が空からの毒ガス弾攻撃を第一に想定しているからだ。そのことは、防空演習がスタートした一九二〇年代末というタイミングが、陸軍が毒ガス製造を本格化した時期と一致するという指摘を踏まえると納得がいく。第一次大戦後のジュネーブ議定書は、毒ガスなどの化学兵器を非人道兵器として禁じたが、同文書を日本は署名したものの批准していなかった。他方では「来るべき大戦」とは、宣伝戦であり科学戦であると喧伝されていたから、ガス兵器の製造と演習を回避する理由は当時のこの国にはなかったのだ。

具体的には一九二九年、広島県大久野島に東京第二陸軍造兵廠忠海兵器製造所が開所、化学兵器の製造を開始する。一九三三年には大量生産の体制が整ったとされる。大久野島で毒ガス用化学物質が造られ、小倉市の陸軍造兵廠曽根製造所で砲弾に装塡された。運用訓練は陸軍習志野学校で行なわれた。製造された毒ガスは一九三七年から日中戦争において実戦で使われたという。ガスマスクの日常化の背後で進行していたのは、毒ガスなどの化学兵器の開発とその使用という本物の戦争であった。

このように、防空演習が毒ガス開発と呼応していたとすれば、当初から演習が毒ガスの使用を想定したものだったのは当然である。それ故、ガスマスクがアイコンたり得たのである。

そのことは、少年向けの化学啓蒙書で毒ガス兵器について以下のように説くことからもうかがえる。

色々の條約によつてお互に戰爭は止めやうと言ふことになつてゐますが、一旦戰爭が勃發するとなると、恐ろしい結果を惹起する空中化學戰の火蓋が切られるやうになるだらうとは、大低の人が豫想してゐる所です。この空中化學戰にはガスマスクが無くてはならぬ大切なものとなるでせう。實際に各國とも防空演習を試みてゐるし、又目下ドイツでは、何百萬といふ最新式のガスマスクの見本を造つてゐるさうです。次に少しガスマスクのお話をしませう。

（水谷博編著『少年科學讀本　A輯』一九三九年、平原社）

ジュネーブ条約など関係なく、いざ開戦すれば毒ガス兵器は使用される。記事は少年たちにそう予言する。そのためにガスマスクの知識は不可欠である、という主張である。

この啓蒙書の刊行された一九三九年七月、中国北部で日本陸軍の毒ガス部隊が毒ガス戦を用いた記録も実は、発掘されている。だから、ここで記された毒ガス使用は仮定の話ではない。それ故、この記事は毒ガス攻撃の詳細、ガスマスクの構造や機能について説く極めて高度な内容である。実践の知識を少年たちに啓蒙しているかのようでさえある。牧歌的なガスマスク記事とは対照的である。

これが日常化したガスマスクの背後にあるものだ。そして、あのガスマスク女学生の写真が切り取ったものだ。

そもそも防空演習が毒ガス攻撃を第一に想定したものであったことを確認できる資料は数多くある。例えば、毒ガスの研究開発の主体だった陸軍科学研究所が編集した防空パンフレット『市民ガス防護必携 附焼夷弾の防火法』（一九三五年）などは、その題名が正確に物語っている。あからさまに毒ガスが「主」であり焼夷弾は「従」である。

それから一〇年後に現実となる空襲で「主」となったのは言うまでもなく「焼夷弾」である。しかし、この時点では、毒ガスが「主」であることは以下の記述からも明らかである。

本書は都市空襲に依り發生する彼の恐るべきガス災害を防ぐ爲市民殊に防護團員として心得ふべき事項を網羅し平易に説述した大衆的參考書である。其内容はガス防護を主體とし投下爆彈、焼夷弾等に對する防護に關しては關係事項のみを要說し、又焼夷彈の防火法に對しては附錄として稍ゝ詳說することとした。

本書に於てガスと稱するは人畜に損傷を與ふる目的で使用される氣體、液體、微粒子狀の一切の化學的物質（火薬類、火焔の類は除く）を總稱し毒ガス卽ち狹義の化學兵器と同じである。

（陸軍科學研究所編纂『市民ガス防護必携附　焼夷彈の防火法』一九三五年、前田干城堂）

都市空襲の最大リスクが「ガス災害」である、と言わんばかりである。そして、空襲による「ガス災害」とはジュネーブ条約の禁止した「毒ガス即ち狭義の化学兵器」と言い切る。続けて「ガス爆弾」についてこう解説される。

ガス爆彈とは爆彈の中にガスを收容したもので、其ガス量は通常全備重量の約半分である。而してガス爆彈には短時間に其效力を發揮する一時性彈（ホスゲン、ヂフエニールクロルアルシン、ヂフエニールシアンアルシン、クロルピクリン等を塡實す）と爆發後發散するガスを長時間現地に滯留する持久性彈（イペリット、ルイサイトを塡實す）とがある。（同）

「平易に説述した大衆的参考書」といいながら、およそ大衆的でない、毒ガスの成分の詳細がいきなり説かれるのである。さらに、毒ガスの種類ごとの防護、集団での防護のノウハウ、毒ガスによる症状の分類、ガスマスクの構造、使用法、防護服の詳細と専門的で詳細な記述が続く。一一〇頁ほどの冊子の九〇頁近くが毒ガスに費やされ、焼夷弾についてはニ〇頁のみである。

しかも、焼夷弾への対応は、「焼夷弾の飛沫」は水に濡れれば発火しないから「濡らした衣類」で接近、「普通の火災に於ける一分一秒を争って初期の裡に注水」すれば「恐るべきものではない」と、毒ガスに対する精緻な科学的啓蒙とは対照的である。出たとこ勝負という印象である。

ところが、最後にはこう結ばれるのである。

實に空襲に於て最も恐るべきものは燒夷彈である。否恐るべきものは燒夷彈其物でなく之に對する處置を誤ることである。殊に我が國の如く木造建築の都市に於て一層其感を深くする。速に國民一般が從來の乾燥砂のみで消火する觀念を捨て水に依る延燒防止へと轉向せられんことを切望する。（同）

最後の最後になって、焼夷弾のほうが現実的なリスクだという本音が語られるが「水に依る延焼防止」策が再度説かれるに過ぎない。

## 毒ガスへの恐怖を利用した心理工作

このように「防空」対策に対して、毒ガスに対する啓蒙のみが「科学的に」極端に肥大しているのは、防空演習そのものが毒ガス演習として目論まれていたからである。それ故にガスマスクを装着した防毒演習などがプログラムに組み込まれている。

こういった毒ガス偏重がようやく、防空法制定あたりを境に変化する。

例えば、防空法を踏まえて作られた制定の年に作られた西部防衛司令部編纂『家庭防空』は、表紙がグラフ・モンタージュという後述するデザイン技法で作られている点が出色だが（図11）、その中身は、陸軍科学研究所編纂の先の冊子と比すと、表や図を大量に用いてわかりやすい。文字も少なく、専門用語も抑えられている。「平易に説述した大衆的参考書」としてはこちらのほうがふさわしい。ウラジオストックのソ連空軍、上海の中国空軍、香港のイギリス空軍のいずれからも日本列島本土が空爆可能な距離になったことをまず地図で説き（図12）、「燈火管制」が中心的に説かれる。空爆に使用される兵器の「序列」も爆弾・焼夷弾・瓦斯弾に変わる。その一方で、「防空」の新たなアイコンになるラッパ形の聴音機もコラージュされている。

その中で毒ガス攻撃について、その効能についてこう説いているのが注目される。

投下瓦斯弾の中に入れてある毒瓦斯によつて地上の人の眼や鼻、咽喉等を刺戟したり窒息させたり或は皮膚を糜爛させる等の傷害を與へるものであるがそればかりではなく不用意な市民に對して精神的に非常な恐怖を與へる目的にも使用される。

（西部防衛司令部編纂『家庭防空』一九三八年、國防思想普及會）

つまり毒ガス攻撃を直接的な攻撃ではなく、「敵」の宣伝戦のツールとして位置付け直すのである。

図11　西部防衛司令部編纂『家庭防空　第一輯』表紙（1938年、國防思想普及會）

図12　「極東と大空襲時代!!」、西部防衛司令部編纂『家庭防空　第一輯』（1938年、國防思想普及會）

先の陸軍科学研究所の冊子など毒ガスの科学的啓蒙が「敵」の攻撃を説きつつ、実際には自らがいかに実践に使用し得るか、実際にしたかということの裏返しであったように、毒ガスの恐怖を煽ることはそれ自体が国民への戦時体制に向けた心理的工作であったと自ら認めたようなものである。

## 生活の細部に入り込む統制ツールとしてのガスマスク

『家庭防空』の裏表紙面には、先のガスマスク女学生の行進もコラージュされているが、このような心理的な統制のツールとしてのガスマスクという意味付けを「ガスマスク」が日常化していく中で正しく表現したのがあの写真であった、ということになる。この場合、「日常化」とは、日常的に氾濫するという意味でなく、生活の細部に正確に入り込むという意味である。

その時、参照されるのは大抵がナチス・ドイツの政策だが、マスクにおいても同様だ。戦時下、総動員体制・翼賛体制の参考書として、ナチス・ドイツの関連組織の活動を紹介する記事や書籍が翻訳される。その一つに、一九三三年、ヒトラーの総統令によって発足したナチス国民厚生団（NSV）は母子救済事業、結核対策などの保健衛生面を担う組織だがガスマスクの配布もその仕事だったという記述がある。

緊急にして重要な任務であるガスマスク配給工作が、開戦と同時にナチス國民厚生團に委託された。毒ガスから市民を守る國民ガスマスクの販賣は、全國防護團との協力の下にナチス國民厚生團によつて行はれたのである。ドイツのあらゆる家族を捉へてゐるナチス國民厚生團の諸組織によつて、國民ガスマスクによる廣汎な市民層の武装が、確實に行はれ、そしてそのことによつてナチス國民厚生團は、戰爭準備に本質的な貢献をしてゐるのである。
（ハンス・ベルンゼー著、高沖陽造訳『決戰下の健民厚生――NSV.（ナチス国民更生團）の戰時活動』一九四三年、國際日本協會）

ガスマスクの総国民化が戦時体制の機運づくりとしてあったことがうかがえる。ガスマスク女学生の行進写真は、その日本における可視化と言える。

ガスマスクの「日常化」の背後にあるこれらの生々しい「政治性」があの写真の突出する第一の理由である。

## 3　アヴァンギャルドの国策化

### 幻のアヴァンギャルド写真家・堀野正雄

しかし、この写真が今見て鮮烈な印象を残すのは、それ以上に美学的理由がある。不穏当な言い方だが芸術性と言ってもいい。アヴァンギャルドというと大正末期のいわゆる「大正アヴァンギャルド（大正期新興美術運動）」が連想されるが、その展開と達成は実は戦時下にこそあった。それはプロパガンダと結びつき高度化した戦時下のアヴァンギャルドとでもいうべきものである。それは先の『家庭防空』がグラフ・モンタージュふうである、と指摘したこととも関わってくる問題である。制服姿の「女学生」と「防毒マスク」という組み合わせそのものが一種のポルノグラフィーであること（この二語で検索をかければ「現在」の地下アイドルやキャラクターイラストにこの組み合わせが用いられていることがわかる）は事実だが、何より整然とした行進姿の、不謹慎だが「美」がある。敢えて「美」というのは、それがこの写真を撮った堀野正雄によって目論まれたものであるからだ。

堀野の写真はアヴァンギャルドが国策と出会った刹那、発生した美学によって支えられている。

ここで写真家・堀野正雄と問題のガスマスク行進写真の美学を理解するために、彼が帰属した戦時下のアヴァンギャルドとでもいうべき文脈に最低限触れておく必要があるだろう。

堀野は一度は写真史から見失われ、一九八〇年代に再発見される、昭和前期、特に戦時下を代表する写真家である。写真に限らず、多くの表現者がそうであったようにアヴァンギャルドあるいはプロレタリア芸術運動と戦時プロパガンダの双方を生きた人である。

一九二〇年代後半、写真関連の学生時代、築地小劇場の舞台写真を撮影することを許され、その個展で写真家として世に出る。ちなみに堀野の撮影時期とは重ならないが、築地小劇場は一九三〇年にソビエトの戯曲家セルゲイ・トレチャコフの『瓦斯マスク』を上演している（図13）。

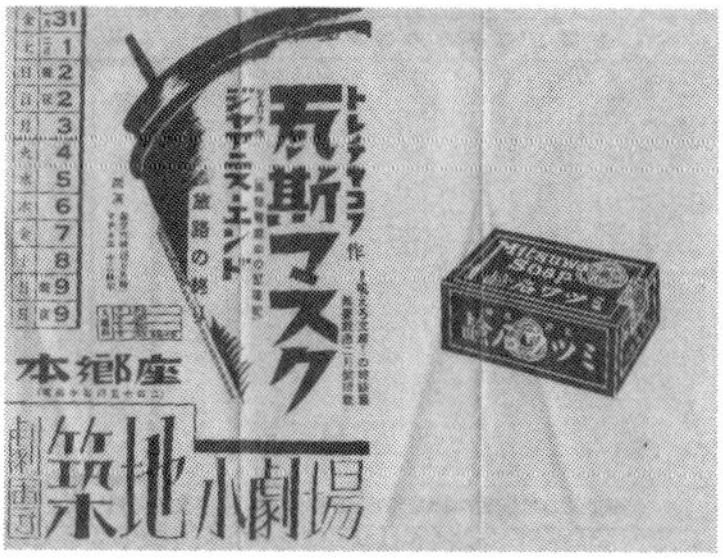

図13　築地小劇場公演「瓦斯マスク」フライヤー（1930年）

工場長の怠惰で、ガスを製造しながらガスマスクを備えない工場で事故が起き、しかしソビエトの労働者は自らの武器である毒ガスのために、マスクなしで工場を守ろうとする内容である。皮肉にも広島で毒ガス製造が始まったタイミングと一致する上演である。このように「ガスマスク」はプロレタリア演劇運動の中にもあったアイコンだということは確認しておいても、無駄ではないだろう。

そして堀野は大正アヴァンギャルドよりやや遅れてやってきた、新興写真運動の中で板垣鷹穂《いたがきたかお》と出会う。板垣鷹穂も戦後、

図14　堀野正雄『カメラ・眼×鉄・構成』（1932年、木星社書院）

一度は忘れられた戦時下のアヴァンギャルド理論家だった。それは板垣がアヴァンギャルドの国策化を担った理論家であったからだ。

その板垣との二つの共同作業が、堀野を幻のアヴァンギャルド写真家たらしめている。

大正期新興美術運動の終結後、十五年戦争に入ると、板垣鷹穂によって戦時下のアヴァンギャルドとでもいうべき理論として提唱されたのが機械芸術論であった。堀野はその板垣の理論を二つの形で作品として実践している。

一つは一九三〇年四月から一年間行われた客船や鉄橋やガスタンクなどを被写体に、そこに「鉄」の構成物としての巨大な「機械」を切りとるものであった（図14）。ローアングルと鉄鋼の交差が生み出す、構成的な美が描かれる。それは写真集『カメラ・眼×鉄・構成』（一九三二年）としてまとめられるが、しかし、板垣の創意ではなく、機械や橋、塔を大胆なローアングルで撮影したドイツ出身の写真家ジェルメーヌ・クルル（一八九七―一九八五年）やロシア・アヴァンギャルドを代表する芸術家アレクサンドル・ロトチェンコ（一八九一―一九五六年）らの強い影

響下にある。それは、板垣も参加した、新興写真運動の拠点の雑誌『光画』に集まった写真家の中にも強く見られる主題である。クルルのローアングルのエッフェル塔は、コロナで公開が延期された『シン・エヴァンゲリオン劇場版:||』のポスターなどに借用されている。

もう一つのグラフ・モンタージュもまたアヴァンギャルド起源である。絵画においてキャンバスに新聞紙や布や歯車を貼り合わせるように、複数の写真を切り抜き一つの画面に貼り込むなり、焼き付けるなり、フィルムそのものを感光させるなりするフォト・モンタージュの援用である。ドイツの写真家ジョン・ハートフィールド（一八九一―一九六八年）がナチズム批判を主題として行った表現様式だが、やはりロトチェンコも同様の技法の作品を残している。

堀野は板垣と組み『中央公論』『犯罪科学』などの雑誌で、このグラフ・モンタージュを試みている。ハートフィールドのように写真の人物などを切り抜きコラージュする技法を全く使わないわけではないが、文字通り写真を何らかのナラティヴを喚起させる形で、映画のカットを繋ぐようにモンタージュしていくスタイルである。

堀野のグラフ・モンタージュは、雑誌の様式に合わせ「見開き」単位の構成である。ナラティヴを喚起させるというのは、板垣以外にも村山知義、北川冬彦《きたがわふゆひこ》、大宅《おおや》壮一《そういち》らのシナリオと組み、ある種の記録映画的な性格を持っている点で、ハートフィールドとは大きく異なると言っていい。

このような機械美を大胆なアングルで描く写真手法、及び、グラフ・モンタージュは堀野だけでなく東方社による対外プロパガンダ雑誌『ＦＲＯＮＴ』で展開される方法論である。ソビエト

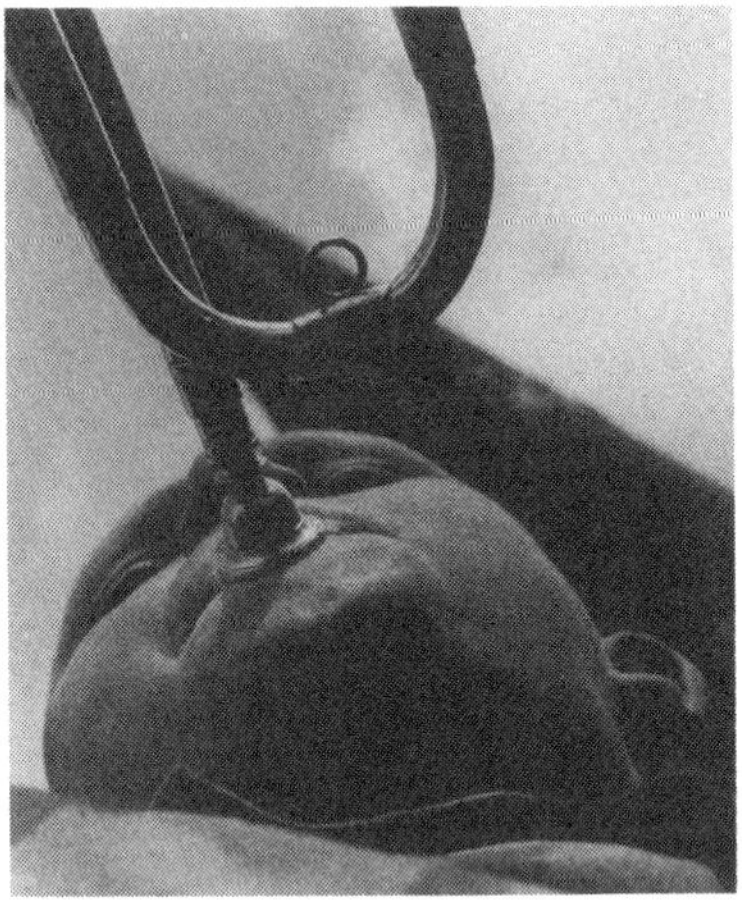

図15（右）東部防衛司令部編纂『わが家の防空』（1936年、財團法人軍人會館出版部）
図16（左）「らっぱを吹くピオネール」『ロトチェンコの実験室』（1995年、新潮社）

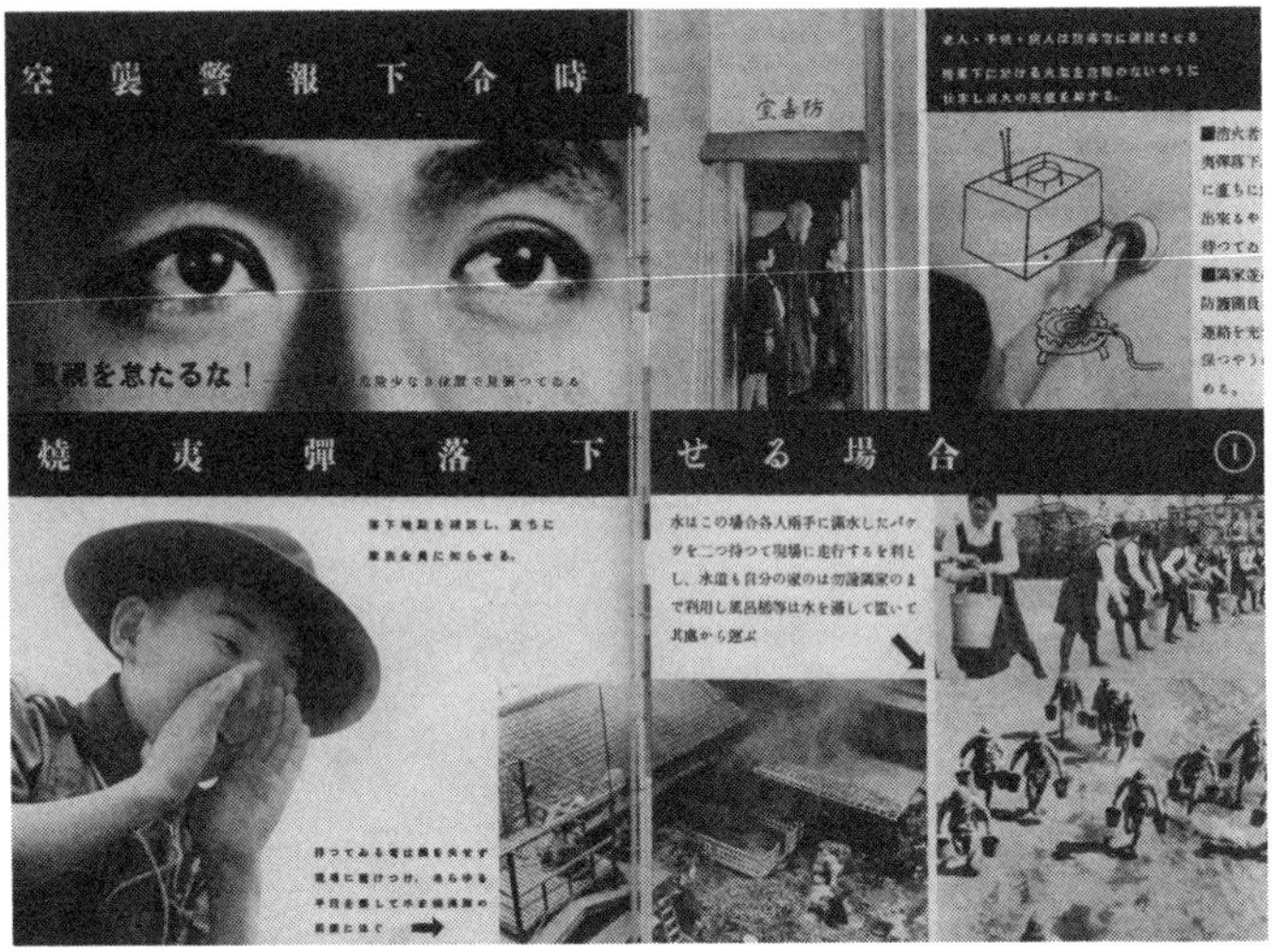


図17　東部防衛司令部編纂『わが家の防空』（1936年、財團法人軍人會館出版部）

のプロパガンダ技術として同時代に洗練された手法である。それらの手法が戦時下の国家宣伝、つまりプロパガンダの手法に転用されたことはよく知られる。

先に西部防衛司令部編纂『家庭防空』の表紙がグラフ・モンタージュであることを指摘したが、これもアヴァンギャルドの国策転用の好例である。

同様に東部防衛司令部編纂『わが家の防空』（一九三六年）は、ロトチェンコふうの表紙写真（図15）とグラフモンタージュの本文からなる。表紙は明らかにロトチェンコの「らっぱを吹くピオネール」（一九三〇年）の借用である（図16）。

戦時下のアヴァンギャルドという点でこの冊子が興味深いのは、そのグラフ・モンタージュ技法である。目のアップ、いわゆるビッグサイズ・アップショットやローアングルのバストショット、ハイアングルのロングショットと明らかに記録映画のように写真を見開きにモンタージュしている。それがナレーション代わりのキャプションとリンクしているなど技術としては計算されている（図17）。戦後まんがの映画的手法の完成形にかなり近い。そのデザイン技術は突出している。

## 通底するガスマスクへの拘泥

しかし『わが家の防空』が『家庭防空』と異なるのは、堀野の写真にも通底する、ガスマスクへの執着である。少女のガスマスク姿、和服のモデルによるマスク装着の分解写真（図18）、ガ

ガスマスクの女たち

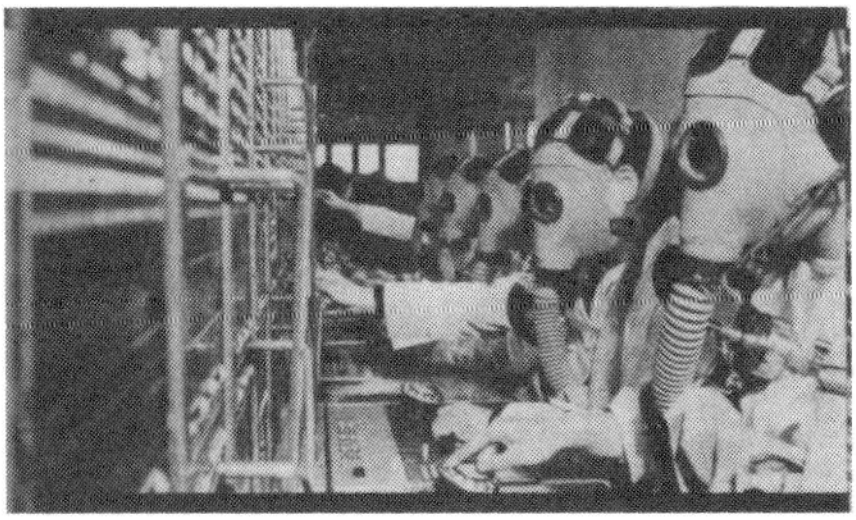

図19

図20

図21

図18

図18～21　東部防衛司令部編纂『わが家の防空』（1936年、財團法人軍人會館出版部）

スマスク姿の電話交換手（図19）、更には、マスクは被っていないが訓練で毒ガスから逃げる女学生、ガスマスクを装着する主婦、ガスマスクで駅の改札を通る女性（図20）といった、女性のガスマスク姿がグラフ・モンタージュで誌面に詰め込まれる。男性のガスマスク姿も描かれる。拍子木で「瓦斯警報」を知らせる男性の姿や、浅草寺でのガスマスク姿の演習写真が掲載される。結果、合計二七点のガスマスク写真がわずか三二ページの冊子に詰め込まれる。

裏表紙には、堀野のガスマスク女学生行進、本文には同じ「運動服」の日本女子体育専門学校の学生のガスマスク装着の体操姿も掲載されている（図21）。こういった、ガスマスクへのフェティッシュな拘泥は堀野の写真からも感じるものだ。

この冊子は、堀野はボーイスカウトのガスマスク姿の写真も残しているからそのグラフ・モンタージュのクオリティーとガスマスクへの関心から堀野が関わっているのかとも思えた。

しかし『わが家の防空』は、堀野の手によるものではない。

陸軍で文化工作に関わる町田《まちだ》敬二《けいじ》が主導し、資生堂から日本工房、報道技術研究会と企業広告からプロパガンダに広告そのものが変容する時代の前線にあった山名文夫が構成、写真は新興写真運動を主導し、広告写真の草分けで『新興写真の作り方』（一九三二年）を刊行もしている金丸《かなまる》重嶺《しげね》（一九〇〇―七七年）が担当している。いずれも戦時下プロパガンダの中核的な顔ぶれである。

町田はインドネシアで大宅壮一、大木《おおき》惇夫《あつお》らの参加した宣伝工作で知られることになる。山名はアール・デコ風の資生堂広告で知られるグラフィック・デザイナーの先駆者であり、一転して、国家広告に転じる。新潮文庫の葡萄のマーク、スーパーの紀ノ國屋ロゴは戦後の山名の仕事である。金丸は一九四三年、東京有楽町日劇正面の壁面に飾られた畳一〇〇枚分ほどの巨大写真壁画「撃ちてし止まむ」の制作があまりに有名だ。

褒めてはいけないのだろうが、『わが家の防空』のグラフ・モンタージュや写真の質が高いのは当然である。

しかし、この冊子において、堀野が防空プロパガンダ写真で機械美を表現したのと同じ「美学」が、山名らにも共有されていたことは確かである。この冊子は軍が関与したものとしては出色の出来とされ、このあたりから国内のプロパガンダに大正アヴァンギャルドやロシア・アヴァンギャルドの技法が積極的に持ち込まれることになる。そういう創作環境に堀野は合流していたのである。

## 堀野が見出した機械美

板垣鷹穂の機械芸術論に呼応する形でロシア・アヴァンギャルド風のハイアングルやローアングルで機械的建造物の「幾何学的な美」を切りとってみせた堀野は、一九三四年前後から「報道写真」に手を染める。「報道写真」は時代の要請の中で否応なくプロパガンダ写真と同義になっていく。その堀野の作品に戦後の再評価の中で改めて「作品」として公表された「女学生の行進、ガスマスクの行進」（一九三六―三九年）があるという流れである。

図22（右）「パラソルのかわりに鍬を！」『翼賛寫眞　同盟寫眞特報』（時事寫眞速報社）
図23（左）『寫眞週報』184号（1941年、内閣印刷局）

両者を対比してみると、写真ニュースと同一のカメラ位置であり、路上の見物客の顔の向きが一部変化していることから一連なりのシャッターの中の異なる一枚だろうと判断できる。ニュース写真に比して「作品」としての「行進」写真は、行列のパースペクティブのラインがより強調されている。ロトチェンコの都市の風景や身体が偶然つくり出した幾何学的な美を切りとった作品をやはり連想させ、ガスマスクの配列に機械芸術的側面を強く感じさせる。

実は、大政翼賛会が配信する写真ニュースの中にも整然と並ぶ女性の身体に、幾何学的機械芸術的美を見出したものは散見する。撮影者は不明だが「パラソルのかわりに鋤を！」と題された、もんぺ姿で鋤を頭上に正確に水平に掲げ、その列の作り出すパースペクティブが画面を斜めに横切るというモチーフの写真は、堀野のガスマスク行進写真と確実に重なる（図22）。これは、埼玉県立杉戸高等家政女学校の女子練成報国農場での「鋤体操」の光景を撮影したものだ。これら身体だけでなく、ガスマスクそれ自体も「機械美」であったことは、『写真週報』一八四号（一九四一年）の整然とガスマスクが並ぶ表紙写真にも見て取れるだろう（図23）。

堀野は女学生のガスマスク行進の中にこのような幾何学的な機械美を見出したと言える。その点で堀野のガスマスク行進写真のインパクトはその機械芸術論の達成としてあったと言っていい。だがその時、彼は固有名を持つ芸術写真家でなく匿名の報道写真家としてあった。にも拘わらず、その写真はかくも異彩を放ったのだ。

しかし、こうして見た時、山名らによる『わが家の防空』の誌面やその他に多く残るガスマスク写真の中で堀野の写真の印象の鮮烈さは、やはりガスマスクに加えて「制服」という組み合わせによる。おそらく堀野にとって「制服」もまた機械美に帰属するものであったはずだ。正確には「女生徒」でなく「女学生」、通学服でなく運動服とはいえ、マスクと制服に均一化された若い女性たちの行進には確かにファシズムの到来を感じる。しかし、その均一さを不穏な時代の予兆として捉えるか、機械芸術的な「美」として捉えるかは堀野を擁護するわけではないが両義的である。

## 4　女学生の制服に現れる政治意識

### 制服統制の開始

一方で「制服」にもまた、日中戦争後の総動員体制・翼賛体制がこの時期、迫っていたのも事実である。女学校ごとに多様だった制服の均一化、統制の動きが始まるのである。「制服統制」と一般に呼ばれる文部省標準服の制定がなされるのだ。一九四一年一月二八日文部省通達「学校生ノ制服統制ニ関スル件」で示されたのは、セーラー服型の襟を廃止し「ヘチマ衿」とすること、釦合わせは男子と同じ右前、スカートの襞を廃止する、というものであった。その背景には制服の「日本化」という流れがあり、それ故、「ヘチマ衿」や右前の釦合わせは、洋装の着物化・和装化という意味があったとされる。

一方では、このような、セーラー襟の服から「ヘチマ衿の標準服」に見られる制服統制への動きは、日中戦争に端を発する一九三八年四月一日公布の国家総動員法による戦時体制づくり、つまり経済物資の統制や華美・虚礼の自粛という国策の中で議論されたものだ。つまり花森安治選定の「ぜいたくは敵だ！」の標語の文脈である。中でも軍の礼服制度が停止したことが制服に与

私家版『女學生の制服』より

表紙

「東京府立第五高等女學校」

「標準的制服」

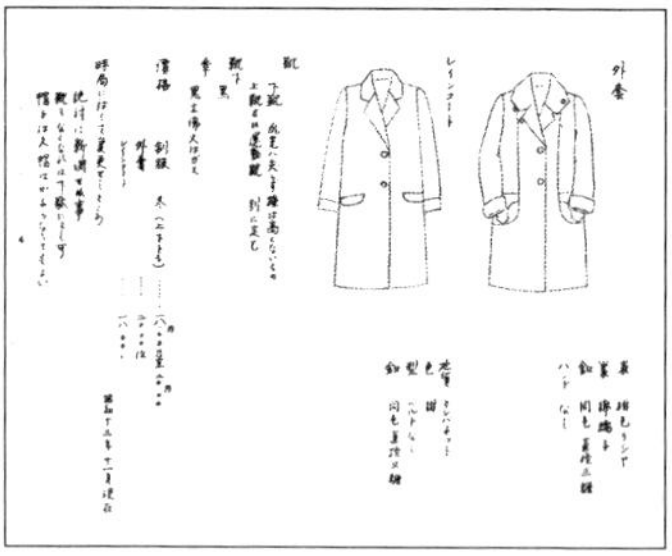

「外套他」

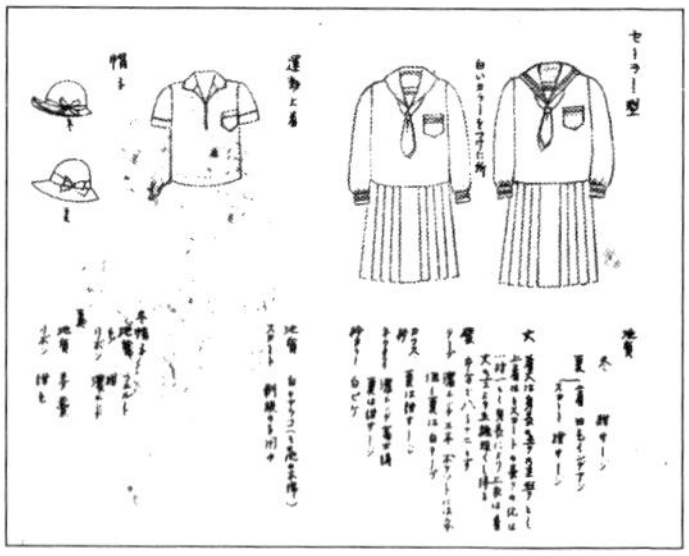

「セーラー服他」

図24　鹿島田恵子／原田俊子『女學校の制服』

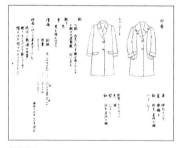

えた影響は大きいと言われる。制服については新調を避け、繕いなどをして用いることが奨励された。それに応じる形で、使用を奨励されたスフと呼ばれる合成繊維をスカーフなどに代用する高校も現われ、一九四一年の通達を待たずにセーラー服の廃止の流れが全国で起きる。

有明淑が女学校を卒業するのは一九三六年春であるから、このような「制服」そのものに統制は及ばない一方で、「制服」がガスマスクと対になる状況は既にあったことになる。

## 『女学生の制服』に見える女学生の抵抗

実は、この時期の女学校の制服について興味深い資料を僕は個人的に所有している。それは『女学生の制服』と題された手書きの資料である（図24）。一九三八年のものと考えられる。つまり有明が太宰へ送る日記を書き綴っていた年に書かれたものである。

これは東京都内の女学校約二〇校の制服を、東京女子高等師範学校の女学生二名が、フィールドワークや採寸を行い、制服だけでなく外套や帽子、靴、靴下、運動着、あるいはセーラー服の胸元のリボンまでスケッチし制作したものである。恐らく同校の卒業レポートの類と思われる。それだけ記すと、森伸之の『東京女子高制服図鑑』を連想させるが、その視線の所在は全く異なる。

この資料の特異性は、一つは一九三八年という総動員体制へと一挙に舵取りの始まった時代の「女学生」という当事者性、もう一つはこの両名がいずれも同校の「家事科」の学生で卒業後に

「裁縫教師」となることが決まっているというその職業の専門性の双方にある。細部への記録は今和次郎《こんわじろう》の考現学を思わせないわけではないが、その動機は後で触れるように政治的である。その政治意識において有明淑に通じるものだ。

二人の「女学生」は鹿島田恵子と原田俊子という。一九三五―三九年にかけて東京女子高等師範学校に在籍していて、共に女学校を卒業し入学している。卒業後、教員となる予定であったと思われる。鹿島田は戦後の女子教育に足跡を残すが、原田の消息は伝わらない。この両名が卒業研究に相当するものとして行ったものであり、それ故、採寸などその専門性に少なからず立脚した視点となっている。

その事情を含め両名はこの手製の冊子の冒頭に「此の研究を選んだ理由」をこう記す。

今次の日支事變といふ古今未曽有の非常時局に際し、服装問題がやかましくなり、日本古來の優美な袂の着物も其の非衛生的非活動的非経済的である事のために、各方面で改善が叫ばれて居ります。先に國民精神總動員中央聯盟に於ても服裝改善委員會が設けられて國民服制定が問題となつて居ります。一方、女學校の制服についても亦広いセーラーの襟は無駄ではないか、等と言はれ、又中學校と同じく全國を統一したら如何など種々論じられて居る折柄、来年の三月には早くも裁縫教師として壵に立たなければならない、私共として、一應制服の問題を研究して置く必要があると存じまして、此問題を選んだ様な次第でございます。

（鹿島田惠子・原田俊子『女學校の制服』一九三八年、私家版）

既に述べたように、日中戦争後の総動員体制下、制服への統制に向かう「国策」の中で、この卒業レポートがつくられたことを正確に物語っている。しかし、その時、彼女たちは女学生時代へのノスタルジーや少女時代の制服の憧れを以てこのレポートを書いたわけではない。むろん、冊子全体から、「セーラーの襟」への哀惜やリボンなど細部の着こなしへの関心、何より、無機質な採寸図だけでなく、少女雑誌の挿画を思わせるモダニズム的な筆致に、大正モダニズムの少女文化の流れを感じないわけではない。

しかし彼女たちにとっては、これら「制服」の細部こそが「国策」と対峙するいわば現場なのである。しかも彼女たちは「裁縫」という技術の専門家としての視線がある。そのことは以下のくだりに正確に見てとれる。

青山女學院では来年の四月より、セーラーのスカートの襞を全々無くして、オウバースカートの様に、前後共二本の切換線を入れる様にし、フレンドでは、セーラーを排し、ジャンパーハーフコートにして、ジャンパーのスカートは前の箱襞一本といふ事に致しました。東洋英和でも襞の中二—五糎のところを粗くするなどの改良がありました。
これ等の変化は地質の関係と経済上から起つたものでありまして、現在東京にはオールスフ

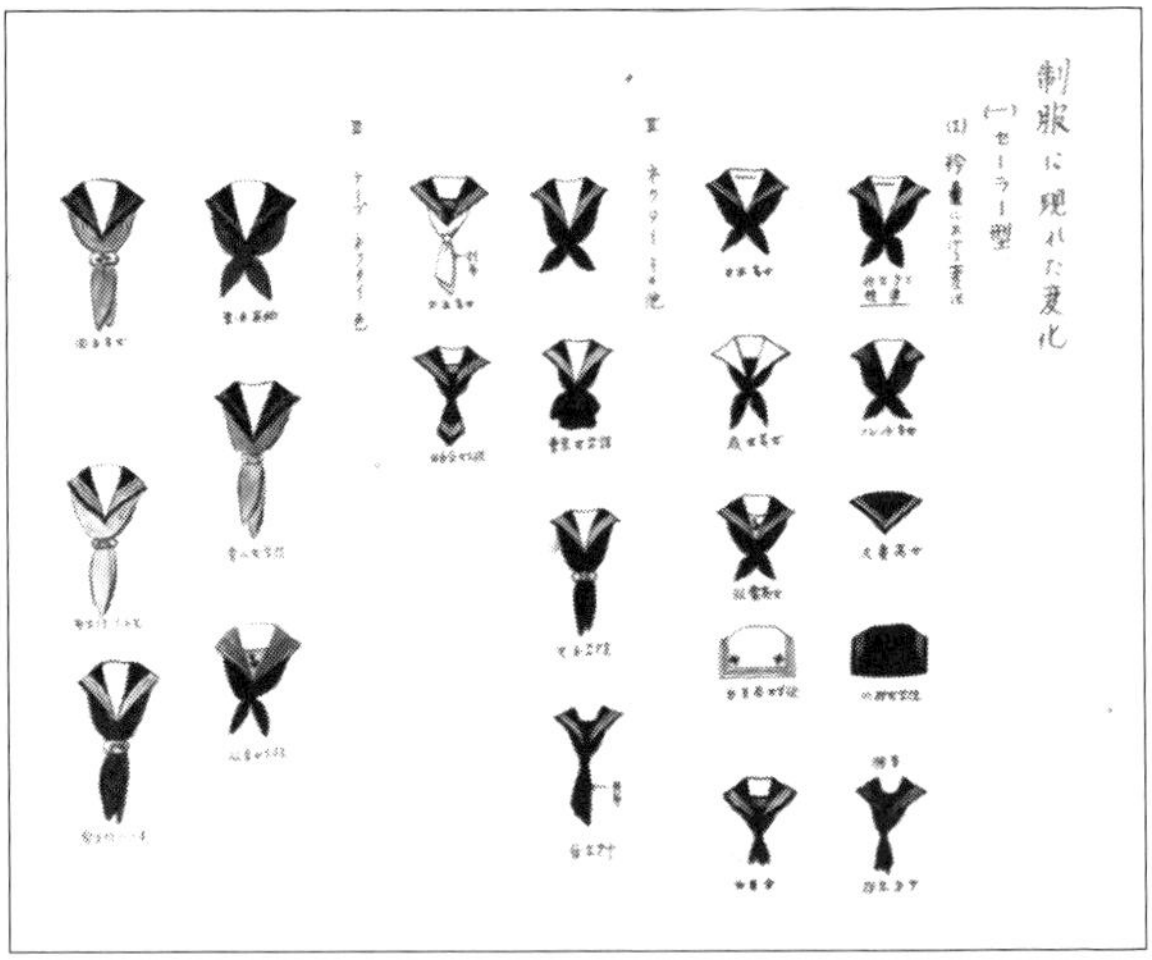


図25 「制服に現れた変化」、鹿島田恵子／原田俊子『女學校の制服』

はないさうでありますが、今年の四月に新調したものは純毛と言つてゐるのも既にスフが二・三割混つてゐるとの事で、さうすれば、スカートの襞が減少されるのは當然の事であります。

別の点から考へて見ましても、セーラーのスカートの襞は多すぎる傾向があつて、美しいけれども、経済的でありませんから、減らした方がよいと思ひます。（同）

文部省の標準服で廃止されるスカートの「襞」について、スフの使用という材料面や経済面からの減少を承認はする。しかし、廃止すべきとは言わない。ぎりぎりでそれを守ろうとする態度が見て取れる。

同様に、制服国策化の象徴である「セーラーの襟」廃止については、こうも述べる。

其他改良すべき点については、襟、カフス、を取はづしにして、夏冬兼用したらといふ案もありますが實行までには至らぬ様です。今一つ問題になつてゐるセーラーの襟については大きすぎると言ふ意見もありますけれども。或學校の如きは、セーラーが最もよく女學生の溌溂さを表はすもので然もセーラーの生命は襟であると言つて居るのでありまして、フレンドの様にジャンパーにしてしまへば兎も角、セーラーに執着しゐる限りは誠に襟は生命でありますから襟の大きさなどは中々変へられるものではないと考へられます。（同）

「セーラーの生命は襟」とまで言い、第三者的な言及の仕方とはいえ、「セーラーに執着」という言い方をしているところに、その心情が見てとれる（図25）。セーラー型を残す限り、襟の大きさは譲れない、と言いたげだ。彼女らは、スカートの「襞」やセーラー襟の大きさという「細部」で、「国策」と対峙しているのだ。少なくとも、彼女たちの「執着」が「国策」と軋轢を起こしていることが確認できるだろう。

## 自由の象徴としてのセーラー服

ここで「制服」における、洋装及びセーラー服の導入について難波知子『学校制服の文化史――日本近代における女子生徒服装の変遷』（二〇一二年、創元社）などを参照しつつ少しだけ概観しておく。

制服の和装から洋装への転換は、一九二〇年前後の学校制服の改良運動の中でなされたとされる。日露戦争後の女性の身体への国家介入として始まった制服における和装の改良については、アジア人の体型に合わせ洋装ではなく朝鮮服、中国服を踏まえた議論や試作を経て、一九二〇年代には「衛生上」や「活動性」という側面、そして、和装を私的な「休養服」、洋装を公的な「活動服」とするという議論もなされ学校制服の洋装化に加担した。

興味深いのは、大正デモクラシー下、制服を定めていない学校で、和装でなく洋装を生徒たちが自発的に選ぶことでユニフォーム化していく例があったことだ。洋装の制服は、そのような「自由」の象徴であるケースもあったことは確かだ。

他方で、洋装制服を学校の裁縫の時間に各自製作したり、上級生や卒業生が新入生・下級生の制服を仕立てる文化が成立した女学校もあったという。裁縫教師となっていく二人にとって「制服」とは、赴任先によってはこのような「制服を自らつくる」ことの指導さえあり得たわけである。国策化する制服を「着る」のではなく、手仕事で「つくる」というリアリティが、彼女たちにはあったと考えていい。

その制服洋装化の流れが、鹿島田・原田の「執着」するセーラー襟と襞のあるジャンパースカートへと収斂していくのは、一九三〇年前後だとされる。大正デモクラシーから普通選挙法施行という流れの中で、教育関係者の中には服装の制限に対して、例えば「自分の服装を自分にあふやうに自分できめる自由を奪ひたくない」（与謝野晶子《よさのあきこ》）、「万人一様の制服を女学生に強ひるなどは、一種の女性偏重」（平塚らいてう）といった制服そのものへの批判が、教育関係者や婦人運動家からなされた。にもかかわらず、セーラー服化が急激に進んだのは、すでに見たように、当の女学生たちのどうやら主体的な選択であった。「制服」と「自由」との折衷案として、「標準服」として強制ではなく、また複数を用意した学校もある。しかし、制服レポートの著者の一人、鹿島田が在籍した東京女子高等師範学校附属高等女学校では五種類の標準服から生徒に自由に着用させたところ、セーラー服とジャンパー型スカートを多くが選択し、結果、制服化したという。つまりはセーラー服への女学生自身の「執着」があったと言える。

このように、大げさに言えば、セーラー服・ジャンパー型スカートは、女学生たちの自由な選択の産物であった。

その中で、制服の「着こなし」、つまりスカートの丈や襞数などに「工夫」をこらし「流行」が生まれるという文化が登場、服装チェックという学校側の取り締まりもまた、一九三〇年代に生まれる。

このように「制服」が女学校生徒たちにとっての彼女らなりの「自由」の象徴であるのは、鹿島田・原田の制服レポートにも以下のごとくあることからも読みとれる。

彼女たちの制服統一問題、即ち迫りくる制服統制に対する見解である。

制服統一問題

最後に制服統一問題について考へて見ますと、「校別の制服は團体個人主義の偏見を一歩も出て居ない。此際色形共全國的に統一されたい。」等と言つてゐる人もあるけれども、それはさうではなく、校服は其學校の傳統、地位、特徴、訓育の方針までも表はして居るのであつて、生徒はその校服を着る事によつて其の學校の生徒たる喜びや誇を感じ一層緊張して學業に勵む様になるのであつて、この様に緊張した女學生の居る事こそ望ましい事なのではないでせうか。制服制定の喜びを綴つた女子學院の生徒の一文に、左の様な一節がございます。「何故私達がこんなに制服を愛するか、勿論胸のJ．Gを守る事が喜びであり誇であるから。中略、制服を着けた人達によつて校内に今までと違つた或真面目と緊張の氣分が醸し出された様である。此の學校が制服にかこまれて、今迄より益〻發展して行く様に、又制服の人達が胸のJ．Gをほんとに輝かせてくれる様に祈らずには居られない。」

生徒の此の氣持が尊く必要なのではないでせうか。

それに今全國を統一する事になると、都會と田舍とを中和するには相當な無理が起ると考へられます。

それならば制服そのものは如何と考へますに、女子は服裝生活に対して大いに認識を深め個性の表現としての服裝に留意すべきでありますのに、制服では服裝に対する関心が弱められる。缺点はございますけれども、前に述べた様な生徒の氣持を深め、贅澤に陥り易い生徒の豫防ともなり、生活を單純化するのに効果があります。

結局私達は其學校にふさはしい制服をほしいと思ひますが、もし制服制定の任に當つたとするならば、次の様な條件に沿ひたいと存じます。即國策に沿つて、経済、衞生を考へる事は勿論でありますが、あくまでも女學生らしい快活さ、明朗さ、真面目さを失ひたくないと思ひます。（同）

彼女らは、制服を各校ごとの教育的伝統の反映とし、文中に引用される女子学院の生徒は「胸のJ．G」の刺繍を誇り高く思う愛校心を持ち出す。しかし、同時に「個性の表現」の発露を主張するものだとも する。大正デモクラシーの論者にとって「不自由」「没個性」の象徴であった「制服」が一転して、これから奪われていく彼女たち一人一人の自由、つまり「個性」の象徴に反転していることがわかる。その「個性」の表出として有明は日記を書き、二人の師範学校生は制服を記録したのである。

むろん、「個性」を求めた有明がそれを奪う太宰に日記を送ったように、鹿島田・原田の二人のこの制服レポートは当時、師範学校の教授でこの後、制服統制に関わる成田順《なりたじゅん》の指導下で行われた可能性が高い。そのことに彼女らの政治意識の限界を見ることはたやすい。

しかし彼女たちが、「制服統制」の到来を彼女たちに強く意識させる、その意味で前線にいたことも確かである。総動員体制・翼賛体制は「自由主義」「個人主義」を声高に否定する時代である。ガスマスク行進と同様に総動員体制、そしてこれに続く「日常」そのものをつくり変える近衛新体制は、彼女たちの身体に迫っていたのである。そこで「個性」を彼女らがその小さな現場で呟くことは相応に勇気のいることである。

## 女学生の身体に求められた美学

そういう彼女たちの運命を考えた時、写真雑誌の類をめくっていくと、ガスマスク行進の女学生写真ほどに美的ではないが、女学生らの統率をとった行進や体操の写真が好んで使われることに改めて気づく。

堀野ほどの衝撃はないにせよ、やはり印象深いものではある。

例えば東京家政学院の新科目「軍事教練」について報じる記事（『アサヒグラフ』一九四一年一月二九日号）では、銃を背に「ファシスト型の帽子」「紺色の制服」で整然と行進する「女学生」のグラビアが掲載される。キャプションには「制服がそのまま非常時色の濃い女性訓練といった格好である」とある。ここでは防毒マスクが「ファシスト型の帽子」に置換されているように思える（図26）。

同様にボートを漕ぐ女性、あるいは雨傘体操を賜わる女子児童と『アサヒグラフ』に限っても、「女子」が多い。それは雑誌をつくる側が男性目線だからというだけの理由ではない。別の章で論じたように、女性が近衛新体制の強調する協同主義の「日常生活」における担い手であるからだ。女性たちの「共同」する姿の写真は、それ自体が、実は政治的課題の可視化なのである。し

図26 「軍教に學ぶ女性の備へ」『アサヒグラフ』（1941年1月29日号、朝日新聞社）

図27 「颯爽とペダルを踏んで」『アサヒグラフ』（1941年9月24日号、朝日新聞社）

かし、堀野の写真にせよ、その他の集団行動をとる女学生写真にせよ、やはり考えるべきはその「美学」である。言い方を変えれば、彼女たちの身体性に国家が求められている美学の意味である。

そう考えた時、ヒントとなるのが女学生集団の写真群の一つ「女性の双輪機械化編成　颯爽とペダルを踏んで」と題する東京府八王子実践女学院の自転車による教練の記事である（図27）。

その記事にはこうある。

國民の生活武器であつた自轉車も一轉して國防の精鋭武器の一つとなり、時局下に大きな役割をもつて來たが、この性能を有事に際して遺憾なく発揮するためには、規律と統制のある組織の下に集團訓練を行つて置かなくてはならない――と、他校に先がけて颯爽と誕生した双輪機械化部隊である。

（『アサヒグラフ』一九四一年九月二四日号）

ここでは「機械化」という言葉に注意したい。『アサヒグラフ』一九四一年一〇月一五日号には「一人一個」を目指しガスマスクの増産に励む女性銀行員の記事が載る。その隣には、「関東州警察の機械化部隊」という記事が掲載されている。

新たに登場したこの特別警察隊は、警視廳の新撰組や大阪警察部の特別隊を機械化した、いはゞ武装部隊で、「小銃」「軽機」「重機」「歩兵砲」の各班とトラック、オートバイ、自轉車隊の傳令輸送班によつて編成し、その服装も國防色の制服に、戰闘帽、鉄兜、といふ颯爽たる臨戰型で毎年春秋二回定期演習を行つて、堅忍不抜の警察精神を不断に培ひ、一朝有事の際は電撃的に全州内に水も洩らさぬ警備陣を布くといふ全國最初の警察隊である。

(『アサヒグラフ』一九四一年一〇月一五日号)

これらの記事にある「機械化」とは、これも戦時下用語の一つである。

近代戦としての科学戦というイデオロギーの具現化として、あらゆるものを「機械化」しようという戦時下のキーワードである。それは工業や農業などの産業のみならず、家事などの生活に及ぶ極めて汎用的なもので、今の「デジタル化」に近い広範囲な使われ方をする。記事のように警察組織も「機械化」するが、その中核は当然、軍の「機械化」である。戦時下、「機械化」は、一義的には国防スローガンの一つであり、『機械化』という少年向けの科学雑誌も存在した。こちらは口絵に空想科学兵器の図解が描かれることでよく知られる。

## 身体及び集団の機械化

しかし、「機械化」には二重の意味合いがある。

例えば軍隊に限っても、一つは軍備の「機械化」である。つまり、近代兵器としての機械化兵器の導入をいう。もう一つは軍隊そのものを「機械」に比喩する、ということである。先の自転車女学生における「機械化」とは、ただ自転車という「機械」を用いて訓練をしているだけではなく、その統制された姿そのものが「機械」であり、それを「機械化」と形容しているのだ。

それは言うまでもなく堀野がガスマスク女学生の行進に見たはずの機械性に他ならない。「機械」とは機械芸術性と機械化の二重の意味からなる概念なのである。

そもそも堀野が撮影したガスマスクの女学生が、正確には「運動服」だとはすでに指摘した。ガスマスク装着の行進の演習も体操も、同じ制服でも飾り立てのない機能を優先した「運動服」であることが、あの写真の機械性と少なからず関係があるのは言うまでもない。つまり、堀野のガスマスク女学生行進の機械性は機械芸術論的であると同時に、身体および集団の「機械化」というより戦時下に求められる機械性を体現しているのだ。

むろん、身体の「機械化」は、女学生に限らない。近衛新体制下では大政翼賛会の配布した写真ビラの中に男子学生の組体操や女児のマスゲーム的な舞踏写真がある（図28、29）。これらは機械美を表現した写真としては完成度は低いが主題は同じである。

そして、このような身体の機械化という思考は、やはり、一方では板垣らの機械芸術論に理論的に裏打ちされつつ、この時代、確実に一編の映画とも呼応する。

戦争が人間の身体に求める機械美を積極的に主題としたのがレニ・リーフェンシュタールのベルリン・オリンピック記録映画『オリンピア』に他ならない。

図28、29　身体の「機械化」表現としての男子の組体操、女子のダンスという現在の体育に見られる光景は戦時下から継承されている。『翼賛寫眞　同盟寫眞特報』（時事寫眞速報社）

この映画が戦時下日本において、身体の機械美の表現としてリアルタイムで受け止められたことは、学習院時代の三島由紀夫《みしまゆきお》（平岡公威《ひらおかきみたけ》）少年が以下のように正確に感想文に書き残していることからもうかがえる。

雲と円盤、聖火、彫像的な瞬間美の姿勢、ハアドル、アクロバット体操……。それらは皆数学的な頭悩から割り出されたもはやカメラの対象ではなくカメラの創造した物象であるところの「自然」がどうしてこのやうに規則立つた行動を強ひるものかといふ感じを抱だかせる撮影である。むしろ機械文明を超越した数字の文明、抽象文明（即ち哲学的文明）でそれはある。

（三島由紀夫「オリムピア」『決定版　三島由紀夫全集　26』二〇〇三年、新潮社）

三島少年は一種の模範回答として、ナチズムのプロパガンダ映像の中に機械芸術性や機械化した身体の美を見出している。それは堀野や写真グラフ誌が女学生の整然と一体化した身体に感じ取り、表現の対象とした美学と同じである。三島は学校の授業の一環として『オリンピア』を見ており、堀野の写真の基調にある「美学」は、先の山名文夫の防空パンフレットと同様に相応に共有されていた印象がこの「作文」からは感じ取れる。

## ガスマスクと制服という「戦時下のモード」

このようなレニが描き、堀野も共有した身体の機械美は当然、服装にも及ぶ。それが「制服」であり「国防服」である。花森安治が翼賛会時代に併行して編集した婦人雑誌に国防服の「着こなし」の記事があることは別の章で触れたが、同じ記事にはこういう「着こなし」のくだりもあることは再度引用し、確認しよう。

兵隊さんと同じやうに、胸をいつぱい張つて、直立不動をした時の形。
もし、日本に空襲のあるやうな場合は、今、男の青年團のしてゐることは、皆、女が引受けるぐらひ考へてゐてい〻と思ふ。そんな時、整列した氣持のことも考へたい。凛々しいし、規律正しい感じにも。
（「女の國防服。」『婦人の生活　第二册』一九四一年、生活社）

つまり花森は「国防服」の「整列」における美、つまり機械化の美を他方では想定しているのである。おしゃれな「国防服」は、防毒マスクやファシスト帽とともに、機械化された身体の機械化された行列に、機械芸術的美をもたらすアイテムに他ならない。それは堀野の写真のもたらした美と繰り返すが同質である。

だから同じ花森の雑誌で林芙美子《はやしふみこ》は「婦人の国民服」というエッセイをやはり『オリンピア』

の感想としてこう書き出すのだ。

先日、映畫「オリムピア」を見て、日本の婦人の服装にも、もつと集團的な美しさがほしいと考へた。

（林芙美子「婦人の國民服」『婦人の生活　第一册』一九四〇年、生活社）

「放浪記」の作者は、婦人の服装に「集団的な美しさ」を求めると言ってはばからない。そして着物の柄や色、生地について「ていねいな」蘊蓄を語りつつ、「オリムピア」のドイツ選手団の制服を日本の婦人服の参照にせよとさえ言う。

だからこの一文は否応なくこう閉じられるのは当然である。

「オリムピア」に出てくる獨逸の婦人選手は上衣が確か紺色らしく、スカートが白で非常に長かつた。あれなどは今私の言つてゐる婦人の國民服の參考にならないであらうか。

スカートの長いことは、短いスカートの肖合はない日本の娘さんにとつて、丁度適當であるし、第一、白いスカートは洗濯がきく。

日本の婦人には紺、白、黑が最もよくうつる色彩でないかと私はいつも考へてゐる。

何にしても、よろこびをもつて着られる婦人の國民服がほしいと思ふと同時に、日本婦人も同じく着物や帯から離れて、すこやかな均整のとれた美しい立派な軀をつくりたいもので

す。（同）

「均整のとれた美しい立派な軀」とは即ち機械美をまとった身体に他ならない。それは繰り返すが堀野がガスマスク女学生の写真の中に切りとった戦時下の不穏な美学なのである。

そもそも堀野は、「肖像写真について」（『フォトタイムス』一九二九年一一月号）という小文の中で、モデルを街に連れ出し、例えば車に乗せ、刻々と移り変わる自然の採光のなかで写真を撮れ、と主張した。自動車は、乗り物でも美の対象でもなく、モデルのために多様な表現を作り出すもので、機械なのである、それが近代生活だと主張した。だから、モデルにポーズなどつけず、彼女らの気分に合わせ、ジャズのように撮れ、とも言う。女の表情の皺一つを読めとも言った。大正モダニズムを生きた堀野がいる。

一見、ガスマスク女学生は随分と遠いように見える。

しかし、ガスマスク女学生の行進写真を撮影した二年後、堀野は『女性美の写し方』（新潮社）という写真入門書を刊行する。ロシア・アヴァンギャルドからの援用であるローアングルや船・自動車などの「機械」をあしらったものはあるが、板垣との共作のように急進的ではない（図30）。それでも、そこで堀野は女性写真の一領域として『ＶＯＧＵＥ』を例に、海外婦人雑誌が「モード」、すなわち流行そのものを写真の対象としていることに言及する。だから制服に敏感に反応し得た。堀野にとってガスマスクと制服も戦時下の「モード」であった（図31）。

図30、31　『女性美の寫し方』（1938年、新潮社）

のものである。

この「モード」への感受性は、花森に共通

花森の「女文字」は実用の美学、堀野はアヴァンギャルド的美学だが、双方が交錯する領域が女学校の「制服」である。戦時下の日常の更新とは、衣服の領域では、服装の簡素化や統一による国家管理であるが、そこには「モード」という問題が潜んでいる。花森の婦人雑誌、師範学校生の制服レポート、そして堀野の「女学生ガスマスク行進」に共通なのは、戦時下における「モード」という「女文字」の問題の所在でもあった。

その戦時下の機械美という不穏な「モード」を、堀野のガスマスク女学生行進写真は記録しているのである。

付論

# 花森安治の小説とモダニズム

## モダニズムとアヴァンギャルドの大正時代

戦時下の国家広告の担い手は、本書で言及した以外の者も、太田英茂《おおたひげしで》率いる花王石鹸宣伝部でパッケージデザインを担当した原弘《はらひろし》、その広告写真を担当した木村伊兵衛《きむらいへい》のように一九三〇年代初頭、化粧品や菓子など生活領域で女性視線の広告制作を手がけた人々が多くを占める。彼らは大正モダニズムや大正アヴァンギャルドの終わりの時期にこれらの企業広告と出会い、その結果、後に来る戦時下の国家広告と、二つの時代を生きることになる。

そもそも大正期の広告は、杉浦非水《すぎうらひすい》（一八七六―一九六五年）が大正初頭のミュシャ風の三越ポスターで知られ、二〇歳若い山名文夫（一八九七―一九八〇年）の大正後期における資生堂広告がビアズリーの影響を受けているように、一九〇〇年を境にミュシャやアール・ヌーヴォー、世紀末芸術らを一挙に受容することで形成されたモダンな女性表象を、大正期の消費文化を介して実体化していくものとしてあった。

非水はカルピスの広告をデザインし、地下鉄のポスターも手がけた。一九三〇年には大蔵省専売局（現ＪＴ）の嘱託でタバコのパッケージ図案を担当する。そうやって非水は都市空間の生活や日常に、広告やパッケージを通じて形を与えていく。山名はアール・ヌーヴォーを受ける形でアール・デコ風の表象でモダンガールたちを輪郭づける。本書で扱った堀野正雄も、森永の広告写真のカメラマンであった時期がある。

彼らはそうやって「新しい生活」や「新しい日常」をデザインしたのだ。大正モダニズムは消費文化であり、その意味で広告で設計可能な「生活」だった。だから大正モダニズムとその流れを汲む広告家は「生活」を広告でデザインできる技術者であった。

森永製菓広告課から最終的には報道技術研究会に合流する今泉武治の一九三二年のアルバムには、一方ではこの年に刊行される堀野正雄の写真集『カメラ・眼×鉄・構成』収録作品を模倣した習作写真（図1）と、チョコレートの光源と構図を変化させた習作写真（図2）が残されている。機械芸術論とチョコレートの広告写真が同じ場所で交錯している瞬間があったことがうかがえる。

そういうモダニズムに併走したのが、思想的営為を以て「新しい生活」を設計しようとする大正デモクラシーから昭和初頭のマルクス主義であった。デザインと写真、つまり広告に最も近い領域で起きたアヴァンギャルドも、印刷物という複製芸術としてポスターや出版物でその達成を誇示する表現だった。そもそも、ロシア・アヴァンギャルドはソビエトの国家宣伝の達成でもある。それらが、明治のアール・ヌーヴォーを受けて形成された大正モダニズムの「広告」の担い手と昭和初頭、合流していく。ひどく雑駁な言い方だが、そういう環境の中に大正アヴァンギャルドと戦時下の過渡期はあった。

そして、本書が論じてきた花森安治や堀野正男は、その過渡期である一九三〇年前後に青年期を迎え、広告の世界に身を投じた世代だ。大正モダニズムにはやや遅れてきた青年とも言える。

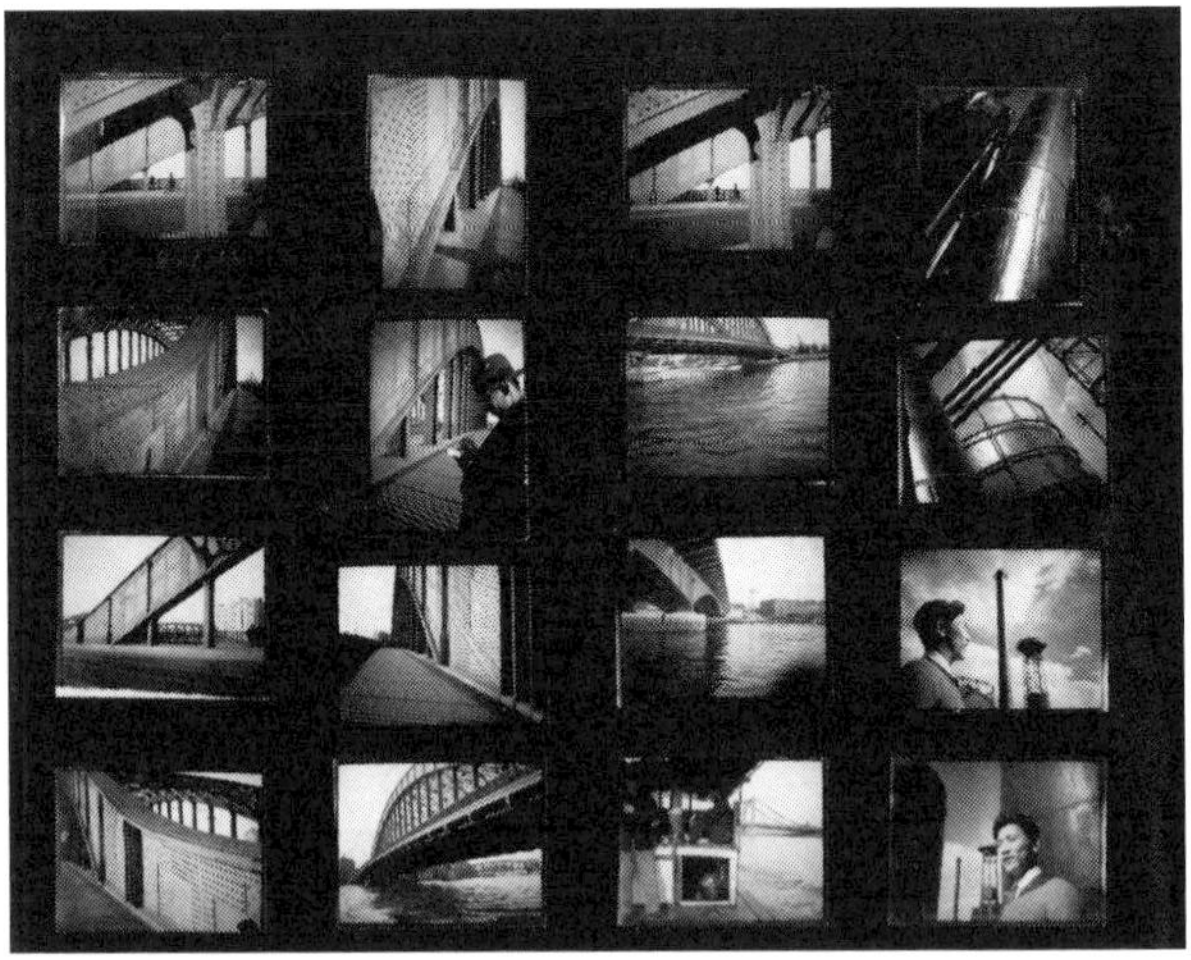

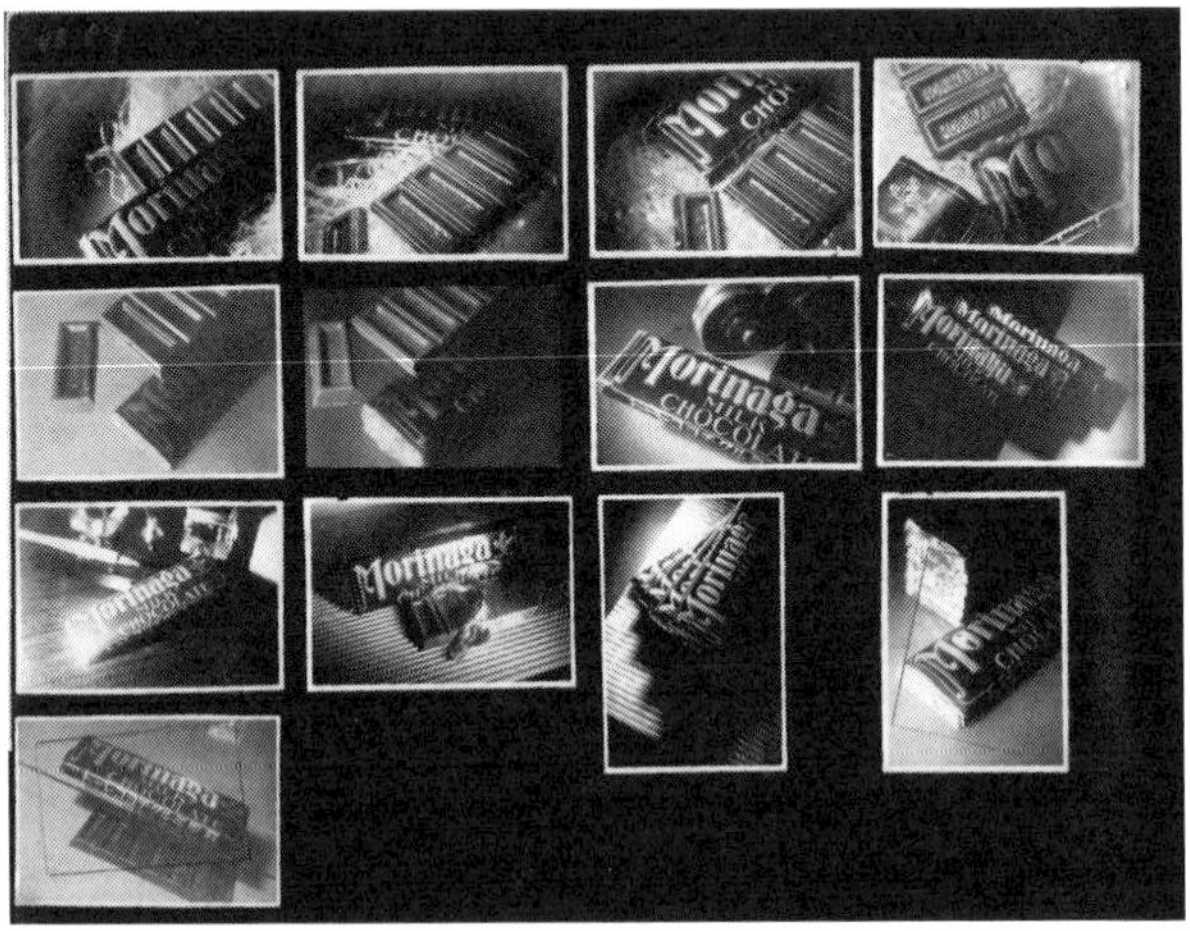


図1（上）堀野正雄『カメラ・眼×鉄・構成』を模倣した習作（今泉武治アルバムより、1932年）
図2（下）森永のチョコレートを、光源と構図を変化させて撮影した習作（同）

しかし、満州事変で鶴見俊輔の言う「十五年戦争」が始まり、世界恐慌による農村部の疲弊は甚大だったが、そこに目を向けずに済ませれば、日中戦争以前は「昭和モダニズム」とでもいうべき大衆消費社会が継続し、むしろ開花していた違う光景が広がる。モガ（モダンガール）も同様で、モダニズム女優と呼ばれた伊達《だて》里子《さとこ》主演のモガ映画は一九三〇年代初頭の作であり、モガ的女性像は映画のトーキー化を受け、むしろ昭和初頭のスクリーンを飾る。そのような「昭和モダニズム」を生きた「女学生」世代が、新体制下の主婦となり、同じように、その時代の広告の担い手が新体制下で「新しい生活」の国家宣伝に転じる。

そこで確認しておきたいのは、彼らに文学者に見られるような「転向」「変節」はあったのか、という問題である。

しばしば、花森ら戦時下のプロパガンダに関与した人々について、彼らはあくまでも広告の技術者として仕事を全うしただけだという擁護論がある。しかし、花森が宣伝技術者を政治と広告の媒介者として積極的に位置付けていたことは指摘した通りである。花森は戦後「騙されていた」と後悔を語るが、戦時広告に身を投じることに花森らに何らかの抵抗や拒否反応があったのかといえば疑問である。彼らはむしろ昭和モダニズムと戦時の「新しい生活」を積極的に結びつけた気がするのだ。

## プロパガンダと芸術の融合

その意味で、堀野正雄『現代写真芸術論』(一九三〇年)は興味深い。「新芸術論システム」というシリーズの一冊で、大正アヴァンギャルドを戦時下のアヴァンギャルドにブリッジさせる著作が多く収録されている。

同書は一九二〇年代後半に書かれた堀野の写真論をまとめたものである。舞台写真から、構成主義的な実験作へと転じる直前の論考からなる。それゆえ、トリック投影(つまりは特撮)や、舞台と映画の融合論など、戦時下の堀野の仕事からすれば異色の、しかし、今見ても新しい論考を収める。

同書の中で重要なのは、堀野が自分の写真のあり方を、エル・リシツキーに言及しつつ、述べているくだりだ。リシツキーは、プロパガンダのために構成主義やフォトモンタージュを積極的に援用することをためらわなかったロシア・アヴァンギャルドを代表する写真家であり画家、デザイナーだ。堀野はリシツキーを踏まえ、異なる現実や領域の「融合」に写真芸術の転換の最新のあり方を見る。

「二つ或ひは二つ以上の『現實』の現實ではあり得ない組み合せ。」「他の藝術部門との併用、或ひは融合。」「種々な段階と様相に於ける寫眞技術の併合、或ひは融合」がある。其處にはイデオロギイの下に作製された超現實的な「魅力ある事實」がある。「宣傳及び啓蒙のための藝術といふ考へと純藝術としても充分な發展を示した藝術といふ考へとの併存がある。」そして夫等が寫眞印刷術と云ふ大量生產過程に導かれた時、最も合目的的に活潑なる運動を開始し得べき潜勢力を有してゐる。寫眞藝術の最初の方向轉換である。

（堀野正雄「新しきカメラへの途」『現代寫眞藝術論』一九三〇年、天人社）

二つの「現実」を一つの写真に納め、あり得ない組み合わせを表現することを、『現代写真芸術論』ではトリック撮影論として展開する一方、堀野の実践では、グラフ・モンタージュを経て「ガスマスク」と「制服」という二つの相反する「現実」の共存を捉えることまで一貫している。他の芸術との融合は、同じく同書では、築地小劇場において舞台装置の代わりに映画の上映を用いることで、舞台上の芝居と映画を融合するという試行錯誤の報告につながる。同時に、「広告」においてはデザインやコピーとの統合が当然含まれる。メディア間の接合という意味でのメディアミックスもありうる。だから、必要に応じてあらゆる写真技術は活用されてしかるべきだと堀野は考える。

そして、これらの融合の行きつく先が、イデオロギーの「宣伝」「啓蒙」、即ちプロパガンダという政治と、純粋な芸術との統合だ、というのである。それが、その時点での最先端の写真のあり方だと堀野は主張する。

むろん、リシツキーに言及する以上、この時点でのイデオロギーはマルクス主義だが、芸術とイデオロギーの融合を堀野は否定しない。それは、彼にとって芸術の必然だからである。

## 「新しい生活」を撮る

それでは「生活」はどう捉えられていたか。

今日に於ては寫眞を社會生活から分離して考へることは不可能である。寫眞は人類生活の記録であり、啓蒙である。夫は一個人のデイレツタンテイズムの表示であつてはならない。そして寫眞藝術には絶對的の藝術理論はない。若し存在するならば、夫はこぢつけであり、理論の爲の理論である。（同）

ここには二つの議論が混在している。

一つは写真そのものが「社会生活」の啓蒙のツールであるということ。プロパガンダを含む、社会性の主張である。つまり、堀野は芸術が「生活」を設計していくことに肯定的である。ここは重要である。

二つ目の議論には少し説明が必要だ。近代写真史においては「芸術写真」はアマチュアによって担われ、プロのカメラマンは商売人とみなされてきたという文脈を念頭に置かなくてはならない。写真館での撮影や、絵葉書などの観光写真、印刷メディア、広告などの実用のための写真を生業とするものは「商売人」で、これが純粋のアマチュアによる「芸術」より一段下に置かれたのである。つまり、堀野のディレッタンティズムの否定はアマチュアの趣味の芸術の否定でもある。ここでいう、「ディレッタンティズム」は芸術それ自体に留まる表現で、「社会生活」の啓蒙、つまりは「新しい生活」の設計に関与しない芸術である。

だから堀野は、芸術のための理論を同時に疑う。それが先の引用の後半の意味するものである。しかし、注意しておきたいのは、それは単なる理論の全面否定ではないということだ。『現代写真芸術論』は、堀野が板垣鷹穂の「機械芸術論」を建造物や巨大船を写真撮影する実践を始めるのと前後して刊行されている。この実践は『カメラ・眼×鉄・構成』として結実するが、それは、詳細な撮影のデータを付して、あたかも理論と実践可能性を検証しているかのようだ。同様にグラフ・モンタージュを「生活」や「日常」を「構成」によって可視化する方法として実践したのが、これも板垣との共同作業「大東京の性格」である。

板垣鷹穂の「機械芸術論」は、このような堀野の検証によって説得力が与えられた面が強い。こういった「理論」と「創作」の融合、理論の創作による実践は報道技術研究会に顕著な戦時下のアヴァンギャルドの大きな特権である。それが「新しい生活」の設計のために機能するのである。

堀野が「モダニズム」そのものを主題としていたことは、女性を撮るならカーヴの多い雪道に乗せ、その変化する光源が描き出す刹那を捉えよ、という奇妙な主張に正確に見てとれる。

堀野は、撮るべきものをこう表現する。


――ジヤズです。

――ダンスです。

近代生活は！　否！　否!!　否!!!　であります。

東京では、ダンスホールのはねる頃郊外へ行く電車に乗ることです。其の中で貴方達の神經に觸れるもの、夫が近代生活《モダーン・ライフ》です。

Extremely にインチキな、醉拂つた、肺病で殆んど骨と皮になつた踊り子がハンドバックの中から色男の寫眞をだして、一あたりのお芝居を御覧になることです。


（堀野正雄「肖像寫眞について」『現代寫眞藝術論』一九三〇年、天人社）

この時、堀野の捉える「近代生活」とは大正、あるいは、昭和初頭の消費社会における「新しい生活」であったのは言うまでもない。堀野にとって被写体とは、女性ではなく「近代生活」そのものなのである。それは、ジャズのごとく自在に変化する「日常」であり「生活」であった、とわかる。つまりは「モード」、流行である。「生活」と言いつつ、その「生活」は「インチキな」、つまり、フェイクや虚構としてのそれでもある。だからこそ国家広告やそのための報道写真に転じても、彼は新たな「モード」、「新しい近代生活」としての戦時下の「生活」や「日常」にむしろ、過敏に反応したのである。堀野の中では「モダニズム」も「新体制」も変化していく「近代生活」の「モード」の諸相に他ならない。

## 若き花森の小説「海港都市の傷感」

それでは花森安治にとって大正モダニズムや大正アヴァンギャルドはどう映っていたか。そのためには、すでに見た、新体制下の婦人雑誌づくりより前の花森を知る必要がある。

まず、佐野繁次郎の許で化粧品の広告をつくった花森がいる。そしてそれと併行し、それ以前から東大の学生新聞の学生編集者だった花森がいる。その時期にはいわゆる瀧川事件が起きている。京都大学の瀧川幸辰《たきかわゆきとき》の学説をマルクス主義的だと鳩山一郎《はとやまいちろう》が糾弾し、辞任を迫った事件だ。東京帝大でも学生たちから強い反発が起きる。馬場マコトによる花森の評伝『花森安治の青春』では、瀧川事件に憤る仲間らの中で花森が一人冷ややかだったとされる描写になっている。同書は左右問わず、花森を非政治的に書く傾向がある。しかし、服装の政治を卒論とした花森を非政治的だと論じることには同意できない。花森が、モダニズムと新体制という二つの「新しい生活」の設計者であったことは既に丹念に検証した。

花森は中学を卒業度、一九三〇年、旧制松江高等学校に入学、文芸部に所属し、校友会誌の編集に関わる。一九三一年から一九三二年にかけて同誌に詩と小文をいくつか残している。

そこには地方都市の高校生である花森が、大正モダニズムや大正アヴァンギャルドの終わりの時代をどう受けとめたかが正確に記録されている。

例えば「海港都市の傷感」には「――主として形式と技巧についての習作――」と副題がある。「形式」という言い方は当時流行の、中河与一のフォルマリズム（形式主義）を想起させる。中河はフォルマリズムの議論の中で「メカニズム」という語を使い、これは板垣の機械芸術論に回収されていく概念でもある。

堀野の『現代写真芸術論』が収録された「新芸術論システム」シリーズには『フォルマリズム芸術論』（一九三〇年）も含まれ、花森少年の知的な環境が一九三〇年前後の先端芸術周辺にあったことがうかがえる。

果たして同作で試される技巧の一つは、現実の空間の上に偶然のもたらす「構成」的な、線や幾何学模様といった美を見出すもので、導入がまずそれだ。

光と影と、それが目まぐるしくアスフアルトの上で交錯して、止め度もなく流れ續けてゐる。香高い夜の散歩街であつた。

（「海港都市の傷感」『交友會誌』一八号、松江高等學校校友會）

視覚的表現、というよりはそれこそ新興写真の類がただちに思い浮かぶ。道路のアスファルトの上に人工的な光源の変化が交錯し、描き出されたものが風景の対象となる。風景そのものより、写真を文字化したような表現である。

坂を上り切つた所で、彼は今上つて來た街を振返つて見た。ずつと向ふに港は廣重ふうに、青く眠つて、脚下にこの近代都市が点々と煌きわたつ展開し、明滅する電飾廣告は、時に蜒々として高架鐵道を疾走する列車の燈火と共に、躍動し進展してゐた。（同）

このように舞台は「近代都市」と明瞭に規定される。堀野の「近代生活」と同様に「近代」という語が無邪気に使われる。先の引用の「アスファルト」、この引用中の「明滅する電飾広告」、あるいは別の箇所での「洋館の尖塔」といったワードは無国籍的な都市空間のわかりやすい比喩であり、その人工的な世界での男女の機微を描くところまで含め、現在に至るステレオタイプがこの時、地方都市の高校の文芸雑誌の中に既にある。

しかもこの都市空間がフェイクであり、そこでの男女の関係も不確かなものであるという都市小説のルーティンの世界像も、昔も今も変わらない。

この小説では男女といっても従兄妹同士であり、しかし互いに恋愛感情めいたものはある。幸子という従姉妹は「ホツト、ポツプ」という食べ物の話をおかしそうにする。

明日英國へ立つ叔父におくる果物をたのまれて、従妹と歩いてゐる彼は、さつきから白つぽくくすぶつて、冴えなかつた。「そしたら、そしたらね、大恥かいちやつた」

「どうして」

「だつて小牧クン、人が悪いのよ。ホット、ポップなんて、そんなもの無いんだツて。僕一寸思ひ付いて言つて見たんだツて、すましてんのよ。すつかり笑はれちやつた。」（同）

存在しない、しかし、いかにもありそうな流行の菓子の名と戯れる様は、つまりは大正モダニズム的なものが幻影なのだと早熟の花森がうそぶいているようで微笑ましい。それもまた、今に通じる都市小説の作法だ。

一方で「彼」、つまり男の方は、幸子が「小牧クン」の話をするのが気に入らない。そして彼の心を知ってか、弄ぶように彼女は小牧たちと麻雀をする、と言って消えてしまう。

しかし、そのくだりは興味深い。


「さよならアー明日ね。」

暫くして振返つて見ると、白いヴエレー帽が流動する光線と喧噪の中へ溶けこんで行くのが見えた。

「ふん、ホツト、ポツプか。」

無意味にさう呟くと、又、來た方へ、輝くネオン、サインと新鮮な櫻んぼの中を、鈍重な感覺を押しこんで行つた。

浴衣地の鮮烈な藍色が飾窓に氾濫してゐた。擴聲器が切れ〴〵な古典情緒をふりまいてゐた。あめりか水夫が醉拂つて車夫と口論してゐた。廣告燈が點滅して、廻つて、冴えてゐた。その下を、何か喰ひ違つた氣持を感じ乍ら、彼は次から次へと交錯する自動車の番號札を、意味もなく一つ〳〵讀んで行つた。　（同）

幸子が「小牧クン」の許に消えた後の不安定な心情の表現において、「光線」「ネオン、サイン」「広告灯」といった人工的な光の交錯する中に、不意に「浴衣地の鮮烈な藍色」が侵入するのだ。これはおそらくはショーウィンドウに展示された浴衣で、「鮮烈な」とあるところから、それは『婦人の生活』における百年を経た藍ではないが、花森の捉えるモダニズムや都市の中に既に「藍」はあることに注意していい。雑誌『婦人の生活』で「藍」を「新体制生活」の表象として説く花森は、同時にその生活の美意識は都市が生み出したものだとも言った。モダニズムと新体制が「藍」によって奇妙に接合している。

そして、その直後「彼」は、偶然、小牧と会い、幸子の嘘を知るのだ。

都市空間の住人である幸子のキャラクター造形に、花森は「嘘」を纏わせ、捉え難いものにしている。

この感覚は、女性を列車に乗せ刹那刹那変化する光の中で女を撮れ、近代生活はジャズだと言った堀野に通じる。幸子は「モダニズム」の表象なのである。そのような女性の捉え難さが、この小説の一つの主題になる。

幸子が会うはずの小牧は、彼に、新発見の絵具の話をする。

「そりやい丶が、その新發見の繪具てのは一体何だ」
「つまりね」
元氣よく言ひかけて、ひよいと先刻の女の視線と會ふと、素氣なく吐出す様に言つた。
「つまりね。おしろいと紅と眉黛の三原色だよ」 (同)

小牧との絵具の話題は膨らまないが、近世趣味が不意にここでも侵入する。しかし、それは伝統回帰というわけでもない。むしろ、過剰なものへの否定であろう。『婦人の生活』で花森が主張するのは、都市生活が誤って生み出した過剰な美ではなく合理の美だ。先の「浴衣地の鮮烈な藍色」も過剰な美だ。既に、『婦人の生活』に至る花森の審美の基準は確立している。

「彼」は再び会った幸子に、太陽の光線を七色にスペクトル分析した「太陽の七色絵具」という思いつきの話を滔々とする。興味を示した幸子は言う。

「ほんと。ぢや出來たら一番さきに、幸子描いてね。素晴しいわ。そして專賣特許でも取る、と。」

　それをきいて急に、いやな氣持がした。

「ところが出來ないんだよ。そんな事うそだよ。」

「うそ？　あら、どうして。」

「そんな事出來つこないんだ。今言つたのは僕の空想だ。」

「ああら。幸子だまされたの。」

（同）


　自分を描いてとねだる幸子にそんな絵具は嘘だと小牧の「ホット、ポップ」の嘘のようにからかう。この時点で「彼」は幸子を描く、つまり、実像を知ることに躊躇いがある。互いが互いに嘘をまとっている関係の方が安定している、というわけだ。しかし意外にも幸子は「いけないわ。嘘なんか」とむくれる。その言葉に、かえって彼女の小牧と会うと言った「嘘」に拘泥してしまう。

　しかし、都市小説であれば、その互いの不安定さを抱えて生きるか、カタストロフの訪れと相場は決まっている。

## 少年たちのアヴァンギャルド的教養

小説の後半は、幸子と彼が港で「叔父さん」を見送る場面である。船が堀野の「巨大船」のごとく描写されているとまでは言わないが人工的な喧騒や都市空間の延長として港もまた描かれる。その彼の手が、船上のロシア人の踊り子らの投げたテープを三つ、偶然受け止める。彼は見も知らぬ彼女らとの「別れ」の相手となる。

幸子は叔父に手を振るが声は届かない。その手に彼は踊り子のテープの一つを握らせる。

つひに一本、一本、冷たい感觸を以て、プツンプツンとテープは切れて行つた。彼等の手のテープも切れた。切れて風にあふられて、あを空へ大弧を畫いてはる〴〵とひるがへつた。まだじつと叔父の方を名殘惜しげにみつめてゐる幸子の肩を抱いて、半ば放心した様に、ろしあ娘に手を振りつゞけてゐる彼の眼に、娘の顔が、テープの切れ端が、船が、空が港内が、一切が焦点を外れた様にふやけて來た。（同）

堀野的というか、精緻な機械芸術的空間が、彼の涙で崩れるのである。気がつけば、隣の幸子の目にも光るものがある。この見も知らぬ踊り子との偶然の別離が、彼らを機械的都市空間から解放し、だから「彼」は幸子に「普通の絵具だけど、幸ちゃん。僕、お前を描く」と言うのだ。

「普通の」というありふれた形容が肝だろう。花森の女文字は和装・洋装関係なく、女性の「生活」を普通の服やモノの「工夫」で輪郭づける、つまり「普通の絵具」で描くのである。「都市」だ「形式」だと言う割には他愛のない、恋愛小説的結末だが、花森の戦時下の「女文字」と矛盾しない。

しかし、そもそも、この時期の花森にこのような解釈の前提となる、機械芸術論的素養が果たしてあったのか。

答えは、ある、だ。

そのことを裏付けるのは、『校友會誌』の翌一九号（一九三二年三月）に掲載された詩「鐵骨ノ感覚」である。

鉄骨ハ逞マシイ
感情
構成スル
稜柱ト稜角ハ
斜ニ截劃スル青穹
遙カ上空ニ
点下凝集スル

ソノ尖
ヒラメク
ヒラヒラト小サナ
旗

（花森安治「鐵骨ノ感覚」『校友會誌』一九号、一九三二年二月）

これは明らかに掘野の『カメラ・眼×鉄・構成』を見、機械芸術論をめぐる議論を知っているとしか思えないものだ。「鉄」だけでなく「積角」「斜」「凝集」といった表現は、掘野やそのベースとなったジェルメーヌ・クルルのエッフェル塔写真を見ていないと表現し難いものである。『カメラ・眼×鉄・構成』は一九三〇年に「新しきカメラへの途」（『フォトタイムス』）として連載、一九三二年六月には写真集として刊行されている。写真集は無理だが雑誌連載でこの時の花森が触れることは充分に可能だ。このことから新興写真運動の最先端の動向は地方都市の高校生にリアルタイムで届いていたことがわかる。

敗戦直前の手塚治虫の映画的な教養もそうだが、戦時下の一〇代の少年たちのアヴァンギャルド的教養を侮ってはならない。この詩については、最後の「旗」が花森の「あの旗を射たせて下さいッ！」の「旗」なのか、とまでは言わないにしても、彼らのその後の表現の基調にこういったアヴァンギャルド的教養は確実にあるのだ。

## 江戸の生活を描く文体を採用した「泣きわらひ」

その花森の高校時代の作品で最も興味深いのは小説「泣きわらひ」（『校友會誌』二〇号）である。この二〇号は、表紙や目次のデザインを含め、花森が編集の中心であった一冊だ。それまでの表紙が雑誌タイトルと号数だけのシンプルなものであったのに対し、正方形を幾重にも重ねた構成主義的なデザインを採用している。

作品名と作者名をドットで繋ぐ目次も当時としては斬新だったと言われる。タイポグラフィーという概念の萌芽が確実にある。そういう編集者・花森安治の最初の一冊に、自ら寄せた小説である。

この小説も副題があり、「踊ゆかたの伊達染の中に経かたびらを――鶉衣」とあるところが興味深い。これは、「海港都市の傷感」の副題がフォルマリズムからの借用であったのに対し、近世の風流人として知られる横井也有《よこいやゆう》（一七〇二―一七八三年）の俳文集『鶉衣《うずらごろも》』が出典である。俳諧という分野では松尾芭蕉と双璧とされる人物である。しかし、それを以てモダニズムや機械芸術論から古典への転向などととるのは誤読である。

『鶉衣』は、作者の死後に出版されているが、題名の「鶉衣」とは「あやしくはへもなききれぎれ」、つまり、鶉の羽のごとく「見栄えのしない布々」を集めた文集だというニュアンスであるとされる。

見栄えのしない布に意味を見出すあたり、『婦人の生活』を彷彿とさせる。また、也有の貧乏暮らしに見られる工夫や節約は、江戸の「ていねいなくらし」とも言える。小説そのものも『鶉衣』の文体を模しているが、「海港都市の傷感」の最後で、女、すなわちモダニズムを「普通の絵具」で描くと言ったのを受け、選択された文体が俳諧という近世の「日常」や「生活」の機微を描く文体であった、ととるべきだ。

副題の出典は正確には、『鶉衣』の一編「幽霊説」の一節、「踊ゆかたの伊達染の中へ、経かたびらを耻づるにや」に恐らくある。初秋の盆会に、幽霊は表門から堂々とくればいいのに遠慮する様を也有はそう表現した。盆踊り用の伊達染は派手な模様や色で、その浴衣の下の「経かたびら」、つまり、死に装束姿が幽霊には恥ずかしい、ということなのだろう（あるいは、伊達染の人の群れの中に死装束で現れるのが恥ずかしいの意味か）。

「海港都市の傷感」における「浴衣地の鮮烈な藍色」が大正モダニズム的な消費社会のモードの一つでもあるとすれば、「伊達染」は近世の都市空間に成立したモードである。しかし、いずれも『婦人の生活』で、着物の柄一つとっても「大柄に大柄に、もっと強い色に強い色に」なったと批判した、都市生活が生み出した過剰なものの表象だ。だとすれば、副題で幽霊が恥じているのは、「経かたびら」でなく「伊達染」の方ともとれる。やはり、花森の美学は一貫している。

とはいえ、「伊達染」の下に死に装束という組み合わせは示唆的ではある。

掲載誌刊行時点でも、満州事変が勃発、既に戦時下である。『校友會誌』の後記にも、検閲で掲載不可となった文章が出たとある。モダニズムの衣を死者がまとうという不吉さは、ここから先に来る時代を偶然だろうが予見もしている。

## 虚実の皮膜を生きる女を引き戻す

その小説「泣きわらひ」であるが、現代の「鶉衣」のごとき生活をする「チヤイコウスキー」を名乗る外国人をめぐる怪談である。その点でも副題の出典が『鶉衣』の一編「幽霊の話」であることに忠実だ。「伊達染め」の下に死に装束、とはチャイコウスキーの正体を示唆もしている。

このチャイコウスキーは、長屋の朽ち果てた借家でそれこそ「鶉衣」に描かれるような「赤貧の生活」をしている。この人物に「私」が遭遇するのは、恋人の晶子の「チヤイコウスキーを知っている」という嘘としか思えない言葉が発端である。そして、戯れに案内させれば本当に同じ名の人物がいた、というものである。

> 同じやうな長屋のならびの一軒の前に立つと私をそこへ押つけるやうにして、こゝやねんわ。私はいさゝか勝手が違ふので、てれながら、その家を見ると、硝子のは入《ママ》つてゐた時代もあつたに違ひない格子戸が、所どころ格子の折れたまゝ黄色くなつた新聞紙をはられて、入口に半びらきに歪んでゐる、その上に、墨汁で儼然と古めかしく、**Prof. Tschaikowski** と書いた紙片が掲げてある。こんな様子を見ると、今迄この露路の空氣に壓しつけられてゐた私の

浪曼的な想像力が、こゝでまた働き出して、ではやはり、これは亡命のチヤイコフスキー《ママ》教授の、侘びずまひに相違あるまいと考へはじめたので、あゝ、それではこれがチヤイコウスキー教授の邸宅であるのかと、晶子をふりかへると、驚いたことには、もう何時の間にか姿を消して、あたりにはどこにもその姿は見られなかつた。

（花森安治「泣きわらひ」『校友會誌』一二〇号）

私をしぶしぶ案内してきた晶子という恋人も幽霊のごとく姿を消す。虚実の皮膜を生きる、本当とも嘘ともつかぬ女のことばに翻弄されるというモチーフは「海港都市の傷感」と同じ趣向である。やはり、花森にとって捉え難いのは「女の顔をした近代」と言ったところか。

「私」はチャイコウスキーのために家賃の催促にきた家主を言いくるめたりもする。最後は、再び現れた晶子とチャイコウスキーと三人でありもしない歌を歌い戯れる。つまり、そこで虚実の境界が曖昧になるわけだ。

するとと「私」は不意に晶子に欲情する。

私は少し汗ばんだ晶子の手を、それとなくまさぐつて、甘い感傷にふけつてゐたが、流れる音樂と、次第に情緒が昂ぶつて來るにつれ、つと私は衝動に馳られて、握つてゐる手にぎゆつと力をこめたそのとき、らふそくが盡きたのか、くらくらとゆらめいて、ふつと消えてしまつた。興奮して、おや、らふそくがと言ふと、こわいわ。そして、らふそくはありませんの、と便所の教授へ、晶子が叫びかけたが、不思議に返事がないので、きこえないのだらうか、とも一度呼んでみたが、やはり返事がない。私は何かしら教授の好意らしいものを感じて、熱い聲で、晶ちゃんと呼ぶと、それにかまはず、晶子は、ねえ、らふそくは、と叫ぶのだが、やはり物音がせぬので、けつたいやわ、と私の手をすりぬけ、こんどは便所の前まで足さぐりで行つて、あの、ろうそくはありませんの、と訊く様子であるが、い、ぢやないか。と少し狼狽して私が言ひかけた途端、突然あへぐやうな聲で、ちよ、ちよつと、マッチすつて欲しいわ。（同）

晶子は、「私」の欲情など意に介さず、仕方なくそこでマッチを擦ると首を吊ったチャイコウスキーが梁の下に揺れていて、さて二人がたった今、会ったのは幽霊なのか、という「怪談」としてつくられている。「女」は手の中になく、首吊り死体が目の前にあるわけだ。

しかし、「海港都市の傷感」と並べて見た時、いずれのヒロインも虚実の皮膜を生き、向こう側から女を引き戻す、という構造になっていることに気付く。この小説であれば、チャイコウスキーは「死体」に、女はかろうじてこちら側につかの間の腑分けをした、ととれる結末だ。

女は「ホット、ポップ」なのである。それを捉えよう、というのが花森の主題だ。

では、近衛新体制は「虚実」の実の側なのか。むしろ、「虚」の側でないのか。そう、この時の花森に聞いてみたくなる。

『婦人の生活』のあとがきで「新体制」こそが都市の消費生活を継承すると説く時、彼にとって近衛新体制とは自分たちのモダニズムの到来を告げるものであったようにやはり思える。それは芸術とプロパガンダの統合を厭わない堀野にも言える。

彼らにとって近衛新体制こそが、大正モダニズム、あるいは近代の達成を目論むものとしてあった。そのための「啓蒙」や「新しい生活」の設計に彼らは社会参加したのである。それは、モダニズム下の化粧品などの女性目線の広告を出発点に、アヴァンギャルドを経由した戦時下のプロパガンダの担い手に共通のものではなかったか。

花森にとって「女」という「ホット、ポップ」の実体化こそが近衛新体制であった、とも言える。

# あとがき――「暮《くら》し」のファシズム

二〇二〇年のコロナ禍、緊急事態宣言が出された四月上旬頃から家庭用小麦粉、中でもパンケーキの材料となる強力粉やホットケーキミックスが品薄になり、その特需は夏まで続いた。いわゆる「巣ごもり需要」であり、月によっては前月比一〇〇%を超えるメーカーもあったという。マスク、消毒液、トイレットペーパーとともにパンケーキミックスが買い占めや転売の対象にさえなった。

自粛中、実際にパンケーキを焼いた家々は少なくなかったことは、レシピの検索数などweb上のデータにも表れている。母親世代による検索が多いという記事もある。

だが、この自粛の息苦しさの中、パンケーキをめぐる奇妙な喧噪に、ぼくは近衛新体制の「新生活」下で起きたホットケーキ騒動を思い出しもした。一九四一（昭和一六）年一月一三日の『東京朝日新聞』朝刊は以下のような「ホットケーキもめる」という記事を掲載している。

◇ホットケーキは歎く――、冬の日の街に出人々に輕い代用食としても好まれるホットケーキが近頃大分姿を消して來た、これには〝ホットケーキは代用食なりや洋生菓子なりや〟といふ次の様な綺談？もある

◇警視廳經済保安課で銀座の食堂、喫茶店の一齊檢査をした時に係官の眼にとまつたのが二十五戔で賣られてゐた此のホットケーキ

之は代用食で菓子ではないから九・一八停止價格であるとの店側の言分だつたが、ケーキといふ名からしても當然洋生菓子だ從つて食堂喫茶店賣り一個（十匁以上）八戔の公定價格によらねばならぬと係官のお叱言――

そこでホットケーキは二枚重ねだから之を二個と見て十六戔となり「此のお値段では中々引合ひません、おまけに近頃の玉子不足ではとても造れません」といふことになつた譯

◇處が更に說をなす者あり「ホットケーキは二枚重ねが常識だ、社會通念上之は一個と見るべきだ」と、之に對する取締當局の見解は

問題は量目だ、一枚が十匁以上あれば一枚一個として一人前十六戔でもよからう、十六戔取つて二十匁以下だつたら量目違反だ

――いやどうも菓子一つ食ふにもうるさいことだ

（「ホットケーキもめる」『東京朝日新聞』朝刊、一九四一年一月一三日）

ホットケーキが「代用食」なら本書でも触れた「九・一八停止価格」、つまり国家総動員法が一九三八年に定めた同年九月一八日時点に物価を固定する規定に従って二五銭で売れるが、菓子なら公定価格に従って一つ八銭で売らなくてはならない。つまり、代用品か菓子かで販売価格が違うのである。しかも一枚か二枚かでも規定の運用が異なる、という。次々発せられる政策が次々齟齬を起こすというのもコロナ禍で仄聞した気がする。

最終的には、商工省物価局価格三課が「ホットケーキは菓子である」「価格は一枚単位とする」と裁定するに至る。しかし、続報に至っては「放つとケーキ」などというつまらない駄洒落を記し、年が明け、翼賛体制が本格化していく中で、妙に「明るい」ニュースになっている。

だが、その「ホットケーキ」といういたって「日常」的アイテムや、記事の「明るさ」は、翼賛体制をつくり上げていく一方での基調であり、それは本書が「女文字」と呼ぶ「生活」や「日常」や「暮し」にまつわることばと不可分なのだ。大袈裟に聞こえるかもしれないが「ホットケーキ」の非政治性は、翼賛体制という政治の表層をコーティングし、その本質を見え難くするのだ。

しかも、このホットケーキ問題は販売価格に留まらない。翼賛体制の自粛下、主婦は家庭でも

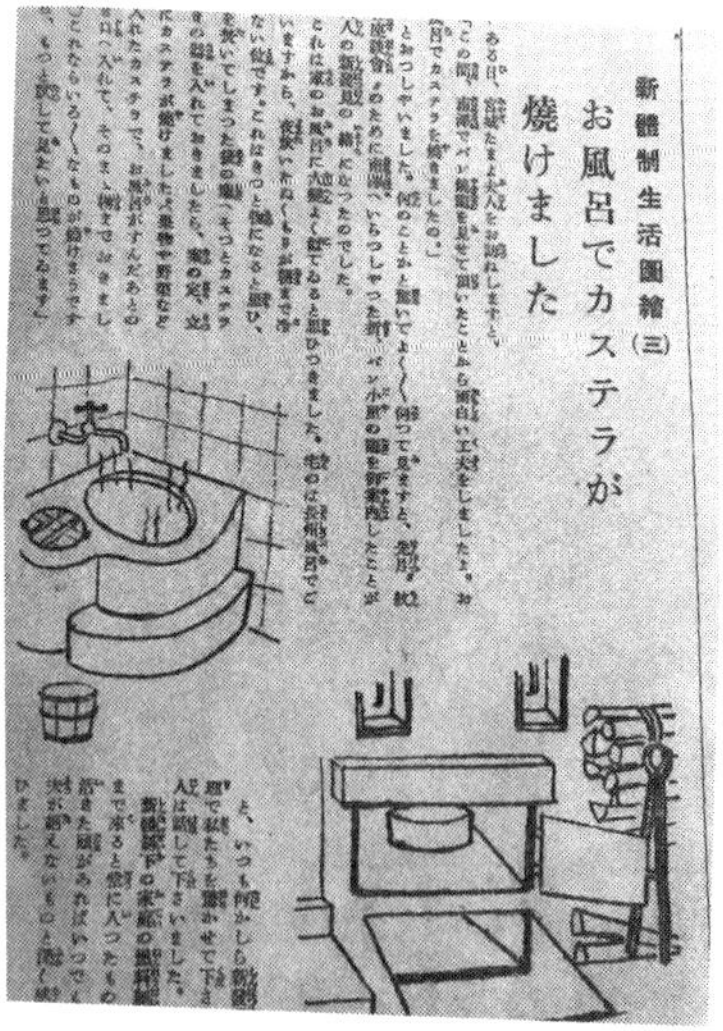


図1 「お風呂でカステラが焼けました」『婦人之友』1940年10月号

ホットケーキを焼いたのである。正確に言えばホットケーキではなく「カステラ」だが、風呂の火焚き口の残り火を竈代わりにカステラを焼く「工夫」が、婦人雑誌の「新体制」特集では挿絵入りで紹介されるのだ（図1）。この状況で粉物のケーキを焼くか、と思うが、コロナ下も戦時下も主婦たちは、万難を排し、「焼く」のである。戦時下においては、小麦粉を用いた日常食は「代用食」という定義であり、カステラも含まれる。「節約」「工夫」は、本書でも論じる、翼賛体制用語に見えない翼賛体制用語の一つだが、しかし、戦時下の自粛生活の中でも主婦たちは楽しくカステラを焼くのである。

それは生活を少しでも明るく楽しいものにしたい、というより「節約」「工夫」し、代用食として「カステラ」を焼くことが、そのまま主婦の近衛新体制への社会参加となるからだ。

つまり、手軽な自発的動員である。それは、コロナ禍のパンケーキ焼きが、「自粛」や「新しい日常」といった政治が示す指針に従う、「お家」でできる社会参加であったことと重なって見えもする。

それにしても、である。

近衛新体制前後に起きた出来事や用いられることばの中には、どういうわけか二〇二〇年のコロナ禍の「自粛下」で求められた「新しい生活」を連想させることが、これ以外にも少なくない。そもそも「新しい生活」という言い方自体、「新体制生活」を連想させると、序に書いた通りだ。営業時間の短縮、行列の自粛など、目的は違うが、国や行政が思いつくことはかなりの確率で被る。繁華街で、自粛を守っているかチェックして回るなどという記事は戦時下もコロナ下も共通だ。

しかし、何故、コロナ下と戦時下の行政の言い出すことは、似通ってしまうのか。つられるように私たちも同じ行動を取ってしまうのか。

例えば、二〇二〇年春の第一波の「自粛」時、何故か小池東京都知事は国の方針に反する形で美容院の「自粛」に拘泥した。その理由は理屈では濃厚接触のリスク回避ということになるのだろうが、理容院は自粛の対象とせず、美容院のみを「不要不急」とすることに執着した小池知事の不合理な選択に、ぼくは「パーマネントは止めませう」のスローガンを重ねる。一九三九年六月一六日、国民精神総動員委員会は「学生の長髪、パーマネント、ネオンの禁止」を運動方針とした。実際には度の過ぎた「盛り」のパーマネントが対象とされただけだが、しかし、あの時、小池知事の頭の奥底で「パーマネントは止めませう」と響かなかったか。

あるいは、同じく小池知事は自粛下に断捨離を推奨する「こんまり」の動画を配信した。これも奇妙だ。しかし本文で見たように新体制下の婦人雑誌を見ると、服や不用品の整理というミニマリストめいた記事が躍るのだ。自治体主導の「断捨離」が戦時下、あったことは本文に詳しく示した。菅政権下では「共助」の語も復興した。

むろん、現在のコロナ禍、これらの「政策」を行政が持ち出してきた直接的な理由は違うはずだ。

しかし、忘れるべきではないのは、コロナ禍において人々は、それを「コロナとの戦い」「非常時」と「戦争」を比喩することに熱心だったことだ。このあとがきを書いている今も朝のワイドショーでリベラルで知られたはずのコメンテーターが「有事」を叫んでいる。そのことで為政者も人々も奇妙な高揚をしなかったか。僕には「医療従事者にエールを」という惹句が、どうしても「兵隊さんありがとう」と同じ響きを持って聞こえてしまう。

だからぼくは、コロナ禍を戦争を比喩に語ることで、「今」を戦時下に無自覚に擬態させてしまうのではないか、その記憶をそうとは知らぬまま引き寄せてしまうのではないか、と危惧を表明してきたのである。

それは何もかも戦争やファシズムの予兆とするサヨクの妄想としか思われなかったが、当時の首相・安倍晋三はコロナを「第三次世界大戦」に喩えたと田原総一朗がブログに記し、それを一斉に各紙が報じた。安倍は後に『産経新聞』のインタビューで「そんな発言はしたことはない」

と否定しているが、真偽はともかく、総理自らが語る「戦時下」という比喩に多くのメディアが高揚したことは確かだ。

そして「新しい日常」を連日、パネルで説き、美容院の自粛にこだわり、断捨離を推奨した小池知事は記者会見で、ある日、自身の体調についての質問にこう答えている。


体調は大丈夫です。撃ちてし止まん型ですから、とにかく、都民の命を守るというのが今、私の最大のミッションだとこのように思いながら、それがエネルギーになって、みなさんとともに、このコロナに打ち勝っていきたい。（小池百合子記者会見、二〇二〇年四月一七日）

「撃ちてし止まむ」は、いうまでもなく、一九四三年の戦時スローガンで、このスローガンの巨大ポスターが有楽町の日劇正面に掲げられたことで知られる。コロナ禍の高揚が、小池知事の中で戦時スローガンを引用させたことは事実である。

このようにコロナ禍は、注意しないと不用意に「戦時下」を引き寄せてしまう。

その時、ぼくは「自粛」における同調圧力がもたらした重苦しさ、「国民皆マスク」制度だといわんばかりに誰もがマスクで統一された街頭の光景に改めて違和感を持つ。それは、戦時下のアイコンとしてのガスマスクを連想させる。

なるほど、「自粛」そのものは、治療薬やワクチンといった医学的な対応が確立されていない時点では「正しい」ことなのだろう。しかし、その「正しさ」とともにコロナ禍の当初は幾許か語られていた同調圧力への反発は姿を消している。

だが、その「正しさ」を以て、私たちはかつての戦時下、かつてのこの国の日常生活に当時の人々がつくりだした社会と同じ社会を再びつくりだしてはいないか。それは、本物の戦争や翼賛体制に似た社会を私たちに待望させてはいないか。自らファシズムを召喚する結果になっていないか。だから、一見、科学的で異論の唱えようのない均一さに人々が従う様に、私たちの生活や日常の細部に入り込んだ現在の「暮しのファシズム」とでもいうべきものに、ぼくはアメリカのトランプ支持者とは違う立ち位置から、きちんと違和を感じ発語していたい、と思う。

そのために、つまり、この「暮しのファシズム」に正しく違和感を持つために、かつて近衛新体制で「新しい生活」「新しい日常」としてつくられていった諸相をこの機会に具体的に振り返ってみようというのが本書の意図である。

しかし、その時、コロナ禍を境とする新旧の区別なく、私たちが確かな「生活」「日常」と信じるものの出自が、この時期の「新体制生活」の中でつくられたことに改めて気づくはずである。

このように最終的には、本書は「日常」の戦時下起源をめぐって書かれる。

その中で、かつての非常時に、コロナ禍の現在のみならず、戦後の「日常」そのものがその出自を持つことを明らかにした。私たちが、コロナを戦争に喩えただけで高揚するのは、この戦後の「日常」そのものが銃後の「日常」に通底するからだ。
戦争はかつて「日常」や「生活」の顔をしてやって来たのである。

**大塚英志**　おおつか・えいじ
1958年生まれ。まんが原作者、批評家。神戸芸術工科大学教授、東京大学大学院情報学環特任教授を務め、現在、国際日本文化研究センター教授。まんが原作に『黒鷺死体宅配便』『クウデタア〈完全版〉』（KADOKAWA）他多数。評論に『感情天皇論』（ちくま新書）、『感情化する社会』（太田出版）、『大政翼賛会のメディアミックス』（平凡社）、『日本がバカだから戦争に負けた』『文学国語入門』（星海社新書）、『ミュシャから少女まんがへ』（角川新書）他多数。

筑摩選書　0208

「暮《くら》し」のファシズム
戦争《せんそう》は「新《あたら》しい生活様式《せいかつようしき》」の顔《かお》をしてやってきた

二〇二一年三月一五日　初版第一刷発行
二〇二一年一一月一〇日　初版第三刷発行

著者　大塚英志《おおつかえいじ》
発行者　喜入冬子
発行所　株式会社筑摩書房
東京都台東区蔵前二-五-三　郵便番号　一一一-八七五五
電話番号　〇三-五六八七-二六〇一（代表）
装幀者　神田昇和
印刷 製本　中央精版印刷株式会社


ISBN978-4-480-01725-3 C0321

筑摩選書 0152

陸軍中野学校
「秘密工作員」養成機関の実像

山本武利

日本初のインテリジェンス専門機関を記した公文書が新たに発見された。謀略研究の第一人者が当時の秘密戦工作の全貌に迫り史的意義を検証する、研究書決定版。

筑摩選書 0048

宮沢賢治の世界

吉本隆明

著者が青年期から強い影響を受けてきた宮沢賢治について、機会あるごとに生の声で語り続けてきた三十数年に及ぶ講演のすべてを収録した貴重な一冊。全十一章。

筑摩選書 0111

柄谷行人論
〈他者〉のゆくえ

小林敏明

犀利な文芸批評から始まり、やがて共同体間の「交換」を問うに至った思想家・柄谷行人。その中心にあるものは何か。今はじめて思想の全貌が解き明かされる。

筑摩選書 0162

民主政とポピュリズム
ヨーロッパ・アメリカ・日本の比較政治学

佐々木毅 編著

ポピュリズムが台頭し、変調し始めた先進各国の民主政。その背景に何があるのか、どうすればいいのか？各国の政治状況を照射し、来るべき民主政の姿を探る！

筑摩選書 0163

骨が語る兵士の最期
太平洋戦争・戦没者遺骨収集の真実

楢崎修一郎

玉砕、飢餓、処刑――太平洋各地で旧日本軍兵士を中心とする約五〇〇体の遺骨を鑑定してきた人類学者は何を見たのか。遺骨発掘調査の最前線からレポートする。

筑摩選書 0195

メガ・リスク時代の「日本再生」戦略
「分散革命ニューディール」という希望

飯田哲也
金子勝

パンデミック、地球温暖化、デジタル化の遅れといった巨大リスクに覆われ、迷走する「ガラパゴス・ニッポン」。いかに脱却するかの青写真を提示した希望の書！

筑摩選書 0191

3・11後の社会運動
8万人のデータから分かったこと

樋口直人
松谷満
編著

反原発・反安保法制運動には多数の人が参加した。なぜ、どのような人が参加したのか、膨大なデータから多角的に分析。今後のあり方を考える上で示唆に富む労作！

筑摩選書 0186

皇国日本とアメリカ大権
日本人の精神を何が縛っているのか？

橋爪大三郎

昭和の総動員体制になぜ人々は巻き込まれたのか。戦後のアメリカ大権を国民が直視しないのはなぜか。戦前の聖典『国体の本義』解読から、日本人の無意識を問う。

筑摩選書 0184

明治史研究の最前線

小林和幸
編著

政治史、外交史、経済史、思想史、宗教史など、多様な分野の先端研究者31名の力を結集し明治史研究の最先端を解説。近代史に関心のある全ての人必携の研究案内。

筑摩選書 0176

ベストセラー全史【現代篇】

澤村修治

1945年から2019年までのベストセラー本をすべて紹介。小説・エッセイから実用書・人文書まで、著者と作品内容、出版事情などを紹介する壮大な日本文化史。

筑摩選書 0177

ベストセラー全史【近代篇】

澤村修治

明治・大正・昭和戦前期のベストセラー本を全て紹介。近代の出版流通と大衆社会の成立、円本ブーム、戦争と出版統制など諸事情を余さず描く壮大な日本文化史。

筑摩選書 0161

終わらない「失われた20年」
嗤う日本の「ナショナリズム」・その後

北田暁大

ネトウヨ的世界観・政治が猛威をふるう現代日本。アイロニーに嵌り込む左派知識人。隘路を突破するには何が必要か？　リベラル再起動のための視角を提示する！

筑摩選書 0160

教養主義のリハビリテーション

大澤聡

知の下方修正と歴史感覚の希薄化が進む今、教養のバージョンアップには何が必要か。気鋭の批評家が鷲田清一、竹内洋、吉見俊哉の諸氏と、来るべき教養を探る！

筑摩選書 0153

貧困の戦後史
貧困の「かたち」はどう変わったのか

岩田正美

敗戦直後の戦災孤児や浮浪者、経済成長下のスラムや寄せ場、消費社会の中のホームレスやシングルマザーなど、貧困の「かたち」の変容を浮かび上がらせた労作！

筑摩選書 0173

掃除で心は磨けるのか
いま、学校で起きている奇妙なこと

杉原里美

素手トイレ掃除、「道徳」教育など、教育現場では奇妙なことが起きている。朝日新聞記者が政治家から教師、父母まで徹底取材。公教育の今を浮き彫りにする！

筑摩選書
0154

1968〔1〕文化

四方田犬彦 編著

1968〜72年の5年間、映画、演劇、音楽、写真、舞踏、流行、図像、雑誌の領域で生じていた現象を前景化し、歴史的記憶として差し出す。写真資料満載。

筑摩選書
0155

1968〔2〕文学

四方田犬彦／福間健二 編

三島由紀夫、鈴木いづみ、土方巽、澁澤龍彥……。文化の〈異端者〉たちが遺した詩、小説、評論などを収録。反時代的な思想と美学を深く味わうアンソロジー。

筑摩選書
0156

1968〔3〕漫画

四方田犬彦／中条省平 編

実験的であること、前衛的であること、アンダーグラウンドであること。それが漫画の基準だった——。第3巻では、時代の〈異端者〉たちが遺した漫画群を収録。

筑摩選書
0150

憲法と世論
戦後日本人は憲法とどう向き合ってきたのか

境家史郎

憲法に対し日本人は、いかなる態度を取ってきただろうか。世論調査を徹底分析することで通説を覆し、憲法観の変遷を鮮明に浮かび上がらせた、比類なき労作！

筑摩選書
0147

日本語と道徳
本心・正直・誠実・智恵はいつ生まれたか

西田知己

かつて「正直者」は善人ではなかった⁉「誠実」な人もいなければ、「本心」を隠す人もいなかった⁉ 日本語の変遷を通して、日本的道徳観の本質を探る。

筑摩選書 0146

# 帝国軍人の弁明

エリート軍人の自伝・回想録を読む

保阪正康

昭和陸軍の軍人たちは何を考え、どう行動し、それを後世にどう書き残したか。当事者自身の筆による自伝・回想・証言を、多面的に検証しながら読み解く試み。

筑摩選書 0145

# 楽しい縮小社会

「小さな日本」でいいじゃないか

森まゆみ
松久寛

少子化、先進国のマイナス成長、大変だ、タイヘンだ……？　持たない生活を実践してきた作家と、技術開発にしのぎを削ってきた研究者の意外な意見の一致とは！

筑摩選書 0143

# アナキスト民俗学

尊皇の官僚・柳田国男

絓秀実
木藤亮太

国民的知識人、柳田国男。その思想の底流にはクロポトキンのアナーキズムが流れ込んでいた！　尊皇の官僚にして民俗学の創始者・柳田国男の思想を徹底検証する！

筑摩選書 0142

# 徹底検証　日本の右傾化

塚田穂高 編著

日本会議、ヘイトスピーチ、改憲、草の根保守、「慰安婦報道」……。現代日本の「右傾化」を、ジャーナリストから研究者まで第一級の著者が多角的に検証！

筑摩選書 0141

# 「働く青年」と教養の戦後史

「人生雑誌」と読者のゆくえ

福間良明

経済的な理由で進学を断念し、仕事に就いた若者たち。知的世界への憧れと反発。孤独な彼ら彼女らを支え、結びつけた昭和の「人生雑誌」。その盛衰を描き出す！

筑摩選書 0133

憲法9条とわれらが日本
未来世代へ手渡す

大澤真幸 編

憲法九条を徹底して考え、戦後日本を鋭く問う。社会学者の編著者が、強靭な思索者たる井上達夫、加藤典洋、中島岳志の諸氏とともに、「これから」を提言する！

筑摩選書 0131

「文藝春秋」の戦争
戦前期リベラリズムの帰趨

鈴木貞美

なぜ菊池寛がつくった『文藝春秋』は大東亜戦争を牽引したのか。小林秀雄らリベラリストの思想変遷を辿り、どんな思いで戦争推進に加担したのかを内在的に問う。

筑摩選書 0119

民を殺す国・日本
足尾鉱毒事件からフクシマへ

大庭健

フクシマも足尾鉱毒事件も、この国の「構造的な無責任」体制＝国家教によってもたらされた――。その乗り越えには何が必要なのか。倫理学者による迫真の書！

筑摩選書 0118

〈日本的なもの〉とは何か
ジャポニスムからクール・ジャパンへ

柴崎信三

様々な作品を通して19世紀末のジャポニスムから近年のクール・ジャパンまでを辿りながら、古くて新しい問いである「日本的なもの」の生成と展開、変容を考える。

筑摩選書 0117

戦後思想の「巨人」たち
「未来の他者」はどこにいるか

高澤秀次

「戦争と革命」という二〇世紀的な主題は「テロリズムとグローバリズムへの対抗運動」として再帰しつつある。「未来の他者」をキーワードに継続と変化を再考する。

筑摩選書
0110

## 「共倒れ」社会を超えて

生の無条件の肯定へ!

野崎泰伸

労働力として有用か否かで人を選別する現代社会。障害者とその支援をする人々は「犠牲」を強いられ、「共倒れ」の連鎖が生じている。その超克を図る思想の書!

---

筑摩選書
0107

## 日本語の科学が世界を変える

松尾義之

日本の科学・技術が卓抜した成果を上げている背景には「日本語での科学的思考」が寄与している。科学史の側面と数多の科学者の証言を手がかりに、この命題に迫る。

---

筑摩選書
0103

## マルクスを読みなおす

徳川家広

世界的に貧富の差が広がり、再び注目を集める巨人・マルクス。だが実際、その理論に有効性はあるのか。歴史的視座の下、新たに思想家像を描き出す意欲作。

---

筑摩選書
0100

## 吉本隆明の経済学

中沢新一

吉本隆明の思考には、独自の経済学の体系が存在する。これまでまとめられなかったその全体像を描くことによって、吉本思想の核心と資本主義の本質に迫る。

---

筑摩選書
0076

## 民主主義のつくり方

宇野重規

民主主義への不信が募る現代日本。より身近で使い勝手のよいものへと転換するには何が必要なのか。〈プラグマティズム〉型民主主義に可能性を見出す希望の書!